公路行业人力资本投资研究与实践

张丽萍 赵楠 吴越 著

科学技术文献出版社

·北京·

图书在版编目（CIP）数据

公路行业人力资本投资研究与实践 / 张丽萍，赵楠，吴越著 . —北京：科学技术文献出版社，2022.6
ISBN 978-7-5189-9275-1

Ⅰ. ①公… Ⅱ. ①张… ②赵… ③吴… Ⅲ. ①公路运输企业—人力资本—投资分析 Ⅳ. ① F540.55

中国版本图书馆 CIP 数据核字（2022）第 098294 号

公路行业人力资本投资研究与实践

策划编辑：周国臻　　责任编辑：李 鑫　　责任校对：王瑞瑞　　责任出版：张志平

出 版 者	科学技术文献出版社
地　　址	北京市复兴路15号　邮编 100038
编 务 部	（010）58882938，58882087（传真）
发 行 部	（010）58882868，58882870（传真）
邮 购 部	（010）58882873
官方网址	www.stdp.com.cn
发 行 者	科学技术文献出版社发行　全国各地新华书店经销
印 刷 者	北京虎彩文化传播有限公司
版　　次	2022年6月第1版　2022年6月第1次印刷
开　　本	787×1092　1/16
字　　数	269千
印　　张	12
书　　号	ISBN 978-7-5189-9275-1
定　　价	48.00元

版权所有　违法必究

购买本社图书，凡字迹不清、缺页、倒页、脱页者，本社发行部负责调换

序

教育的本质是什么？第一次知道德国哲学家雅斯贝尔斯的名言已是我从事职工教育培训工作十年以后的事了。他说："教育是一棵树摇动另一棵树，一朵云推动另一朵云，一个灵魂唤醒另一个灵魂。"这个观点引起了我对所从事职教工作经历的回顾及对职业与人生意义的沉思。从单纯的培训概念到人力资源到人力资本投资，这是一个由单一到复杂、由"有之即可"到"无之不行"的过程，也是一个由关心技术技能到重视人文情感的过程。当我审视这个过程、参与这个过程，体会这份工作在行业管理中所占分量轻重的变迁，我从更高的层面体会到从事这份工作的意义。因此，接受雅斯贝尔斯的理念，有震撼，有感动，更是一种鞭策、一种激励！

我自 1990 年 7 月进入公路行业，入冬即参加了封闭一周的冬训，这种有别于求学生涯的职业培训令我终生难忘。2002 年，调整新岗位负责文化建设和职工教育培训工作，自此与人力资源工作结下不解之缘。2005 年考取北京航空航天大学公共管理硕士，有幸系统地学习西方管理学的诸多理论，在学习中经常思考工作中遇到的问题，以问题比照理论，以理论映照问题，确定了人力资本投资的研究方向。就是此时，雅斯贝尔斯唤醒我的心灵，引发我的思考。例如，老生常谈的职工教育培训，怎样出新招、增实效？如何跳出惯性思维，创新培训设计？如何寻找新的载体和形式，增强职工体验感从而实现唤醒心灵、强化氛围、提升效果、延长记忆曲线等目的？很多人力资源管理者都感慨，能把传统培训做好已属不易，要达到出新出彩、入脑入心的效果实在是一个难题。就在工作进入"瓶颈期"之际，打开突破口的契机也应运而至。首先是党的十八大以后，公路行业面临进入新一轮建设和发展的历史机遇，对人才需求非常迫切，加强人力资本投资已是必然，也给工作实现突破提供了必要的物质条件。其次是国家与民族复兴的历史使命引发了"优秀传统文化热"，中国经典中关于管理学、经济学的智慧为我们提供了新的视角，实践证明这其实是一个最本质的视角。这就是，在继承以往人力资源管理经验的基础上，确定"以人为本"为出发点和落脚点，以全新的方式来创新人力资本投资工作，走出"中学为体、西学为用"的路子。就职工教育培训工作来讲，正确处理严格管理与人性关怀的关系，事事处处考虑受训者的接受度、满意度，实现路径和达到的效果，不是灌输、命令、强制，而是示范、引领、唤醒，这与传统职业教育存在天壤之别。人力资本投资包括很多方面，因人才招聘、流动等受上级政策制约、自主性较弱，所以我们从2012年至今，选取了卫生保健、职工培训、以师带徒、公路文化等4个方面工作进行探索实践，实践与理论相得益彰，成效显而易见，也使前期理论研究更有意义。现在，到了记录与总结的时候，我们力求把理论研究与探索实践的过程还原，使理论正确、观点鲜明、逻辑清晰、样本真实、效果可见，以期对公路行业的人力资本投资提供一点借鉴，这是我创作本书初心的题中应有之义。

本书分两大部分，即理论分析与研究和探索实践。

第一部分是理论分析与研究，共6章，从研究背景、方法与思路，人力资本投资的价值增值理论，公路事业分析，公路行业人力资本投资成本收益分析，人力资本投资现状分析——以烟台公路为例，公路行业人力资本投资的管理过程控制6个方面对公路行业人力资本投资进行理论分析与研究。我们知道，人力资本投资理论最早发端于企业管理，是企业为实现利润最大化而开展的旨在改善人力资本结构和质量、增加人力资本存量的一系列投资活动，对企业绩效起着重要的决定作用。对公路行业而言，在基础设施投资加大和行业持续改革发展的新形势下，进行人力资本投资的理论研究和应用显得越来越重要，而公路行业在这方面还有所欠缺。在公路事业单位领域，人力资本投资活动主要内容为继续教育投资、培训投资、"干中学"投资、流动性投资和卫生保健投资，其中以前两种为主。公路行业人力资本投资现状的实证分析为我们研究全国公路行业的共性和发展方向提供了一个切入点。从对烟台公路事业人力资本投资现状分析来看，公路事业单位的人力资本投资喜忧并存。可喜的一面是公路行业人力资源观念发生质的变化，人力资本投资发展趋势良好，主要表现在，人才引进投资力度不断加大，核心职工数量逐年递增（人力资本存量不断增大），教育培训经费逐年递增，科研活动经费及核心职工的劳务费支出水平逐年递增及职工"干中学"投资加强等。同时，公路人力资本投资力度的加大与公路事业日新月异的发展是相辅相成的，主要表现在，公路总里程、公路密度、公路技术等级逐年递增，工作效率进一步提高，改革创新效果明显，社会收益不断提升，无形资产在资产结构中的比重越来越大等，这充分说明，人力资本投资的产出效果始终都是存在的。忧的一面是，就目前的形势和任务，人力资本投资还存在许多不尽如人意的因素，主要有从公路发展与投资现状来看，表现为快与慢的失衡；从思想变化与投资理念来看，表现为新与旧的碰撞；从投资需求与投资供给来看，表现为多与少的困惑；从培训方式与培训内容来看，表现为灵与肉的分离；从投资收益与支出来看，表现为收与支的博弈；从投资结果与激励来看，表现为有与无的尴尬；从长效机制与常规管理来看，表现为质与量的矛盾。这些问题和不足不仅影响当前人力资本投资的规模和效益，有的还将对今后人力资本投资工作产生深远影响，使我们对人力资本投资的重要性、紧迫性有了更加深刻的认识。

为促进公路事业单位人力资本素质的提高和全面发展,应以创新的思维理念,紧密联系国内外形势和公路改革发展的实际,紧密联系职工的思想和工作实际,加快建立覆盖全系统的人力资本投资体系,全面实施人力资本投资的管理过程控制。具体来说,就是在公路行业建立人力资本投资科学有效的运作机制,包括人力资本投资的战略规划机制、人力资本投资结构优化机制、人力资本投资需求分析机制、人力资本投资主客体结构优化机制、人力资本培训方法创新机制、人力资本投资的绩效评估机制、人力资本投资的激励约束机制、核心职工人力资本投资的风险防范机制、人力资本投资的文化建设机制和人力资本投资的组织领导机制。

第二部分是探索实践,共5章,从卫生保健、职工培训、"干中学"、公路文化、实践体会5个方面对烟台公路人力资本投资实践进行了总结呈现。近年来,在工作中我们愈发地认识到,实践出真知,如果没有探索,没有实践,那么所有的理论都是无源之水、无本之木,都是空洞的说教、僵死的教条,所有的研究都会变得毫无意义。因此,我们研究人力资本投资,不是为了研究而研究,而是为了解决实际问题,一定要学习掌握认识和实践辩证关系的原理,坚持实践第一的观点,不断推进实践基础上的理论创新,这就是毛泽东同志所说的"有的放矢"。具体来讲,在人力资本投资的理论研究与探索实践中,坚持两者的辩证统一,需要投资方将两者有机结合,既要研究又要实践,在研究阶段要结合,在实践阶段也要结合。基于这种认识,我们在所从事的人力资本研究的初始阶段,就把视野放在公路行业的大背景下,充分考虑结合了行业实践的现状,分析查摆问题,研究解决途径。党的十八大以来,在新的起点上,我们坚持一切从实际出发,树立实践观点和问题导向,在人力资本投资工作中,倡导以人为本的工作以获取竞争优势为战略目标,运用系统化科学方法,抓住关键环节,注入人文精神,培植形成创新型运作模式。具体来讲,从卫生保健、职工培训、"干中学"、文化等4个方面探索破题、深入解题、全面答题、成为例题,争当新时代人力资本投资实践探索创新的"领跑者"。经过多年的实践,人力资本投资取得了超出预期的经济效益、人文效益和社会效益,持续营造了浓厚的终身学习氛围,焕发了干事创业的新活力,助推了公路事业的健康持续稳定发展。

"兄弟同心、其利断金"。本书的内容是理论研究与探索实践,无论是研究过程还是实践过程,都是团队合作的结果。单位是个大团队,没有党委的重视、领导的支持,何谈研究成果和工作成效?科室是个小团队,没有各成员的握指成拳、同频共振,何谈攻坚克难?何谈实现目标?2012年,我们团队吸收了"80后""90后"的年轻人加入,他们大都电子技能在线、创新思维活跃、奉献精神佳,成为守正创新的中坚力量。在那些研究与实践的日子里,我作为一名"60后",始终被他们感染着、感动着,跟他们一起随时代的潮流滚滚向前，使我始终保持比较年轻的心态，积极接纳岁月的馈赠！回首往事，我们永远忘不了为了一种理论而踊跃购书轮番阅读，永远忘不了为了一个词语而审思明辨、搜肠刮肚，永远忘不了为了一个品牌名称而寝食难安、绞尽脑汁，永远忘不了为了一个活动方案而案牍劳形、字斟句酌，永远忘不了为了赶制结业典礼专题片而夜以继日、通宵达旦，永远忘不了为了"迷彩行动"早出晚归、披星戴月，永远忘不了为了筹备联欢晚会而出谋划策、忙碌奔波，永远忘不了集体生日时职工感动得泪眼蒙眬、涕泪交加，永远忘不了手握书卷阅读感悟时心灵感通、热泪盈眶……那些日子，研讨会常开、培训班密集、集体活动目不暇接，常忙得"5+2""白+黑""脚后跟打后脑勺"；那些日子，目标任务在同一个平台上，思想观念在同一个方向上，思维格局在同一个频道上，常有"心有灵犀一点通""志趣相投所见略同"的默契；那些日子，心往一处想，劲往一处使，真的就碰撞出闪光的智慧、凝聚了强大的力量。所有这些，使我们遇困难不退缩，遇挫折不气馁，遇阻力不急躁，遇逆境不放弃。我们都认同，所做即所愿，所愿定成事，这是职场中人之趣事和幸事！

当然，教育者首先是受教者，教育者同时也是受益者。这一方面是要求教育者要严于律己、为人师表，具有教育他人的人格力量；另一方面是说在从事教育的过程中，如果真诚投入、真心付出，那么自己是最大的受益者。"迷彩行动"培训班有长期保留的经典视频课程，我们团队陪伴14期，看了14遍，每遍都有不同的感受和体会，那种凝结了时间和经验的重复记忆，是浮光掠影式的学习无法比拟的。小青年们融入团队、投身实践，如雨后春笋茁壮成长。我们欣喜地看到，他们在院校知识结构的基础上，因学习经典融通中西而更加创新卓越充满活力；我们欣喜地看到，他们因接受优秀传统文化的熏陶而更加谦逊有礼善做善成；我们还欣喜地看到，有些初入职场的新人，在全程参与经历一场大型活动后变得条理更加清晰，办事更讲程序，独当一面的能力大幅增强。可以说，我们团队研究与实践的过程，是团队成员增长才干的过程、修身养性的过程，同时也是成长成熟的过程。当然，我们也都很享受这个过程。

出书之际，我们也清醒地认识到，公路行业人力资本投资的研究与实践是一项复杂的系统工程，在此领域还有众多问题尚待解决。本书的局限在于缺乏宏观层面的研究，没有根据全行业的数据进行分析；对于人力资本投资管理控制对策的研究也过于笼统；人力资本投资实践的深度和广度需要加强等。无疑，这些方面都有待我们团队及全公路行业的理论和实际工作者在以后的工作中做进一步的探索。我们深信随着理论和实践研究工作的不断深入，其不足之处也一定会得到进一步的补充和完善。

张丽萍于 2022 年 3 月

目 录

第一部分 理论分析与研究

第一章 导论 ·· 3
    第一节 研究背景 ·· 3
    第二节 国内外研究现状与文献综述 ·· 5
    第三节 研究方法与思路 ·· 7
    第四节 主要研究内容 ·· 8

第二章 人力资本投资的价值增值理论 ·· 9
    第一节 人力资源管理实践与人力资本投资 ·· 9
    第二节 人力资本投资的本质特征 ·· 9
    第三节 企业人力资本投资的目标 ·· 11
    第四节 企业人力资本投资的收益增值分析 ······································ 12

第三章 公路事业分析 ·· 14
    第一节 公共事业的特点 ·· 14
    第二节 公路事业的特点 ·· 14
    第三节 公路事业改革与人力资本投资 ·· 17
    第四节 公路事业发展与人力资本投资 ·· 19

第四章 公路行业人力资本投资成本收益分析 ·· 23
    第一节 公路行业人力资本投资的主客体系统 ·································· 23
    第二节 公路行业人力资本的投资结构及成本收益分析 ·················· 24
    第三节 公路行业人力资本投资的社会收益分析 ······························ 32
    第四节 公路行业人力资本投资的风险分析 ······································ 33
    第五节 公路行业人力资本投资博弈分析 ·· 39

第五章 人力资本投资现状分析——以烟台公路为例 ···························· 42
    第一节 以烟台市公路事业发展中心为实证分析对象的代表性 ······ 42

第二节　烟台公路人力资本投资现状 …………………………………………… 44
　　第三节　公路行业人力资本投资的收益现状 ………………………………… 50
　　第四节　公路行业人力资本投资现状的特点 ………………………………… 66
　　第五节　烟台公路人力资本投资调查 ………………………………………… 67

第六章　公路行业人力资本投资的管理过程控制 …………………………………… 76
　　第一节　建立人力资本投资的战略规划机制 ………………………………… 76
　　第二节　建立人力资本投资结构优化机制 …………………………………… 79
　　第三节　建立人力资本投资需求分析机制 …………………………………… 81
　　第四节　建立人力资本培训方法创新机制 …………………………………… 83
　　第五节　建立人力资本投资的绩效评估机制 ………………………………… 84
　　第六节　建立健全人力资本投资的激励约束机制 …………………………… 85
　　第七节　建立核心职工人力资本投资的风险防范机制 ……………………… 87
　　第八节　建立人力资本投资的文化建设机制 ………………………………… 93
　　第九节　建立人力资本投资的组织领导机制 ………………………………… 95
　　第十节　公路事业单位人力资本投资教育培训链模型 ……………………… 96

第二部分　探索实践

第七章　人力资本投资的新探索（一）——卫生保健投资保障客体质量"基本盘" …… 103
　　第一节　保健生命 ……………………………………………………………… 103
　　第二节　强健体魄 ……………………………………………………………… 106
　　第三节　稳健心理 ……………………………………………………………… 107
　　第四节　康健餐饮 ……………………………………………………………… 109
　　第五节　舒健午休 ……………………………………………………………… 110
　　第六节　安健特岗 ……………………………………………………………… 111
　　第七节　营建场所 ……………………………………………………………… 113
　　第八节　搭建平台 ……………………………………………………………… 114

第八章　人力资本投资的新探索（二）——"迷彩行动"职教培训提升质效最大化 …… 116
　　第一节　烟台公路职教培训工作简介 ………………………………………… 116
　　第二节　"迷彩行动"职教培训选题理由 …………………………………… 117
　　第三节　"迷彩行动"课题小组概况 ………………………………………… 118
　　第四节　课题小组活动期间常用研讨方法确定 ……………………………… 119
　　第五节　现状调查、分析原因、设定目标、制定对策、本项对策效果呈现 …… 119
　　第六节　"迷彩行动"职教培训文化的形成 ………………………………… 132

第七节 "迷彩行动"职教培训总体效果检查 133
　　第八节 总结和体会 143
　　第九节 尾声 146

第九章 人力资本投资的新探索（三）——"师承之道"盘活人力资源"新潜能" 147
　　第一节 公路行业"师带徒"优良传统 147
　　第二节 "师承之道"活动组织形式 149
　　第三节 "师承之道"具体操作方法 152
　　第四节 "师承之道"活动成效 156

第十章 人力资本投资的新探索（四）——公路文化养成助力收益最大化 166
　　第一节 发挥文化在助力人力资本投资收益提升中的导向作用 166
　　第二节 发挥文化在助力人力资本投资收益提升中的规范作用 168
　　第三节 发挥文化在助力人力资本投资收益提升中的凝聚作用 169
　　第四节 发挥文化在助力人力资本投资收益提升中的激励作用 170
　　第五节 发挥文化在助力人力资本投资收益提升中的创新作用 171
　　第六节 发挥文化在助力人力资本投资收益提升中的辐射作用 172

第十一章 公路人力资本投资理论研究与探索实践体会 173
　　第一节 必须始终贯穿战略逻辑 173
　　第二节 必须精准施策系统推进 174
　　第三节 必须不懈追求创新价值 175
　　第四节 必须同心镌刻文化烙印 176
　　第五节 必须笃信坚守"知行合一" 177

参考文献 180

第一部分

理论分析与研究

第一章 导　论

第一节　研究背景

一、问题的提出

"知识经济时代的竞争就是人力资本的竞争",现已经成为大家的共识。其实,教育培训在进入工业社会以后,就不再被认为是纯粹的消费活动,而是具有滞后性、持久性的高回报的投资活动。其基本思路是:教育培训投资形成人力资本,人力资本促进经济增长;人力资本成为经济发展的战略性资源,其对经济增长的作用大于物质资本,人力资本投资的重要性也大于物质资本投资[1]。这一理论首先在企业得到重视、应用和发展。因而,人力资本投资在现代企业人力资源管理中的地位越来越重要,企业管理者也就越来越重视从经济学和管理学的视角,根据企业的特点进行各种类型的人力资本投资活动,以期得到更大的利润回报。然而,在公共事业领域,这一理论的应用还未得到足够的重视,如公路行业。随着经济社会的高速发展,公路行业投资大、标准高的特点越来越突出,公路建设的科技含量越来越高,公路管理的要求越来越精细,迫切需要高素质人才,也迫切需要引进人力资本投资理论。因而,借鉴企业的成功经验,把人力资本投资的理论引入公路事业单位,是有其特殊背景和客观必然性的。

二、研究的意义

(一) 人力资本理论的指导意义

现代经济增长理论认为,人力资本投入是现代社会经济迅速增长的主要因素,发达国家和发展中国家经济发展水平的差异主要来自于人力资本的差异,人力资本要素在经济增长中的贡献率日益提高,人力资本是实现经济现代化的关键要素。特别是21世纪后,世界经济进入以人力资本为依托的经济增长期,社会经济基础从劳动密集型、资本密集型转向知识、智能密集型[2];人类由工业社会迈向信息社会、智能社会。"劳动力依靠的是技能和技术,而不是体力[3]"(安妮·布鲁金,1998)。任何一个国家,任何一个组织,无论它是政府部门、公共事业单位还是企业,其发展都离不开现代科学技术知识。因此,跟上时代步伐,不断扩大人力资本投资,增加人力资本存量,成为现代组织机构增强活力和实力,获得最大效益、战胜竞争对手的一大法宝。正如"企业间的竞争实质上是企业人力资源的竞争[4]"一样,同类公共事业单位价值的不同,实质上是人力资源开发管理水平的不同。然而,公共事业单位如何进行人力资本投资决策、如何提高人力资本投资收益、如何控制人力资本投资风险等方面，还缺乏经验。本次研究将对公共事业单位人力资源管理实践起到一定的指导作用。

（二）学术意义

从人力资本理论的研究来看，研究公共事业人力资本投资也有其理论渊源。20世纪50年代末60年代初，人力资本理论的诞生是对客观实践发展变化的科学总结和理论升华，是对传统经济学的挑战。人力资本破译了传统经济学理论无法解释的经济之谜，明确指出，人力资本对现代经济增长的贡献远大于物质资本，"人力资本是现代经济发展最重要的内生变量和决定性因素[5]"。这一理论的建立和发展，使现代人力资本投资由盲目变为自觉，由无明确意识变为有明确目标和目的。然而，时至今日，尽管发达国家从人力资本投资中获取了巨大的收益，但由于人力资本投资的复杂性，对人力资本投资、运作与管理实践进行科学总结和理论升华的任务远未完成，对有中国特色的公共事业人力资本投资的研究更是少之又少。因此，公共事业类人力资本投资仍是今后学术研究需要特别关注的问题之一。

本研究将主要结合我国公共事业单位改革的进程，从实行政事分开、建立有中国特色的现代事业制度入手，研究公路行业人力资本的特点和规律。现实中，伴随着我国公共事业单位改制的深化，公共事业单位管理能力"瓶颈"现象日益严重，事业单位已开始学习企业管理学界，运用人本管理、行为科学、战略管理、学习型组织和企业成长等理论来指导管理实践。人力资源开发与管理是管理理论对人的认识从"经济人"到"社会人"的结果，是从管理学的视角来研究人力资源问题，因而人力资源开发与管理属于管理实践层面，还没有从人力资本理论的高度来系统研究公共事业单位的人力资本投资问题，更没有由宏观切入微观，从一类事业单位出发，对人力资本投资进行深入系统研究。因而，对于这一理论领域我们还知之不多、不深，需要进行拓荒性研究，给予理论的说明与解释。

（三）现实意义

人力资本是"高收益资本[6]"，这已为实践所证实。目前，公路行业人力资本质量相对较差，公路建设管理中急需的高素质人才严重不足。要实现公路事业持续、快速、稳定发展，促进国民经济又好又快发展，必须改变现有外延式的粗放型增长方式，减少对人海战术的依赖。针对公路行业的现状，加强人力资本投资，变人才劣势为人力资本优势，推动现有公路增长向人力资本依托的集约型增长方式的转变，是解决公路行业现有人力资源结构不科学对公路发展的制约，保持公路事业持续、健康发展的最现实的选择。近年来，各类公共事业单位也开始借鉴企业人力资本投资的成功经验，投资的力度越来越大。但是，对于公共事业单位来讲，人力资本投资的规模、数量却是盲目的，思想上想把人力资本放在重要的地位，但现实中效果却并不理想。究其原因，主要是公共事业单位人力资本投资缺乏理论上和政策上的支持。因此，现实中我们要借鉴企业的投资经验。

第一，在公路行业引入人力资本理论管理，有很多企业的成功经验可以借鉴。"据日本有关资料统计，员工文化水平每提高一个等级，技术革新者的人数就增加6%，员工提出革新建议一般能降低成本 10%~15%，而受过良好教育和培训的管理人员，因创造和运用现代管理技术，则可降低成本 30%。20 世纪 90 年代，美国企业调查统计分析认为，对员工培训每投入 1 美元就能得到 50 美元的经济收益[7]"。这些足以说明人力资本投资回报率是很高的。

第二，引入人力资本管理是公路行业高质量发展的要求。从各国发展的趋势来看，人力资源管理与开发是区域经济增长与发展所关注的核心问题之一，是微观经济载体——企业、公共事业组织活动中具有关键意义的环节，它推动着经济增长方式的变迁。2007 年，交通部围绕和谐公路建设提出"三个服务""两个转变"的要求（服务国民经济和社会发展大局、服务社会主义新农村建设、服务人民群众安全便捷出行；实现由外延式的粗放型增长向内涵式的集约型增长转变、由以生产增长为导向的发展向以服务质量为导向的发展转变），公路行业作为交通行业的主要子行业，在"三个服务""两个转变"中承担着重要职能。2021 年，交通运输部印发了《公路"十四五"发展规划》，紧紧围绕新阶段、新理念、新格局发展要求，突出公路交通高质量发展主题，从解决"有没有"转向重点解决"好不好"，更加注重推动"建管养运"协调发展，更加注重加强与其他运输方式、关联产业的融合发展，更加注重提升供给质量、服务品质和服务体验。要想实现这一目标，首要一条必须提高公路职工队伍的整体综合素质，这一现实意义决定了公路人力资本投资的重要地位。

第三，公路行业乃至全国交通行业内部还没有此类的调研和研究。在全国交通行业内，涉及人力资本管理研究的有中国交通教育研究会和中国公路职工思想政治工作研究会，而尤以中国交通教育研究会为主力，研究的重点侧重在培训的定位、作用和功能，多是一些人力资本培训方面的具体的论证，还没有从根本上研究人力资本投资的问题。

综上所述，研究公共事业人力资本投资，对改变优化公共事业单位人力资源结构，变职工数量优势为人才资源优势，推动公路行业增长方式由资源依托型向人力资本依托型转变，建设可持续发展的和谐公路，具有非常重要的现实意义，而且对完善人力资本理论体系，具有重要的学术意义。

第二节　国内外研究现状与文献综述

由于公共事业单位介于政府部门与企业之间的特殊性，考虑到近年来公共事业单位改制走向，本书将大量借鉴企业人力资本投资的研究。因此，以下所述研究现状与文献将以企业人力资本投资为主。

一、国外人力资本投资研究现状

以 20 世纪 60 年代美国经济学家舒尔茨和贝克尔创立人力资本理论为标志，经过近 60 年，人力资本理论研究得到了长足的发展，在人力资本与个人收入分配、人力资本与经济增长、人力资本与反贫困、人力资本投资等领域都取得了丰硕的研究成果，形成了一个初步的理论体系。然而总体上与经济管理领域的其他学科相比，在系统化、体系化方面还远远不够，其研究内容还在不断拓展与丰富。

从现有的有关人力资本理论研究的相关文献来看，在经济学领域，宏观层次的人力资本理论研究主要侧重于人力资本对经济的增长作用，将人力资本理论引入新增长理论模型，用以解释国民收入或人均收入长期增长的原因。舒尔茨在关于收益递增理论中论述了收益递增、专业化分工、人力资本三者之间的关系，认为专业化人力资本是收益递增的重要来源，收益递增通过专业化分工而与人力资本相连接，排除人力资本形成的增长理论是不适当的[8]。琼斯建立了一个包括人力资本技能（教育）、新中间品（思想）和消费品的三部门模型，认为"教育的时间分配被要求用来发明新中间品（思想）所需要的技能、消费品部门的产出依赖于熟练工人在其部门中运用先进的中间品的能力，每个厂商必须对劳动技术进行投资以便能够运用新思想[9]"。基于获得的教育和市场投资，提出运用加权指数测量劳动力质量的方法，把每人每年的总生产作为因变量，把中间投入、资本和研究发展作为非教育独立变量，研究得出，过去50年美国教育的增长对生产率增长的作用不足全部生产率增长的1/3，并认为这一现象源于增加的大量人力资本被许多公共部门所吸收[10]。

微观层次的人力资本理论研究以人力资本的载体——人为研究分析对象，认为良好的健康、知识和技能能够提高劳动生产率，进而影响经济活动和社会福利。认知能力的获得、技能的形成和信息的传递，被认为是学校教育和培训与生产率之间的主要链接。罗温斯坦在《通用性培训的成本与收益分摊》中认为生产率的提高主要来自于人力资本的存量，因而雇主在分享劳动者的通用性培训收益的同时，应该分摊其通用性培训的成本。克莱兹塔克斯对特殊创新企业与工作异质下的在职培训进行了研究，以工人异质性与企业特有创新为基础，建立了工人学习和使用新技术能力不相同时的劳动市场一般均衡选择模型，分析了在引进技术时，雇用新工人与培养企业原有职工之间的工资差别问题。国外学者们大多是从宏观及理论上对人力资本投资进行经济学方面的分析和论证，而对基于企业视角的人力资本投资的系统而具体的研究仍十分薄弱。

二、国内人力资本投资研究现状

我国的人力资本研究始于20世纪80年代中后期，是与我国经济发展与改革进程相伴而生的。主要体现在以下两个方面。

（一）人力资源的开发与管理

中国社会科学院李京文研究员研究了人力资源、技术进步与经济增长的关系，并初步建立了人力资源开发、技术进步与经济增长的决策支持系统的基本框架[11]。北京大学陈宇教授等以贝克尔的人力资本理论为基础，阐述了人力资源经济活动的基本内容及微观分析方法。首都经济贸易大学刘仲文教授提出了人力资产、人力资本保全等概念，初步建立了人力资源价值会计的基本框架。南京大学赵曙明教授研究了中国国有企业国际化进程的人力资源管理问题，提出了用以评价企业人力资源开发与管理的人力资源指数方法，并以人力资本理论为基础，研究了人力资源开发与管理的一系列问题[12]。中国社会科学院的诸建芳等从教育投资的角度，以个人实际工资收入数据为基础，对中国人力资本投资的个人收益率进行了研究。

（二）人力资本产权制度

随着我国国企改革的深化，一些学者从企业所有权安排角度研究人力资本对企业所有权安排的影响。北京大学周其仁教授从企业组织包含着对人力资本利用这一事实出发，认为企业是一个由人力资本与非人力资本组成的特别合约，企业人力资本的存在保证了企业非人力资本的保值、增值和扩张，因而人力资本所有者也应该拥有企业所有权[13]。与此不同，北京大学张维迎教授从人力资本与其所有者不可分离性这一特点出发，认为人力资本不像非人力资本那样具有"可抵押性"，其所有者可以随意退出企业、逃避风险；同时，人力资本的"不可分离性"导致人力资本所有者容易"偷懒"，需要激励或监督；而非人力资本与其所有者的可分离性意味着非人力资本易受到"虐待"，需要一个监护人。由此而得出结论：非人力资本所有者是真正的风险承担者[14-15]。中国人民大学杨瑞龙教授针对周其仁、张维迎的论点认为，现实社会中经济人的理性是有限的，行为人追求其支配的人力资本效用最大化时可能受到约束，人力资本产权行使受到限制，这意味着人力资本与其所有者并非是完全不可分离的[16]。而中国人民大学方竹兰教授针对张维迎的非人力资本所有者是企业风险真正承担者的命题，提出了不同的看法，认为非人力资本社会表现形式的多样化趋势和证券化趋势，使得非人力资本所有者与企业的关系逐步弱化和间接化，非人力资本所有者日益成为企业风险的逃避者；而人力资本的专用性和团队化趋势，使得人力资本所有者与企业的关系却逐步强化和直接化，人力资本所有者日益成为企业风险的真正承担者。这一变化的根本原因在于人力资本所有者是企业财富的真正创造者。现代企业分享制的出现，实际上是，人力资本所有者作为企业财富的真正创造者这一内在本质在企业产权契约关系上的逐步体现。从知识型企业出发，认为由于知识经济时代社会知识存量的急剧变动，知识型企业中最重要的不是企业家，而是知识的创新能力，创新者成为知识型企业中真正意义上的经营者，承担着企业的经营风险，决定着企业的生产与发展方向[17]。陆维杰针对方竹兰的论据提出质疑，认为人力资本所有者无法承担全面的企业风险，其障碍在于对人力资本价值的判断或衡量是变化的，并非唯一。当企业经营失败面临清偿压力时，人力资本往往已彻底贬值，无法成为企业风险的承担者。人力资本与非人力资本永远是财富创造中不能缺少的两个基本元素[18]。

可见，我国人力资本理论研究主要集中在两个方面：一是对企业人力资源开发与管理的方式、方法及功能、过程的研究；二是人力资本对企业所有权安排的影响。从企事业单位投资的角度来对人力资本投资进行专门研究的则很少。

第三节 研究方法与思路

一、研究思路

公路行业人力资本投资分析是建立在人力资本、人力资本投资、企业人力资本投资理论基础之上的，因此，本研究以企业人力资本理论形成、发展和研究进展为起点，阐述公路行业人力资本的内涵与特征，分析公路行业人力资本投资的基本要素。这是本研究与实践结合的理论基础。基于公路行业人力资本的特点,再对公路行业人力资本投资系统从功能到特点进行较为深入的研究,遵循理论从一般到具体的研究路线。

对于一个兼具行政支持、公益事业、市场经营的行业来讲,人力资本投资是一个极为复杂的系统,研究角度不同、目的不同,研究的思路也不同。本研究的目的是为一个在国民经济中占重要地位的正在蓬勃发展的行业进行人力资本投资分析,按照人力资本投资活动中投资主体的主要任务,着重从促进公路发展的角度来分析当前公路行业人力资本投资中的问题、原因和举措。

总之,在研究的思路上,以现有的企业人力资本投资相关理论为研究起点,以公路行业人力资本投资系统为基本研究内容,遵循从总到分、从一般到具体的研究路线。

二、研究方法

在研究方法上,既有的企业人力资本投资问题研究方法主要体现在经济学、管理学及相关学科的领域。鉴于公路行业人力资本投资与物质资本投资的共性和特性,本研究主要采用文献研究、调查与统计、系统分析、数据分析归纳、对照比较、规范与实证相结合等方法,在深入全面地探讨人力资本、人力资本投资理论的同时,从分析事业单位与政府部门及企业的不同特点入手,运用现有的和本次调查的翔实数据对理论加以分析和论证,探讨我国公路行业发展现状、人力资本投资工作现状、发展过程中存在的问题,以及解决这些问题的方法,构建公路行业人力资本投资相关模型,就如何进行公路行业的人力资本投资提出比较具体的切实可行的实施方案,为行业决策提供参考依据。其中,对烟台公路系统职工培训的考察是本研究的主要数据来源,在调查过程中,力求准确、真实、有效。

第四节 主要研究内容

人力资本理论是一个非常宽泛的论题,内容非常丰富。对此进行研究可以有多个视角、多种思路。按照舒尔茨和贝克尔的分析,人力资本投资主要包括"正规教育、在职培训、医疗保健、迁移等"。总体上说,公路行业的人力资本投资包括上述一般人力资本投资的内容,但由于公路行业的特殊性,公路行业进行人力资本投资侧重于以教育和培训为主。因此,本研究以公路事业单位为投资主体,研究公路事业单位所进行的以教育培训投资为主的人力资本投资。对这一投资行为,既要作为经济活动进行考察,又要作为管理活动展开分析,就是说,既要对公路行业人力资本投资进行经济分析,又要研究其投资管理。

第二章 人力资本投资的价值增值理论

第一节 人力资源管理实践与人力资本投资

在知识经济社会，人力资本对经济增长的贡献率不断提高，管理者意识到人是一种重要的资源，而"人力资源实践就是获得这种资源的资源"[19]。人力资源实践与人力资本投资都是企业的战略行为，其目标都是提高企业的持续竞争力，保持企业稳定的收益增长率，促进企业的可持续发展。目前，人们对人力资本、人力资源管理实践与企业效益之间关系的界定还没有完全统一，普遍的共识是，不再狭隘地认为企业人力资本投资或者人力资源实践能单独发挥作用而提高企业效益，只有两者的有机结合，并与企业整体战略相结合才能使企业最终实现战略目标。

本研究的观点认为，最佳人力资源管理实践与高效的人力资本投资活动是相通的，也是一致的，只不过两者侧重点不同。从人力资源的角度来看，人力资本投资是人力资源管理的重要组成部分；从人力资本的角度来看，人力资源管理实践本质上就是一种企业对其职工进行的人力资本投资活动。因为人力资源管理实践主要包括系统培训、内部提升、以绩效为基础的报酬体系、公平而有效的招聘选拔机制、员工参与、组织承诺等内容，都可以看作是企业为其员工提供的一种促进其工作绩效的投资活动。故研究以人力资本投资为主，论述中也涉及资源的概念，两者不相矛盾。

第二节 人力资本投资的本质特征

资本分为人力资本和物质资本两种形式，相应地投资也分为人力投资和物质投资，二者都是发展经济不可缺少的生产投资。所谓人力资本是指为提高劳动者的能力而投入的并体现在人身上的，以劳动者的数量和质量显现的资本。对于人力资本投资，美国经济学家贝克尔将其定义为"通过增加人力资源，影响未来货币收入和精神收入的活动[6]"。更为确切地说，人力资本投资定义如下：人力资本投资是指通过对人的投资，增加人的生产与收入能力的一切活动。有以下几个方面的含义：①人力资本投资的对象是人；②人力资本投资需要放弃眼前的利益；③人力资本投资旨在未来可以获得收益，包括货币收益与其他利益；④人力资本投资可以增强人的生产能力；⑤人力资本投资是人力资本形成和人力资本供给的基本方式。

人力资本投资理论最早应用于企业研究。企业人力资本投资是由企业投入一定的货币、资本或实物等，经过员工的实际行动，将投资转化为人力资本，潜存于人力资源身上，然后企业通过一定的激励机制的设计，激发职工个人发挥其人力资本的效能，从而实现企业人力资本投资的目的。企业人力资本投资与物质资本投资过程的关键差别在于：企业物质资本形成的资本效益的发挥，与其资本承载者无关，不具有能动性；而企业人力资本投资形成的人力资本的效益的发挥，与资本承载者有关，是能动资本，也即巴塞尔所说的"主动资产[20]"，它的所有者——个人，"完全控制着资产的开发和利用"[13]。当代经济学家普遍认为，人力资本的不断积累是劳动力质量和劳动生产率不断提高的关键，投资的重点也从物质资本转向人力资本。企业人力资本投资具有其独有的特征。

一、人力资本投资是一种战略性投资

战略是企业长期可持续发展的规划和策略，包括培植和强化核心竞争力、及时地实施发展的战略转移及实现组织形式和经营方式的战略调整3个方面内容。而无论哪个方面都无不与人力资本投资息息相关。首先，在知识经济条件下，知识是一个单位竞争优势的源泉所在，是决定企业生存和发展的关键因素[21]。人力资本作为一种获取专属知识和技能为主要目的投资，无疑对于培植和强化核心竞争优势具有重要意义，是一种具有战略性特征的投资。其次，企业要实现产业或经营项目的战略转移，以及实现组织形式与经营方式的战略调整，其前提条件在于有一批能够在管理、技术、知识和技能等方面驾驭新领域的人力资本，人力资本投资无疑对实现战略转移和战略调整具有重大意义。

二、人力资本投资是一种特殊的无形资产投资

人力资本投资尽管在形式上是投资于有形的人，但其目的却在于获取以人为载体的专属知识和技能。由于这些专属知识和技能既不具备物质形态，同时又能够为单位带来经济利益，符合无形资产的一般特征，因此属于无形资产投资范畴。然而，人力资本投资相对于一般意义上的无形资产投资而言，又有其特殊的方面：依附于人力资源个体，对其投资的效率和效益在很大程度上受人力资源个体的各种因素的制约，这些因素包括思想动态与精神状态、能动性与创造性、智力水平与体能状况等。因此，人力资本投资通常需要相关的结构资本给以支持，需要做好与激励相关的各项制度的建设；人力资本投资所形成的无形资产是一种契约性资产，甚至是可以任意流动的自由性资产，而非法定性资产，在某种程度上，它类似于企业的专有技术和商誉，不具备严格的法律意义。

三、人力资本投资是一种针对性很强的投资

从内容上讲，企业人力资本投资具有较强的独特性和实用性。企业主要是对企业内已经或将要在某个职位上从事一定工作的人员进行人力资本投资，其内容多与员工的工作岗位、企业的经营发展及员工个人需要有密切的关系。这使得不同企业甚至同一企业内不同部门对人力资本有不同内容的投资。企业人力资本投资的内容多偏重于可以直接解决实际问题的各项技能的提高上，以确保员工能及时将投资结果转化为现实的生产力，运用于实际生产中，因此，具有较强的实用性。但是，近年来，随着企业管理人性化的发展，其投资内容逐渐地延伸到行为科学、文化、艺术等各个领域，呈现出一种向广泛化发展的趋势。企业开始注重

对人力资本理念上的投资，看重投资的长远目标，不再一味强调要坚持实用性强、见效快的投资方式。这些新变化说明，现代企业在竞争中若想谋求一席之地，就要将眼光放远一些，将人力资本投资目标扩大。

从形式上讲，企业人力资本投资具有多样性和灵活性。企业人力资本投资的具体形式，主要根据企业的特点、员工状况，以及宏观经济运行情况、社会背景等灵活机动地选择，不必依从于在校教育那种正规的"课堂教学"方式，应更加侧重于启发、参与，并且经常评估投资的效果，将评估结果及时反馈给职工及每次投资的具体执行者，以便于更好地控制人力资本投资过程。对于现代企业来讲，进行人力资本投资就要采用多种投资形式，各种形式之间互相渗透、互相补充，以提高投资效益，达到每一次投资的目的。

从投资对象讲，企业人力资本投资具有较强的复杂性。企业人力资本投资的对象是企业内的全体职工，他们在专业背景、文化水平、个人经验、学习态度，以及个人的年龄、性格、爱好等诸多方面都存在不同程度的差异。这种差异决定了企业人力资本投资对象的复杂性，要求人力资本投资根据不同人员的不同需要选取不同的内容、形式，而决不能搞通用式的人力资本投资模式。

从信息流角度讲，企业人力资本投资中职工与企业存在信息不对称。由于职工是企业人力资本投资的对象，是实际行动者，职工与企业之间的信息是不对称的。企业掌握较多的人力资本需求信息，而职工掌握着人力资本供给方面较多的信息。而且，由于个人是人力资本承载者，在人力资本形成与使用过程中，职工相对企业具有信息优势。

从人力资本与物质资本投资的构成比例来讲，企业人力资本投资的积极性低于非人力资本投资的积极性。由于企业进行人力资本投资不像物质资本投资那样占有全部所有权，而且企业要将人力资本投资转化为企业可以利用的有效人力资本，依赖于职工的意愿和努力，企业投资形成的人力资本主要由职工个人控制，这大幅降低了企业人力资本投资的积极性。当企业能够用非人力资本代替人力资本时，会更愿意进行非人力资本投资。

第三节　企业人力资本投资的目标

一、最大限度地实现战略价值

战略价值是一种基于企业可持续发展的长期价值，它是企业价值的核心所在。一般认为，企业战略价值的大小是由其核心竞争力的强弱所决定的，而企业核心竞争力又来自于其核心人力资本。因此，从最大限度地实现战略价值考虑，企业应在做好人力资本分层分类的基础上，将人力资本投资的重心置于核心人力资本方面。

二、最大限度地获取投资风险价值

投资风险价值是指企业冒风险投资可望获得的超过资金时间价值的额外价值。从理论上说，它应当与投资的风险程度正相关，即投资的风险程度越大，投资者获得的额外价值也越大。人力资本投资的目标之一是在合理预测投资风险的基础上，做好风险的防范与控制，力求最大限度地实现正向风险价值。

三、最大限度地保全人力资本

在一些管理层看来，设备不能损坏，现金不能短缺，对职工则是进出方便，他们宁愿职工不满走人，也不愿提高一分钱的工资报酬，以至职工纷纷离职，人力资本大量流失。主要原因在于没有认识到人力资源的资产属性，没有认识到职工离职的财务实质是无形资产流失。因此，在明确人力资本投资的基本特性、树立人力资源的无形资产观念的基础上，确立人力资本保全目标，对于稳定人力资源、防范人力资本流失具有重要意义。

第四节 企业人力资本投资的收益增值分析

通常，在一定技术条件下，某一生产要素的投入与收益为倒 U 形，即随着投入的增加，收益也会增加，但到一定程度，收益就会减少。人力资本不同，它是一种智力资本，随着人力资本存量的增加，它会丰富劳动者的知识，提高劳动者的技能，改善劳动的技术条件，从而产生系数效应，带来投资的高回报率。世界著名的咨询公司华信惠悦（Watsonwyatt）21世纪初对亚太地区 12 个国家的 500 家上市公司进行了人力资本调查。该公司发布的报告显示，优越的人力资本管理等同于良好的股东价值，"HCI 提高 1，就能够使股东价值提高 78.4%。人力资本投入指数在 25% 以下的，股东收益很低，有的甚至是负收益，指数高于 75%，股东最高可获得 150% 的收益[22]"。由此可以看出，人力资本投资是一项高回报、高收益的投资。根据文献［23-25］的研究成果，企业人力资本投资的预期增值收益可概括为以下几个方面：

一、通过人力资本投资提高生产效率

人力资本投资的主要目的是提高生产效率。人力资本可以直接提高职工的技能，也能帮助职工更好地适应变化的环境，提高他们在各项任务中分配资源的效率。大量经验表明，良好的教育和更高的技能可以使人们更好地适应变化，帮助人们抓住新的机会，甚至创造机会。人力资本投资不仅可以通过提高职工的操作技能和劳动熟练程度来提高劳动生产率，而且还能够提高物质资本的利用率和产出率，进而能使投资单位获得人力资本的杠杆收益。企业愿意为一般培训提供投资，由于受训的工人具有更广范围的相关经验和理论知识，具有很强的适应性，从而只要受训工人能够保留在企业就能获得效益。德国和日本两个经济强国都是以培训文化为特点的国家，而且劳动力具有低流动性，企业提供的大量培训是这两个国家具有很强国际竞争力的原因。从大量研究成果表明的培训、技能水平和生产率之间的强关联度可以看出，企业人力资本投资对提高企业生产率至关重要。企业人力资本投资的主要直接收益表现为企业生产率的提高。

二、通过人力资本投资实现发展战略的转移

企业能否实现发展战略的转移，最重要的影响因素是企业的人力资本。对物质资本可以

在短期内采用某种方式获得，而高质量的人力资本需要企业进行长期的专门投资形成，需要使静态的人力资本存量随着内外部环境的变化，随着企业发展战略的转移做出适时调整。发展战略转移是企业培训的主要驱动力量，战略的重要性附着在培训上，培训逐渐成为企业发展战略的中心。因此，为了保持企业可持续竞争优势，适应社会经济发展的要求，需要随时不断地更新知识、技术存量，需要不断地对其职工进行人力资本投资以适应这种持续变化的变革趋势。

三、通过专用人力资本投资加快技术进步

新技术的引入和新技术的使用之间是逻辑关联的，没有正式或非正式的培训之分，员工没有新技术所要求的技能，也就无法使用新技术。在处理未预见的问题和新情况时，有组织培训的职工比没有组织的非正式培训的职工具有更强的处理能力。受过教育的员工更能够处理新的、不熟悉的技术使用中的不确定性，并且能开发新的更有效的工作方式。要实现企业的技术进步，必须通过培训才能提高员工接受技术进步的适应性。特别是随着企业竞争的日益激烈，适应技术进步的要求，适应生产经营方式的转变，企业员工应具有更多适应性的通用技能去处理未来的变化，因而要求企业进行长期的培训投资。

四、通过培训提高工作满意度，降低职工离职率

一般来讲，参加过培训的职工为企业服务的时间越长，该企业获益越多，培训投资就越具有价值。另外，培训过的职工所学的技能对该企业更有用，从而也能使其获得更高的工资报酬，因此，培训过的职工与提供培训的单位具有长期雇佣关系的激励。具有较低的劳动力流动性的单位具有较高程度的培训，具有高劳动力离职率的单位很少具有增加培训的积极性。巴瑞斯（Prais，1995）认为，企业提供培训能够减少企业员工离职，提升员工的满意度；当员工离职率低时，表明雇佣关系具有长期性，从而激励企业提供培训；反过来，培训也降低了离职率。离职率的降低一方面可以减少因职工离职给企业带来的直接损失；另一方面，离职率的降低同时也降低了该企业人力资本投资的风险，延长了人力资本投资回报期，增加该企业获得其他一些收益的可能性[26]。

除上述因素外，企业人力资本投资通过提高员工的知识、经验及技能水平等人力资本存量，加速企业内部的知识创造及技术创新，对于提升企业的应变能力，形成协调发展的良好循环，具有非常重要的收益效果。

第三章 公路事业分析

第一节 公共事业的特点

《事业单位登记管理暂行条例实施细则》规定，公共事业单位是指国家为了社会公益目的，由国家机关举办或者其他组织利用国有资产举办的从事教育、科技、文化、卫生等活动的社会服务组织。公共事业单位具有鲜明的中国特色，是中国所独有的社会组织，承担的主要职能是：推进公共产业的发展，促进社会成员的共同富裕与和谐相处；通过沟通协调，促进社会经济发展目标和人的全面发展目标相统一，树立全面、协调、可持续的社会经济发展观[27]。

在我国从设立目的和在国家政治、经济、社会生活中的地位和作用角度来看，事业单位与党政机关、社会团体和企业有明显不同。设立党政机关的目的是实施领导和行政管理，代表的是那些专门负责实施我国的权利和实现对国家进行管控的职能的群体，也是行使我国职能的部门，因此，党政机关在政治体制运行中发挥着重要作用；设立社团的目的是不同的社会群体可以表达自己的合法意志，可以参政议政；设立企业的目的是在竞争性领域中创造物质财富，并追求经济利益最大化，在市场经济体制运行中发挥着重要作用；而设立事业单位的目的是为了向社会提供某方面的公共服务，满足经济建设和人民群众的生活、精神和文化需求，在社会公共事业运行体制中发挥着重要作用。事业单位是社会公共事业运行中的主力军，在公共事业运行中不以营利为目，对政治体制的运行、生产力的发展及社会生活的正常进行，起着重要的、不可替代的支撑保障作用。

第二节 公路事业的特点

2011年国务院《关于分类推进事业单位改革的指导意见》在对现有事业单位进行清理规范基础上，按照社会功能划分为3个类别。对承担行政职能的，逐步将其行政职能划归行政机构或转为行政机构；对从事生产经营活动的，逐步将其转为企业；对从事公益服务的，继续将其保留在事业单位序列、强化其公益属性。对比公路行业所承担的社会职能来看，公路事业仍是我国公共事业领域中一个重要组成部分。

一、公路事业单位的职能

公路行业是支撑经济协调发展、促进生产力合理布局、沟通城乡、保障国家安全和社会稳定的重大基础性、先导性产业，也是重要的生产性服务业和消费性服务业。它面向国民经济所有部门，贯穿于社会生产、流通等各个方面，与人民群众的生产生活息息相关，在构建社会主义和谐社会中承担着重要职责。从交通行业来看，公路作为最基础、最广泛的交通基础设施，是衔接其他各种运输方式和发挥综合交通网络整体效率的主要支撑，在综合交通运输体系中具有不可替代的作用。从地市级公路的角度来看，由文献［28］可知，公路事业单位有以下特有的职能：①参与编制全市普通国省道五年规划、中长期规划及有关专项规划；②承担全市普通国省道拟新建改建、大中修及专项工程项目的提报工作，并组织开展前期相关工作，配合做好高速公路建设有关工作；③承担全市普通国省道及设施的建设、养护工作；④培育和管理公路基础设施建设市场，建立完善的服务体系，维护行业的平等竞争秩序，促进公路事业良性发展；⑤承担全市高速公路及普通国省道巡查及路政管理有关行政辅助工作，参与全市公路路域环境综合整治工作；⑥承担公路行业安全生产工作，承担普通国省道清雪防滑、防风防汛、水毁抢险等应急保障工作，承担公路战备有关工作；⑦承担公路科技、信息化建设有关工作，承担公路行业环境保护、节能减排有关工作。可以看出，公路行业具有对公路的建（公路规划编制及建设）、养（公路养护）、征（通行费征收）、管（路政管理有关行政辅助工作）、服（公路科技信息建设、路网服务、路域环境综合整治服务工作）等职能。从全国公路行业来看，虽然在公路事业单位改革后各地市级公路事业单位在行业内机构设置、管理方式各不相同，但其职能都大同小异。

二、公路事业单位的特点

对比事业单位的三类社会功能，公路事业单位承担的社会功能可以分行政支持、公益事业和生产经营三大类，既有一般事业单位的特点，又有其独特性。其主要特点如下。

（一）事业性与行政性共存

公路事业单位是保障国家公路事业发展的社会服务支持系统，其最基本、最鲜明的特点是其服务社会的功能，表现出典型的公共事业性。公路行业作为交通系统的重要组成部分，随着智慧公路建设的发展，承担的公共事业职能更加凸显。从行政性的角度来讲，行政执法大多由行政部门根据相关法律进行，而事业单位履行行政执法职能有两种情况：一种是受行政部门委托；一种是由法律直接授权。目前，随着交通运输综合行政执法改革的完成，公路行业政事虽然已经分离，但从公路行业更好地利于做好公路产权保护角度看，公路行业承担的公路巡查及公路路政管理有关行政辅助工作，也说明了公路行业仍然是具有一定的行政性色彩。从这点来看，公路事业单位又具有政府部门的特点，表现出一定的行政性。

（二）公益性与营利性共存

公路事业单位的公益性是其社会功能和投资主体决定的。在社会主义市场经济条件下，市场对资源配置起基础性的作用，企业的经营管理过程控制的主要目的是为了降低过程控制成本、增加企业的最终收益，更好地实现经济目标和营利最大化。公路事业单位在实施公路事业经营管理过程控制与其他企业的经营管理过程控制存在很大的不同之处。公路作为公共基础设施，与自然生态和人民群众的生活息息相关，正外部性和负外部性都比较明显，属于市场不能有效配置资源的领域，政府是其主要投资主体。公路建设领域的管理、服务，要由政府组织事业单位进行，以满足社会发展和社会群众对安全、便捷出行的需求。基于此，公路事业单位的经营管理过程控制最主要的还是体现其公益性，并最终表现在为社会提供更好的公共服务目标上，因此，公路行业讲服务、讲公益、讲奉献追求社会效益最大化。

但事实上，随着我国在经济上的高速度、高质量发展和事业单位体制改革的逐步完成，竞争激烈、变幻快速的市场机制被引入事业单位管理体系中并发挥了重要的作用。事业单位在新形势下为了更好地适应市场经济条件下经济社会的发展，在坚持提供的产品或服务满足社会公众需要且产品最终属性属于公益性的同时，更重要的还是要充分地考虑其所投入市场中的产品在投入与产出间最终经济效益能否得到有效补偿。因此，事业单位在保证社会效益的前提下，为实现事业单位自身的健康发展和社会服务系统的良性循环，根据国家规定向接受服务的单位或个人收取一定的服务费用还是存在的。这点在公路事业单位表现得很明显。承担公路工程设计、施工、监理、养护等职能的公路事业经营单位，在事业单位改革完成事企分离后多属于事业单位企业化管理，这类公路事业服务单位在经营方式上更接近于或已实现企业化，普遍重视成本与收益的经济核算，追求利益目标的最大化，依据最大化利益目标调整产出关系，与真正意义上的企业非常相似，具有较大的市场自主权。公路事业服务单位实施市场化经济管理过程控制，能够更好地促进社会经济的发展，创造出更高的社会价值。

（三）专业性与复杂性共存

公路行业在地域上具有点多、线长、面广的特点，其行业知识既有很强的专业性，又有相当的跨界性。随着交通强国战略的积极布局实施和新形势下智慧公路的建设，公路行业在创新发展上正在发生新变化，涉及大量的技术交叠和复杂的步骤重构，人工智能、AI技术、数字信息化、5G、物联网、高精度导航等技术在公路设计、施工、监理、养护等环节大面积普及应用，公路行业在知识技术应用上呈现出高度的专业性与复杂性特征，多学科协同性明显增强，每一种技术和步骤的实施都必须依赖其他学科协调地配合在一起，牵一发而动全身，鸣一处而响全局，任何一道工序的改变都会对复杂系统的整体产生影响。例如，以烟台公路养护管理为例，21世纪初形成的养护、路政相结合"管养一体化"模式，随着路网的延伸、行业体量的增大和资产存量的增多，传统的发展模式已呈现出单位时间内有效管理范围狭小、工作效率滞后等缺陷，相对传统的管养模式，伴随着智慧公路的建设，将具备智能化和数字化专业优势的公路路网中心引入养护管理环节，代替原有的"管养一体化"模式，形成基于养护、公路产权保护、公路路网三者相结合的"三位一体"管养新模式，充分利用大数据数字化优势，在一张路网图上将全部环节上的问题通过不同类型的数字符号具象化，通过查询智慧公路综合管理服务平台，所有问题都会通过平台反馈给现场人员，现场人员也可以将新发现问题通过平台上传，及时更新问题数据系统，通过大数据对比分析，判断公路及设施病害变化等相关问题，全部问题点位化管理，提高公路路政的巡查效率和养护发现、解决问题的针对性。也就是说，智慧公路模式下，公路行业各个环节作用的发挥不仅仅只是单方面知识的应用，更多的是依靠多学科知识的协同，形成完整的闭环系统发挥作用。

(四) 知识密集和劳动密集共存

现有的公路职工队伍是从新中国成立伊始的劳动工人逐渐成长起来的，传统的公路作业模式也离不开老公路职工队伍作用的发挥，因而仍然具有劳动密集型的特点。随着公路建设等级的提高，公路建设领域向更多危险环境延伸，为了打通大山深处的公路通行"最后一公里"，科技在公路建设中就得到更多的应用和推广，更多的机械化设备代替传统的人工操作，完成高难度的公路建养工作，公路事业单位开始成为以脑力劳动为主体的知识密集性组织，能够操控高智能机械化设备的专业人才也就成为主要人员构成，利用科技文化知识建设公路、管理公路、服务社会成为公路事业单位的主要手段。

第三节 公路事业改革与人力资本投资

一、改革已成必然

我国事业单位的改革是从1995年推行事业单位聘用制开始的[29-31]。

从公路事业单位自身发展来看，公路事业单位的人事管理制度影响着公路事业单位的发展，推进事业单位的改革。几十年来，公路事业单位在人事管理上一直按照党政机关的管理方法进行管理，人员靠统派、工资国家定，没有形成适应事业单位工作性质与特点的人事管理制度，从而使事业单位政事职责不分，社会化程度不高，市场参与率低下，缺乏竞争机制和自我发展、自我约束机制，机构臃肿，人员结构不合理，干部坐"铁交椅"，职工端"铁饭碗"，人员能进不能出，职务能上不能下；干与不干、干多干少、干好干坏一个样，严重挫伤了职工的积极性，制约了各类人才潜能的发挥，影响了公路事业单位的自我发展[32]。

结合《交通强国建设纲要》关于复合型人才培养要求和"十四五"时期公路发展新形势分析，公路事业单位的人才培养方式也在影响着公路事业单位自身的发展，推进事业单位的改革。一是人才培养缺乏完善的制度框架约束。公路事业单位虽然针对专业技术人员设置了培训制度，但在培训过程的管控和培训结果的考核上往往流于形式、不太注重。通过对多地公路事业单位的培训调研发现，有些单位针对安全管理四类人员每年设置了足够的培训课时，并且要求安全管理人员脱产到专业的培训机构参加培训或邀请培训老师集中授课，这对于事业单位和职工自身来说双向利好，既可以让安全管理相关专业技术人员心无旁骛的得到更全面、更专业、更集中的学习机会，满足职工学习的积极性和对学习的愿望，保障职工学习的权利，又实现单位对职工继续学习和培养复合型人才的战略规划，保障单位安全运行。但是从培训过程中职工的反应来看，职工的学习积极性并未被充分地激发，课堂的反映效果并不理想，从最终的考核结果和工作中的实际应用效果来看也并未达到培训预期，培训的最终考核更是多数流于形式，培训只是走形式，实际工作中应用上并未水过留痕，这反映出公路事业单位在人才培养制度建设上存在漏洞，人才培养制度的框架约束性差。二是学习自觉性缺乏退出机制刺激。公路事业单位的职工由于在编制上和单位性质上存在较强的稳定性，职称聘任虽然有总量控制限制，但多数人的职称在聘任之后会一直享受与职称对等的待遇，缺乏相应的考核退出机制，竞争压力明显减弱，导致职工学习精神不足，接受先进技能的能力变弱，专业技能不足，专业知识老化，存在吃老底的思想。这在信息知识时代会很快被行业发展淘汰，特别是在将学习成果转化成生产力实践上会导致根本动力丧失，进而影响公路事业单位的发展。三是人才与单位双向性选择缺乏互动性激励。通过最近几年对公路事业单位人才辞职情况调查发现，最近几年公路事业单位流失的人才大多数是中青年骨干型人才。这充分说明，随着市场经济条件下人才流通机制的畅通，人才在选择工作和单位时表现出更加明显的自主性，不再过分依赖单位的性质和工作的稳定性，也不仅仅局限于薪资报酬的高回报，高素质人才更愿意通过改变工作来获得更大的自身价值肯定和社会价值的满足。如果公路事业单位不能满足他们对职业规划的追求，他们就会选择离开，去选择满足自身需要的事业。例如，随着智慧公路的建设需要，公路事业单位对计算机等电子信息技术类人才呈现出高需求态势，但在人才的引进和应用上并未呈现出较好的效果，公路事业单位并未对专业高素质人才呈现出高吸引力，智慧公路的建设在较大程度上依旧要借助专业化的服务公司布局实施，这在一定程度上加大了公路事业单位的成本投入。

在这种情况下，事业单位能否在改革发展中立于不败之地，关键在于有没有一个能够吸引人才、留住人才、用好人才的好机制和一个培养人才、考核人才、激励人才的好方式。推进事业单位人力资本改革，增强事业单位生机与活力，既是事业单位顺应改革潮流的应对之策，也是事业单位适应社会发展的必然要求，可以说公路事业单位改革已是离弦之箭，势趋向好。

二、改革的主要内容

《关于分类推进事业单位改革的指导意见》指出，将承担着部分行政职能的这一部分事业单位，有序地把它的行政功能分成行政的部分或变化成行政部分；对能自主开展生产工作和经营活动的事业单位，有序地将其变成公司类单位；对于从事社会公益类服务功能的事业单位，仍划定为事业单位。可以看出公共事业单位改制的方向是实行政事分开、事企分开，建立"政事分开、责任明确、多元投资、科学管理、强化约束"为主要特征的有中国特色的现代事业制度，具有法人地位明确、主要职责清晰、治理机制健全、文化管理为主的特点。

一是建立以聘用制为基础的用人制度。按照"平等自愿、协商一致"的原则，通过签订聘用合同，以法律形式确定单位与个人的工作关系，以法定的劳动合同形式，明确双方的责任、义务和权利，实现事业单位人事管理由身份管理向岗位管理转变，由单纯行政管理向法治管理转变，由行政依附关系向平等民事主体、自然人主体转变，由国家用人向单位用人转变。二是建立形式多样、自主灵活的分配激励机制。公路事业单位作为公益类事业单位承担着服务社会的最基本的公共社会服务职能，是为实现社会公众的利益和国家的长远规划而设立的，公路事业单位最基本的服务是无偿的，需要有大量的专业技术人才作为行使职能的支撑才能实现，专业素质要求高。对公路事业单位的绩效评价不能像对以产品作为评价指标的企业一样，要看其承担的公益服务职能的实现情况和对公路事业发展所做出的改善情况来评价。应该把公路事业单位职工的工资和实际的公路社会公益服务改变情况相结合，按照不同岗位职责、工作类别、工作实际和安全生命健康风险损失程度等因素，确定不同工种的绩效工资水平，贯彻按劳分配与按生产要素分配，效率优先、兼顾公平的分配原则，扩大事业单位内部分配自主权，逐步建立重实绩、重贡献，向优秀人才和关键岗位倾斜，引入政府特殊津贴、一次性奖励和协议工资等形式，逐步形成完善的绩效工资制度和岗位工资制度，逐步形成形式多样、自主灵活的分配激励机制。三是建立多层次、多形式的落聘人员安置制度。随着公路事业单位的改革和发展，总会存在一部分职工不再适应公路发展形式的需要，在聘任制的人才应用模式下落聘，对于这部分职工要坚持以内部消化为主的原则，实行多层次、多形式的落聘人员安置制度，为落聘人员发挥作用创造条件。做好改革的关键点才能从根本上选拔人才、培养人才、留住人才，激发公路事业单位职工的工作积极性，更好地为公路事业的发展积蓄力量。

三、改革的难点与人力资本投资

从性质来说，公路事业单位营利类和非营利类兼有，一些公路工程设计、监理、施工单位具有营利性质，按照改革规划和设计要求，这类承担营利性职能的单位要从公益类公路事业单位中剥离出来，作为事企分离改制的重点，成立专门的服务类企业公司，一方面承担一定的公路行业的服务职能；另外，最主要的一方面是要让其参与市场竞争。与此相适应，人力资本的最优改制措施就是实施人员聘用制，其核心是在人事管理中明确事业单位和职工双方的平等人事主体地位，通过聘用合同，以契约的形式确定单位和职工的权利和义务，从而使市场机制发挥作用。其中有3个难点：其一是落聘人员的安置，必须有养老、医疗、失业保险等相关配套政策，否则会增加改革难度，增加失业人员数量；其二是必须建立与此制度相适应的公平竞争机制和退出机制，标准、程序、规划要相应地公平、公正，不能让不能干的人上岗，也不能让愿意干的人下岗；其三是收入是否能拉开差距，向重点岗位、关键人才倾斜。要解决这3个难点，加大人力资本投资力度、提高职工综合素质是一个有效途径。

第四节 公路事业发展与人力资本投资

一、公路事业发展取得的成就

公路的发展是国家经济发展水平的风向标。中国的公路建设发展比西方发达国家晚了近半个世纪的时间。新中国成立以来，特别是改革开放以来，经过几代公路人的艰辛努力，我国公路事业取得了举世瞩目的历史成就。基础设施规模不断扩大，运输服务水平不断提高，安全保障能力显著增强，公路交通"瓶颈"制约得到有效缓解，在综合运输体系中的地位和作用进一步加强，为促进经济社会发展和提高人民生活水平做出了重要贡献。"截至2020年底的数据显示，全国公路通车总里程由1978年的89.02万公里增长到已经超过500万公里，达到519.81万公里，增长5倍多，其中高速公路由1988年的100公里，增长到16.1万公里，增长1610倍，已跃居世界第一的位置。我国公路事业取得的成就不只是通车里程的增长，公路运输在服务经济社会发展中的支撑能力显著增强。高速公路对20万以上人口城市覆盖率超过了98%"[33]。

然而直至改革开放前,我国公路的发展都十分缓慢,干线公路的建设基本是零基础。1979年,国家干线公路网划定工作启动;1981年,我国才形成以首都为中心,连接各省市、各大军区、重要大中城市、港站枢纽、工农业基地等的国家干线公路组成的相对完善的路网体系;1993年,交通部《"五纵七横"国道主干线系统规划》正式发布,覆盖了当时全国所有人口100万以上的特大城市和93%的人口50万以上的大城市;1988年,沪嘉高速公路通车后,我国高速公路建设实现零突破,高速公路路网的建设发展,提高了我国公路路网的整体技术水平,优化了交通运输结构;2013年,随着公路发展新篇章的到来,高速路网"7918"建设基本完成,国省干线公路连接起了全国县级以上行政区域。

新时期全国公路事业的发展在传承中创新,从"追赶"到"并跑"直到实现"领跑"。《中华人民共和国国民经济和社会发展第十四个五年规划和2035年远景目标纲要》《交通强国建设纲要》《国家综合立体交通网规划纲要》的实施,为公路事业的发展设定了方向指引,开启了公路发展的新篇章。中国的公路建设以科技创新和大数据信息建设为方向,大力开展智慧公路建设。大数据、云计算、物联网、移动互联网技术等新一代信息技术在各领域广泛应用,实现计算机辅助设计、无人机遥感、航测技术在公路勘测、养护中普及应用、公路建设实现无人操作大型机械设备运转,全国的公路技术正在实现历史性跨越[34]。

二、新时期公路事业的主要任务

未来30年我国将加快建设交通强国,其中到2035年,基本建成"人民满意、保障有力、世界前列"的交通强国,到2050年全面建成交通强国,实现"人享其行、物优其流"的美好远景。"十四五"时期,正是加快建设交通强国开局和起步的重要阶段,也是推进交通强国战略良好开局的重要战略机遇期其意义和作用都十分重大。公路事业的主要任务是,紧紧抓住我国经济发展战略转型的历史机遇,加快发展现代化公路事业,推进公路由传统产业向现代服务业转型,加大公路信息化、智能化建设,推进基础设施数字化、网联化、智能化,推动传统基础设施数字化升级改造,加快智慧公路建设,促使公路交通继续成为新时期国民经济发展的战略重点。

由文献[35-36]可知,发展现代公路事业的主要内容是:发展智慧公路,推动先进信息技术应用,逐步提升公路基础设施规划、设计、建造、养护、运行管理等全要素、全周期数字化水平。深化高速公路电子不停车收费系统(ETC)门架应用,推进车路协同等设施建设,丰富车路协同应用场景。推动公路感知网络与基础设施同步规划、同步建设,在重点路段实现全天候、多要素的状态感知。应用智能视频分析等技术,建设监测、调度、管控、应急、服务一体的智慧路网云控平台。依托重要运输通道,推进智慧公路示范区建设。鼓励应用公路智能养护设施设备,提升在役交通基础设施检查、检测、监测、评估、风险预警,以及养护决策、作业的快速化、自动化、智能化水平,提升重点基础设施自然灾害风险防控能力。建设智慧服务区、公路驿站,促进融智能停车、能源补给、救援维护于一体的现代综合服务设施建设。推动农村公路建设、管理、养护、运行一体的综合性管理服务平台建设。运用现代科学技术、管理技术,改造和提升公路,提高公路基础设施的现代化水平和通行能力；适应现代服务业发展要求，不断拓展公路服务领域；走资源节约、环境友好的发展之路。据此，公路发展的目标是，到2035年，公路建设领域新型基础设施建设取得显著成效。先进信息技术深度赋能公路基础设施，精准感知、精确分析、精细管理和精心服务能力全面提升，成为加快建设交通强国的有力支撑。基础设施建设运营能耗水平有效控制。泛在感知设施、先进传输网络、北斗时空信息服务在交通运输行业深度覆盖，行业数据中心和网络安全体系基本建立，科技创新支撑能力显著提升，前瞻性技术应用水平居世界前列。公路发展的质量和效率显著提高，服务和管理显著改善，行业创新实力显著提升，资源节约、环境保护显著增强，基本建成更安全、更通畅、更便捷、更经济、更可靠、更和谐的公路行业服务体系，公路发展成果惠及城乡、人民共享，适应全面推进乡村振兴的需要，为21世纪中叶实现公路现代化打下坚实基础。

（一）建设任务

在基础设施建设方面，完善基础设施布局，建设现代化高质量路网。国家将更加重视公路的发展建设规划，通过规划的制定和适时调整宏观调控目标，改变投资规模的粗放方式。在具体措施上，继续向中西部地区倾斜，向公益性强的项目倾斜，突出国家规划的公路重点工程、农村公路、科技创新融合应用和安全生命防护工程建设，加强国家高速公路网和农村公路建设，加大国省道干线公路提升改造力度，"十四五"时期，仍将以西部地区为重点，尤其是乡村振兴重点帮扶县，进一步加大公路基础设施建设项目、资金的支持力度，加快补齐发展短板，加快国家高速公路待贯通路段、普通国道低等级路段等建设。"乡村振兴、交通先行"，随着全国脱贫攻坚战取得全面胜利，"三农"工作的重心也转向了全面推进乡村振兴。我国乡村也将发生农业生产转型、城乡关系重塑、乡村格局重构等重大变革，这就要求农村公路也要进一步提升服务品质、提高服务效率、拓展服务功能，构建城乡联通的交通公路网络，营造安全宜人的农村公路出行环境。从提高农村公路的服务能力、服务品质和服务效率上补齐农村公路发展短板，在着力提升农村公路建设质量、管养水平和安全宜行上推动农村公路可持续发展。可以说，中国公路正处于产业的扩张期，正面临着持续繁荣的契机，稳定的行业背景为公路投资提供了稳定的投资回报。一般而言，公路事业的现状良好或呈上升走势，人力资本投资的预期价值则较大，公路行业可望从这种投资中获得的杠杆收益也较多，因而可适度追加公路事业单位在人力资本上的投资。

（二）管理和服务上的人民主体地位

世界公路发展历程表明，公路发展必然要经历一个大规模基础设施集中建设的阶段，经历由数量扩张到质量提升、由满足基本通行到提供优质服务、由外延粗放向内涵集约的发展过程。随着经济社会的快速发展和我国公路基础设施建设规模的不断扩大，交通"瓶颈"制约逐步缓解，公众对快速、便捷的出行服务要求越来越高，对公路管理和服务工作提出了更高标准的要求。因此深刻认识公路对经济发展的带动作用及对改善民生的促进作用，坚持以人民为中心的发展思想，以人民满意为根本出发点和落脚点，加强公路基础设施建设，在提高管理和服务质量，建设创新型公路交通行业，满足人民对公路建设的迫切需求和美好愿望。

三、公路事业发展与人力资本投资

基于对公路新时期新任务的分析和把握，对以人民为中心的发展理念的深刻理解以及《交通强国建设纲要》关于打造精良专业、创新奉献的人才队伍的战略构想的落实，可以看出，公路建设在相当长的时期内呈现出明显的扩张趋势，同时公路建设中对科技含量的需求、创新需求、社会对公路服务的需求呈现出明显增多的趋势。由此可以得出，人力资本理论对公路行业人力资本投资的重要启示如下。

（一）公路事业单位人力资本存量应该是动态发展提升的

不可否认，即使刚进入公路事业单位的职工，一般也都接受了一定的教育，积累了一定的资本，是本单位拥有的原始人力资本。但他们必须接受与公路工作特殊性有关的教育——职业培训，只有经过行业特殊性培训的职工才能成为本行业的人力资本，只有经过本单位特殊性培训的职工也才能成为本单位的人力资本。例如，公路建设等初级岗位需要的是大量的具有一定技能的职工，但是，单位招聘所接触到的年轻求职者中，主要是一些缺乏技能又缺少实践经验的人；公路服务部门的工作岗位日益增多，需要有较高服务技能的职工，而现实中有很多改革分流的年纪大的职工安排在服务岗位，这些人力资本在初入行业、公路事业单位时都是不适应公路行业特点的。因此，人力资本（存量）固然是公路事业发展的重要源泉，但这种静态的存量并不能适应公路行业发展内外部环境的迅速变化，更为重要的是对其人力资本进行有效开发以提升整个组织的人力资本存量，使其适应组织发展战略的要求，进而才能带来组织绩效的增加。而这个实践过程就是一种公路事业单位对其职工的人力资本投资活动。

（二）投资是公路行业人力资源开发的关键

人力资本由一定的费用投资转化而来的，没有费用投入就不会获得。任何人的能力都不可能完全靠先天获得，要形成、培育能力，就得接受教育，必须投入时间、金钱。要提高公路行业职工的整体素质，同样必须强调对公路职工进行投资，这是公路行业人力资本提升的重点。根据人力资本投资的特征，系统地构建公路行业人力资本投资理论显得尤为重要和迫切。

第四章　公路行业人力资本投资成本收益分析

第一节　公路行业人力资本投资的主客体系统

公路人力资本是指蕴藏在公路职工体内的知识、技能、文化和健康等因素，体现为一定的健康体魄、掌握现代文化知识、一定的管理技术、具有一定的决策能力，能够带来社会公共利益和公众满意度的增加。公路人力资本投资的主要意图是提高职工素质，使职工具备有效开展公路事业建设所必备的体力、智力、技能、潜质及正确的行为模式、职业道德、工作态度、积极性、创造性等，对于公路人力资本的增进具有重要作用，是一项有利于公路事业发展和公路职工人力资本增值的双赢投资。

一、公路行业人力资本投资主体

投资主体即投资者，是具有资金或资财来源和投资决策权的投资活动主体。成为人力资本投资主体需要一定的物力、财力来支付人力资本投资的直接成本和间接成本，需要能够适应单位人力资本投资内外环境的变化，正确制定投资目标和选择达到预期目标的途径、方式的能力。公路行业人力资本投资主体具有多元性，其形成是多个投资主体共同作用的结果。

①在职工个体人力资本形成过程中，由于人力资本承载者付出了体力、精力、时间的投入，以及放弃了其他机会和收入，因而成为"天然"的投资主体。②在现代社会中，国家和地区的公共支出中也都有很大一部分是对教育、健康的设施或服务的支出，这也使政府理所当然地成为一个投资主体。③由于公路事业单位具有一定人力资本投资需要和投资能力，拥有相应的权威和责任，在现实的人力资本投资活动中起主导作用，因而理所当然地成为公路行业人力资本投资主体的主体。公路行业人力资本投资主体必然具有多元性的特征。

二、公路行业人力资本投资客体

投资对象是投资的客体。公路行业人力资本投资的客体是公路行业的职工，或职工集体——团队，在人力资本投资活动中参与投资决策，具有主观能动性，这是非人力资本投资活动所不具有的独特特点。

由于20世纪80年代以来，以团队为公路事业单位组织结构基础渐趋流行，因而公路事业单位在进行人力资本投资时不仅以单个的职工为投资的基础，更多地采取了以团队为基础进行投资，以团队的需求、方向、方式来决定人力资本投资，团队的功能大于单位职工功能之和，以团队表现的人力资本价值大于单个职工人力资本投资价值之和。因而，公路事业单位人力资本投资对象既可以是单个职工,也可以是该单位的一个团队。

第二节 公路行业人力资本的投资结构及成本收益分析

公路行业的人力资本投资活动主要表现为继续教育投资、培训投资、"干中学"投资、流动性投资和卫生保健投资[37]。对这些经济活动进行人力资本投资分析的主要目的是研究人力资本投资的价值[38]。因人力资本投资是消费性支出,也是生产性投资,在性质上主要体现为财务性投资,故与其他投资一样,人力资本投资是以预期现金流量分析为依据,以实现公路事业单位价值最大化这一财务目标为决策原则的一种财务投资行为。

西方发展经济学的人力资本理论十分注重对人力资本投资进行成本——收益分析,认为人力资本的收益是预期的,并称与其他投资项目一样,引入人力资本投资收益率等概念,使人力资本的效益可以用数学的方式表达得很准确[39]。而公路行业人力资本投资的收益分析比较复杂,主要原因是公路行业的人力资本投资同时具有行政、事业、企业的部分特点,有许多的服务职能和作用,但这些根本不可能量化,我们不能简单地把接受培训职工的数量和质量作为衡量的指标,也不能简单地用"知识增量"来考量,因为除了数量外,所谓的质量和知识本来就难以考量,目前我们还没有找到合适的标准来衡量产出,这就使得在计算公路行业人力资本投资收益时变得困难。

以下分析将围绕公路行业人力资本投资的基本结构尽量细化。

一、继续教育投资的成本收益分析

继续教育投资的成本包括以下两个部分。

①为接受继续教育而支出的各种费用和劳务,即继续教育投资的直接成本,包括教师工资、校园投资、学费、书籍费和交通费等。

②因受继续教育而放弃的收入,也就是教育投资的间接成本。对于一个职工来说,如果决定接受某种继续教育,就面临一个重新分配时间的问题。原来的闲暇或工作时间被用于继续教育,不管放弃的是闲暇还是工作时间,对其都是一种确定的成本。闲暇可以以为其带来效用,放弃闲暇就包括一种效用的丧失,显然包含一项成本;工作是一项有薪金作为报酬的市场活动,为继续教育而放弃工作就意味着放弃一笔收入。

所以,为继续教育而放弃的工作收益或闲暇的效用就是继续教育投资的间接成本,也就是机会成本。表4-1给出了继续教育成本分析。

表4-1 继续教育成本分析

财务成本		机会成本	
单位成本	个人成本	单位机会成本	个人机会成本
用于教育、管理等教育活动的工资、公务费、修缮费、折旧费等	接受教育的直接费用、学杂费、书费、文具、交通费等	单位资金用于教育而损失的收益	因接受继续教育而放弃的个人收入,个人继续教育投资的资金所损失的收益

继续教育投资的收益。在市场经济条件下，职工的收入与他们所提供的劳动的数量和质量联系在一起，继续教育投资可以明显改善职工的质量，提高工作效率，从而增加他们的个人收入。这种增量收入是受教育者提供产品和劳务增加的结果，或者说是人力资本中知识增量价值的体现。它构成了继续教育投资的主要经济收益。可以通过统计的方法计算出这部分经济收益。通常，将继续教育投资个人未来收益中超出其未受这份教育的可能收益加以折现、汇总，也就是将由于受额外教育而得到的额外工资进行折现、汇总来作为继续教育投资的个人收益[40]。例如，对一个地市级公路事业单位90届大学生就业人群进行的不完全统计，以是否接受继续教育分类，假定影响收入的其他条件相同，如果用 n 表示工作年限，R_{lt} 表示参与某些继续教育投资后未来第 t 年的货币收入，R_{ot} 表示未参加继续教育投资的个人同期的收入水平，如表4-2和图4-1所示。

可见，继续教育投资的个人收益并不等同于个人的未来收益，个人在投资后的工作年限越长，市场利率越低，投资收益也就越大。

表4-2　90届大学生就业后参加和未参加继续教育人群个人收益比较

单位：万元

工作年限/年	1	5	10	15
参加继续教育人群平均年收入（R_{lt}）	0.31	0.58	2.48	8.10
未参加继续教育人群平均年收入（R_{ot}）	0.31	0.38	0.62	1.80
R_{lt}/R_{ot}	1.00	1.50	4.00	4.50

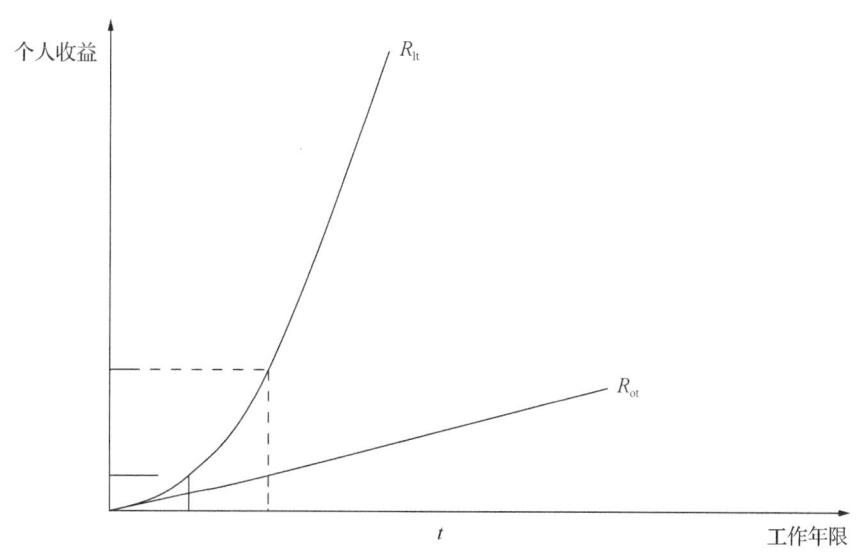

图4-1　继续教育投资个人收益曲线

二、在职培训投资的成本收益分析

现代组织间的竞争往往是围绕着核心能力（知识、信息和专业技术）展开的，技术进步和创新的日益加速，要求职工不断磨砺其知识和技能，以适应新的程序、系统、信息、环境等，在职培训工作（一种提高现在和未来的工作绩效的努力）应运而生，成为实施组织战略的中心部分，并在加强企业核心能力上越来越具有不可取代的作用[41]。现在，培训投资是企业人力资本投资的最主要形式，也是公路行业人力资本投资的重中之重。

美国著名经济学家加利·贝克尔在划时代的《人力资本》中，将培训分为一般培训和专门培训两种类型[42]。区别在于，前者不仅提高职工在现时单位中的边际生产率，也提高了他在其他单位中的边际生产率；而后者则被定义为受训者在受聘于其他单位时对生产率完全没有影响。显然，在这两种情况下，收益与成本的分担是不同的。一般培训对于职工来讲存在收益的外部溢出效应，因此通常由职工个人承担。但由于个人与单位在分享一般培训收益上存在外部性，所以一般情况下，单位进行一般培训的投资是不足的，而专门培训则避免了单位间的溢出效应，单位将乐于承担专门培训的成本。当然，这种分类法只是一种理论的抽象，实际上许多在职培训都同时具备这两种属性，很难严格区分。因此，在职培训的费用分担问题一直是许多经济学家研究的重要课题。在实践中，新职工的培训以一般性的基本技能为主，因此费用可以由个人和单位共同承担；而随着职工工作年限的延长，单位对职工的信任感开始建立，才会逐渐加大对职工专门培训的投入。同时，一些与专门培训有关的一般培训费用也可能主要由单位来承担。

在职培训的方式是多种多样的，如岗位练兵、举办技术培训班、开办职工业余学校，或者选送职工到院校或其他单位进行进修等，都是比较正式的在职培训；还有一些非正式的培训，如对每个职工进行的例行就业培训、安全教育等，这些培训可以使公路职工尽快熟悉工作环境或设备性能，有利于提高其利用时间的效率和劳动生产率。无论哪种形式的培训，公路事业单位都必须投入一定的成本。其中直接成本包括支付为受训人员所需的直接货币成本和为培训活动所需的物质条件成本，而间接成本或机会成本一般包括以下3个方面。

①受训职工因参加培训而减少的收入，以及参与培训所付出的时间和精力损失。

②公路事业单位因受训职工参加培训而损失的工时和其他应得收入。

③在部分培训中，利用公路事业单位的生产设备或有经验的职工从事培训活动，也在一定程度上影响该单位的生产效率，形成机会成本。

从以上分析可以看出，在职培训会降低现期收益并提高现期支出，同时培训也存在潜在的收益，而这种收益将随着投资的增加递减。培训时间的增加会减少工作时间，投资的增长将使边际收益递减[43]。因此，培训的适当投资量应该是边际的产出现值等于追加培训的边际成本。

下面，就一次培训的成本进行描述，目的是使职工培训的组织者能够计算一次培训的实际成本，识别其中投入的资金，并对其进行评价。

对于一个地市级公路事业单位做出下列假定：该单位有2000名职工，其中包括200名中层管理人员。在培训科的总体规划和指导下，一年要举行总共40个班次120天的培训，培训中一直聘请外面的专家授课。平均起来算，每个班次有30人参加，持续3天左右。根据以上数字,该单位所花费的成本费用如表4-3所示。

表4-3 职工培训的成本分析 单位:元

成本要素		总计	每人每天费用
A 计划的制定(基于每年的数字)		874 000	243[a]
1. 培训科的管理费用	4000		
2. 培训人员的工资	840 000		
3. 培训所使用的设备和材料	30 000		
B 参训人员的成本(基于每年参加培训的时间)		864 000	240[b]
1. 参训人员的工资与福利(基于参训人员平均水平)	837 800		
2. 对参训人员的基本投资	26 200		
C 培训的举行			425[c]
1. a 设施的成本费用	25 500		
b 餐饮费用	462 500		
c 电话费和杂费	2500	730 500	
d 接待费	2500		
e 住宿费	237 500		
2. 授课费用			
a 聘请外部专家等相关费用	173 150	608 750	
b 参加上级组织培训相关费用	435 600		
3. 会务费用			
a 教室租金	111 750		
b 视听设备租金	27 500		
c 日常事务管理费用	12 000	151 250	
4. 交通费用	40 000	40 000	

总计:每人每天费用/元
    A 计划的制定   243
    B 参训人员的成本   240
    C 培训的举行   425
      总计   908

注1:40个班次,平均每班次30人,持续3天。成本并没有反映出参训人员所损失的工作时间。如果把这一成本添加到表中,可能更加符合实际情况,表中的成本将会增加。

注2:a. 每天的成本费用=总成本/(培训天数×参会人数);b. 每天的成本费用=总成本/(培训天数×参与人数);c. 每人每天的费用=总成本/(参训人数×培训天数)。

从表4-3可以看出,该单位举办的培训成本为每人每天980元。根据每笔费用发生的时期,这些分离的成本可以使我们让每类成本与相应的效用相配合。这样,一项计划较高的最初费用就可以表明,在某个时期或某类受训人员身上,组织投入的成本超过了我们所能预期的收益。然而，在某个方面，公路事业单位也可以推出人力资本投资计划的收益方案，明确表明在什么时期开始获得收益。由此看来，这些分离的成本可以帮助决策者明确关于人力资本投资计划的效用及投资收益等方面的信息。

培训中的环境影响是选择培训的主要理由。一种由专业人员设计和经营的会议设施可能会使培训更加具有效率、更加具有乐趣。投资决策者所要考虑的是，这些外部设施的成本（以该次实际培训总成本的百分比来表示）是否能通过相应的培训效果的提高来加以补偿。在表4-3中，每人每天的成本费用为908元。如果用更高级的设施来举办培训班每人每天增加30元或50元，那么这额外的成本就将增加3%~6%。可是，如果这样的环境使学习效果提高了10%甚至20%，而这在现实中又是可能的话，那么所期待的损益权衡也就比较明显了。简言之，只要考虑了会影响培训效果的所有因素——计划的规划和实施、培训人员的素质及学习环境，那么就能够根据这种对职工的大量投资，以花费的时间和资金为标准预测出最佳的投资效益。

从表面的估价来看，培训成本似乎是一种经济负担，是花钱的事情；可是，为了保持提高职工的工作效率，某种形式的培训还是必要的，需要用成本-收益模型来确定选择某种培训策略后相应的经济收益。

下面借鉴卡伦等（Cullen et al.，1978）的成本效益模型进行分析，如图4-2所示。

（一）培训成本

在成本——效益模型中，培训成本一般划分为固定成本和变动成本。所谓固定成本是指不随受训人数、培训时间、培训计划进展等变动而变化的成本。变动成本是指随着以上这些因素变动而变化的成本。例如，如果一个公路局采用挖掘机（对施工来说是固定成本）进行培训，那么施工中的损失就被看作变动成本。培训成本包括下列要素。

1. 培训计划的制定

①分析时间：组织培训的专业人员进行工作分析的总的工作时间；

②设计时间：组织培训的专业人员设计培训计划的总的时间；

③材料费用：从培训计划的制定开始到结束所花费的所有材料费用，包括计划制定启动以来的各种材料费用（秘书事务、绘图工作、差旅、复制、展示板、培训助理等）。

2. 培训的材料（消耗性材料）

制定培训计划中资料复制的费用。

3. 培训的材料（非消耗性材料）

①教学硬件：为实施培训计划所购买的教育物品（只用于培训的制作机器、录像机、录音机等）；

②教学软件：为实施培训计划所购买的PPT、网络课程等。

4. 培训时间

①受训人员：参加培训的所有时间以及达到技能要求所发生的工资；

②培训人员：参加培训的所有时间以及达到技能要求所发生的工资。

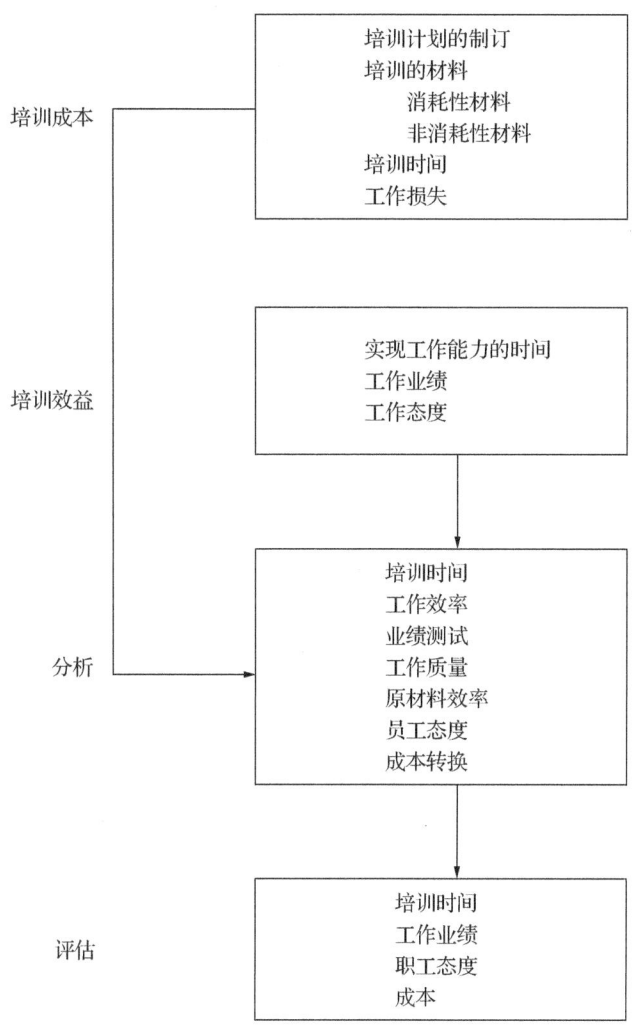

图 4-2 培训的成本——效益分析

5. 参与培训所导致的生产损失
①生产率的损失;
②生产材料的损失。

(二) 培训效益

在挖掘机手的培训中,其效益就是培训出具有操作技能的挖掘机手。其工作任务包括下列要素:
①受训人员能够成功地启动机器;
②受训人员能够持续保持操作挖掘机的标准;
③受训人员能够在机器发生故障时解决问题,恢复正常的工作;
④受训人员能够用正确的方法停止工作。

（三）培训效益的分析

从实际任务的完成来进行考核，其目的是为了评估培训的效益。考核的要点如下。

1. 任务完成情况的考核

①时间：达到技能要求的时间，成功处理机器故障的时间、遵循工作启动规程的时间。

②生产率：每小时挖土方。

③操作能力测试：主要测试处理机器故障的反应能力。

④工作质量：作业是否准确，机械是否满载。

⑤原料的使用：耗油、耗电情况。

2. 受训人员对待培训的态度及按态度对职工进行的考核

3. 效益的货币价值

操作能力测试：主要测试处理机器故障的反应能力。

①把受训人员的业绩数据转换成货币；

②计算出总效益。

（四）评价

评估成本与效益的最后一个步骤是进行评价。对于可以进行选择的培训策略，进行成本－效益比较分析的一般方法是：首先对培训的变量要素进行分析；其次再把这些要素转换成相应的货币指标。如果可能，个别的变量要素（如实现工作能力的必要时间）也要采取分离的效益指标来进行比较分析，并且要给以这样的报告。即使对成本－效益分析的评价并不总是十分容易，但是，当不能从经验上确立人力资本投资计划与工作效率改进之间的联系时，那就只会把培训看作是成本，而不是人力资本投资。

三、人力资源流动投资成本收益分析

人力资源流动投资是指为变换就业机会，如迁徙、更换工作等所付出的投资。人力资源流动是现代经济社会的普遍现象，是人力资本动态配置的实现过程。虽然流动本身并不能增加人力资本的价值，但流动可以促进人力资本与物质资本之间的组合不断优化，使潜在的经济资源转变为现实的生产力，实现人力资本的增殖。从形式上看，它可以是某一单位内部流动、公路行业之间的流动、职业之间的流动。人力资源流动被认为是人力资本投资的一个重要组成部分，它为人力资本在微观层次上优化配置和宏观层次上有效利用创造条件。对人力资源流动的经济合理性分析，涉及流动成本与收益的比较。如果流动的预期经济收益大于其成本，可认为流动在经济上是合理的。

（一）人力资源流动的成本

1. 直接转移成本

这是职工为实现流动而直接支付的费用，如职工获取流动信息的费用、流出地与注入地之间的交通费用、在注入地的安家费用等。

2. 机会成本

职工在流动期间，由于放弃了从事原有的工作，从而失去了原有工作可能获得的收入及其附带的福利，构成了人力资源流动的机会成本。

3. 心理成本

职工离开原来熟悉的工作、生活环境及亲朋好友所付出的精神上的代价，即为人力资源流动的心理成本。心理成本并不是实际支出的费用，只是流动者本身的一种主观心理感受，表现为一种效用的负值。

（二）人力资源流动的收益及预期收益

1. 直接收益

人力资源流动的直接收益来自职工在新的岗位上获取相对于原来收入的差额部分的总和。这种直接的收益是影响人力资源流动的重要指标，构成人力资源流动收益的主要部分。许多单位就是通过直接提高收入水平，并保持与其他单位的利益差距来吸收职工的流入，满足其对劳动力的需求目的。

2. 间接收益

一般是指由于新的工作环境所提供的各种便利所引致的职工部分开支的节省。迁入地的公共服务设施、较多的社会福利和完备的社会保障体系等，都有可能为职工提供间接的收益，并改善职工的生活质量。

3. 心理收益

心理收益泛指流动所带来的非经济性效用。例如，新工作所提供的良好的工作生活条件和环境，社会地位的提高、与家人团聚所带来的欢乐等，都有可能使职工在精神上获得较大程度的满足，增加心理收益。

四、卫生保健投资成本收益分析

对卫生保健投资的直接结果是改善了职工的健康状况，提高了平均寿命，而健康状况的改善和平均寿命的延长，不仅可以提高生命的价值，使人们从较长的寿命中得到实质性的满足，而且可以明显地提高人力资本的价值。这可以从3个方面理解：①职工健康状况的改善意味着"生病"时间的减少和生命的延长，从而能供给更多的工时，相对地增加了社会劳动供给数量；②健康的身体和旺盛的精力也使劳动者的生产能力提高，单位时间的产出增长，也就是劳动质量会大大提高；③寿命的延长和更加充沛的体力、精力及增加收入的可能性，促使劳动者更多地进行教育、培训、流动等其他形式的人力资本投资，因为寿命的延长使这些方式的投资可以在更长的时间内获得不断增长的未来收益。

五、"干中学"投资的成本收益分析

随着知识和技能的淘汰更新速度加快，新知识爆炸式地增长，"终身学习""干中学"这种人力资本投资的方式越来越受到重视。"干中学"理论由 Wright（1936）提出：劳动者生产某个产品所需要的劳动时间随着他生产的量的增加而减少。Arrow（1962）将该理论从

劳动者个人技术进步层面提升至国家的整体技术进步层面,用以说明技术进步的内生行为,国家会随着投资积累和国民生产总值的增加累计生产经验、提高劳动生产率进而促进经济发展。[43]

"干中学"不需要直接的投资,也无须脱离岗位,是介于教育和在职培训间的一种人力资本形成方式。"干中学"以需求为导向,以职工为中心,以能力培养为本位,以注重实效为目的,强调双向互动和培训实践。"干中学"投资的成本主要包括以下几个方面。

①虽然事业单位不像企业那样有正规的学徒制,但任何一个岗位都有一个传、帮、带的问题,新手都需要老手带,所以,新职工要对师傅有时间和精力的投资,如为和师傅搞好关系而花费的时间、精力、甚至包括对师傅家属、子女的照顾等。②因利用公路的生产设备或有经验的职工进行"干中学",在一定程度上影响了公路的生产效率,一般把单位因向"干中学"提供条件而受的损失,称之为单位的"干中学"投资。对于"干中学"投资的收益主要包括:一方面是新职工的人力资本增加;另一方面由于新职工的技能提高,而导致整个单位的效益提高。因此,如果一个新职工的部门中有更多的老职工,他将学到更多的技能,人力资本数量增加。同时单位不仅是一个合作的场所,而且是一个很重要的学习场所,是人力资本生产的一个重要场所。

第三节 公路行业人力资本投资的社会收益分析

公路行业人力资本的社会收益分析包括直接收益和间接收益两部分。直接收益就是可通过货币直接衡量的收益,包括受训者增加收入后所交纳的所得税和各种费用及扣除劳动所得后给社会增加的财富余额,包括减少了政府的福利支出。除此之外均属于间接收益(指不能用货币来衡量的物质和精神方面的好处),可以包括能够提高人的技能和文化修养、促进科学技术的进步、促进社会的进步、促进精神文明建设,还包括对家庭规模的影响,教育培训对犯罪的影响、对公民民主政治等方面的促进作用等方面。无论是社会直接和间接收益都需要通过研究详尽的统计资料,现在都还停留在理论论述阶段,还没办法具体精确度量。根据公路行业的实际情况,可以从以下几个方面来论述人力资本投资的间接社会收益。

首先,公路行业人力资本投资有两大任务:一是岗位适应,目的是提高职工的素质,提高工作效率,增强其适应岗位的能力和在社会中的竞争力;二是科技研发,直接受益者是公路事业单位,整个社会是间接受益者。由此看来,人力资本投资的收益是很大的,其利益回报获得者是多方面的,除了公路事业单位外,还有国家、政府、家庭、个人及经济社会发展,涉及多个方面。

其次,随着中国经济的快速发展,中国经济与世界经济加速融合,经济结构和产业结构进行大调整,要求各公路事业单位能及时培养适应新形势的优秀人才,特别是需要跨学科、跨领域的复合型人才,一些管理岗位需要金融、法律、外语、经济、信息技术等一系列的知识。同时,产业结构的调整必然加快人才、劳动力的流动,这就需要对他们进行继续教育,为他们转换岗位进行培训,并建立一种与之相适应的教育培训机制。

从制度机制方面分析,在公路行业大力推行人力资本投资,带来的收益有:积极适应公路行业教育培训的国际化趋势，促进人力资源开发，形成层次、专业结构合理的人力资本体系。

第四节 公路行业人力资本投资的风险分析

与企业人力资本投资具有很大的风险[44-45]一样，公路行业也是这样。改革开放以来，一方面经济社会发展带来了公路行业发展的市场多元性；另一方面公路相关的专业知识技术技能凸显其独特性，使得人力资本投资风险越来越紧迫地摆上行业管理日程。这种风险主要是在公路行业人力资本招聘、引进、激励、培训、配置、卫生保健等投资行为中，由于投资主体、客体、期限、收益等方面的因素，或者是诸多无法预料和控制的外部因素，导致投资收益的不确定性或投资损失发生的可能性。

一、投资主体风险

这是由投资主体的多元性决定的。投资主体的多元性使投资理念变得复杂，使投资主体决策产生风险。公路行业人力资本的投资主体主要由政府投资、单位投资和个人投资组成。

（一）政府投资

这主要是宏观层面，注重社会效益最大化，由此而形成的人力资本是社会的中坚力量，人力资本的外部效益、规模效益和连锁效益是政府人力资本投资的效益核心。这种投资可以改变社会的收入分配状况，缩小收入分配差距并最大限度地开发人力资本。对政府而言，除了人力资本通过跨国流动迁出和人力资本承载者死亡以外，其人力资本投资收益总会以某种方式渗透到社会经济生活中，人力资本投资收益总能被社会享受到，因而政府人力资本投资风险较小。虽然公路事业单位的人力资本投资属于这种性质，但一旦这种风险传导到一个具体单位来，这种风险就被放大。以一个地市级公路事业单位为例，近年来，具有中级以上职称的职工，约有20个考到公务员队伍或者其他事业单位，其中有工程技术专业、经济管理专业的和出徒成手的文秘人员。从政府角度考虑，人才在不同的岗位上发挥作用，是没有风险的，相反，由于人才的自然流动，对社会经济的发展起到了积极的作用。但对于具体的单位来讲，虽然占比1%，但却是一个大的负面风险，影响非常大。

（二）个人投资

个人人力资本投资的目的是尽可能多地获得未来收益，包括提高学历职称、增长劳动工作技能、升职加薪、满足生活需要、提升职业成就感和获得人生价值等。因个人投资并非仅仅以收入增加为最终目的，因此，个人人力资本投资的原则是效用和收益的最大化，是经济指标和非经济指标收益之和的最大化。与此相适应，个人人力资本投资的市场风险由个人承担，无法转嫁，若投资成本收不回，最直接的受损对象是个人。当然，个人也是人力资本投资收益的主要获得者，并且个人长期获得的非货币收益往往弥补了短期内的较低货币收益。例如，一个工程师，自费1万元参加了高级工程师的培训并没有取得资格，这个风险是需要自己承担的,但这个过程中,个人学到了知识和技能,这是隐性的收益,还为日后的评聘打下坚实的基础,这个投资也是值得的。

(三) 公路企业单位投资

相对于政府和个人,企业单位投资的直接目的是为了获得资本的投资收益,较其他两个投资主体,具有更明确的营利性质,注重遵循利益最大化的原则;投资内容主要是培训及卫生保健;投资额的多少受当前资金状况等因素的制约。对于公路企业单位来讲,人力资本投资决策是比较困难的。由于人力资本投资市场供求变化的不确定性,人才总量、市场需求、价格水平等都无时不在变化中,直接影响企业未来的人力资本需求及对人力资本的投资方式。如果企业对人力资本属性认识不够、使用和引导不到位,投资的风险显而易见。值得注意的是,当投资主体是个人时,个人是自身人力资本的所有者,而当投资主体是个人以外的其他主体时,便存在投资主体和所形成的人力资本的所有权主体的分离。当投资主体是政府时,由于政府的目标是减少收入分配上的不平等,因此可以不在意人力资本的产权问题。当投资主体是公路事业单位时,便出现了一个"囚徒困境"[46]的问题。

二、投资客体风险

这是由投资客体效能发挥的不确定性决定的[47]。人力资本是附载于人体之中的一种生产能力和生产手段,其投资的客体是人。由于人力资本与其承载者不可分离是现实社会中的主要形式,因此,相对于物质资本而言,人力资本效能的发挥具有不确定性的特点,所有影响人类行为的因素都有可能影响人力资本效能的发挥。

(一) 客体选择风险

人力资本投资资源有限性决定了人力资本投资项目的针对性和对象的针对性。例如,选择较高综合素质的中层干部参加 MPA、MBA 等学位培训,选择后备干部到"双一流"大学培训等较高层次的培训,培训对象在一个单位中只占 1% 的比例。在这些投资对象成长过程中,个人会遇到很多因素影响,部分因素会导致投资对象最终不能达到预期的培养目标而使投资活动失败。

(二) 客体健康风险

人力资本的投资风险随着客体的年龄增长而逐渐加大。作为自然人,人力资本承载者是有生命周期和经济生命周期的,随着个人年龄的增长,人力资本的生产效率会下降;随着经济生命周期的缩短,人力资本受益期也将随之缩短,人力资本投资成本则必须在更短的时期内得到补偿;如果在投资回报期内,投资客体在尚未工作或工作年限未达到回收期限就失去生命或丧失全部、部分工作能力,都将使投资成本的一部分转化为沉没成本,该单位人力资本全部或部分地丧失。

(三) 客体人格风险

作为"社会人",人力资本承载者具有不同的成长背景和人格特质,在思想、文化、道德、情感、经历方面存在较大的差异性，即使从投资角度认为是具有最大收益性的投资项目，人力资本的承载者却有可能受个人偏好的左右，认为不符合其个人的意愿，在自身不努力的情况下，不可能形成最佳的资本形态。而且，在人力资本投资之后，其效能的发挥还取决于是否具有其构成激励的外部环境。同等受教育程度，甚至相同专业的人在同一个单位所发挥的效能可能是不同的，而同一个人在不同地区或不同单位所发挥的效能也极有可能是不同的。诸多导致投资客体效能发挥不确定性的因素，都会增加公路行业人力资本投资的风险。

三、投资期限风险

这是由投资行为的长期性和投资期限的局限性决定的。人力资本投资是一个漫长的过程。例如，对于一个工程技术系列正高的培养，如果从本科毕业生一入职开始算起，一般需要不少于16年的连续投入才会取得收益。16年间，要消耗巨大的资金。有报道指出，为了奥运会上的一块金牌，我国国家体育总局平均支付的经费达到数亿元。而一个正高级工程师的培养按现在的薪资水平算，也要280多万元。

（一）投资行为的长期性

公路行业人力资本的形成是一个长期积累的过程，即使是为期很短的投资，其职工人力资本的提升也是以过去长期积累的人力资本为基础的。它不仅需要正规的教育投资、行业内专有性培训投资，更需要实践中的"干中学"等不同形成的直接或间接投资；特别是公路行业技术含量的强化趋势，使得投资者很难准确预测社会经济和科学技术的发展走势，无法准确地知道未来社会需要哪些专有知识，更是加大了人力资本投资的长期性和持续性。因此，公路行业单位人力资本投资一般需要经历几年、十几年甚至更长的时间，造成人力资本投资与收益的间隔时间比较长，而投资回报周期长本身就是意味着风险较大。

（二）投资期限的局限性

但凡投资都有需求相应，有些投资项目甚至急等相关类型的人才，如快速引进、急速调配、马上培训等，投资的期限要求非常短。而人力资本市场是不断变化的，这种变化往往超出预期。当投资所形成的人力资本开始投入使用时，市场环境发生了变化，结果原有人力资本的价值不能充分体现，不能发挥预期的作用和实现预期的收益，投资也就无法收回。当投资所形成的人力资本开始投入使用时，人才市场中此类人力资本的供给已经相当充裕，这就意味着投资者由于对人力资本供求预期和投资期限策划不当而发生损失。当知识及技术的更新越来越快，有些短期看来效益好的人力资本投资项目有可能经不住时间的考验，其价值会迅速下降，人力资本的有效受益时间缩短，沉淀在这些职工身上的投资也将会随之由资产转化为损失。

四、投资收益风险

人力资本投资必然有预期收益和回报，而投资收益的间接性和外部性决定了投资风险的存在。

(一) 投资收益的间接性，也即不可准确计量性

对于物质资本投资，投资者能获得相应投资对象的所有权，并通过运用这些资产和让渡这些资产获得直接收益。但是人力资本投资对象不同，由于人力资本的所有权属于个人，投资的结果是投资对象的知识、经验、技能等的提高，因此，对人力资本进行投资主要是使人力资本得到增值，并能为单位创造价值即能为单位发展增加新价值。由此看来，人力资本投资的直接结果是人力资本存量的增加，但它必须通过与物质资本存量有机结合，才能产生经济与社会效益。因此，人力资本投资并不直接作用于生产过程，也不直接产生物质财富，投资收益也不能通过物质生产过程直接反映出来。而且，公路行业的人力资本投资收益也不是全部以使用价值的形成体现出来，有相当一部分表现在非经济方面。例如，受教育水平的提高将使公路职工在文化、精神、道德等方面获得满足，而这种高层次的满足将有利于进一步激发劳动者的积极性和创造性，从而间接地起到推进经济发展的作用。在人力资本的累积、形成过程中，不同的投资主体对人力资本形成所做贡献难以确定和计量，不可能像做出物质投资那样做出明确的成本与收益分析。即使作为一定的分析，也不会像物质资本投资那样对不再具备价值的物质资本通过对外处置来回收部分现金流量，从而给未来的投资收益分配埋下了隐患。在无法事先用契约来约定收益分配的情况下，有可能使多方面的投资主体在利益分配问题上产生矛盾，使投资主体的一方或多方受损，从而产生投资风险。尽管目前对人力资本投资的研究已进入建立理论模型和量化分析的阶段[48]，但至今尚未取得突破性进展，没有找到令人信服的精确计算投资收益的方法。投资收益的间接性使建立明晰的人力资本投资投入——产出计量模型成为困难，加剧了公路行业人力资本投资的风险。

(二) 人力资本投资的外部性，也即其普遍使用性

人力资本投资是一种具有准公共物品特性的经济行为。个人对于人力资本投资，一方面可以提高自己的知识水平和决策效率，增加人力资本的价值，并由此获得较高的经济收益和非经济效用；另一方面由于人力资本投资把人培养成有较高知识水平和道德修养的人，加快社会生产力的发展，从而增加整个社会的财富和提高社会文明程度，这种人力资本产生的溢出性，使其他未进行人力资本投资的经济单位也能享受到投资的部分收益，这时就产生了外部的经济收益，是人力资本所产生的正的外部性。这种外部性有利于整个社会知识和技术水平的提高，推动社会经济的发展，然而，负的外部性却可能导致公路行业单位大量专有知识及技术的外溢，从而带来本单位人力资本投资风险。

(三) 人力资本投资收益的滞后性

与物质资本投资相比，人力资本投资的滞后性非常明显。这种滞后在科技信息时代展现的愈发突出。有了需求才有投资，但如果没有敏锐地决策和实施，早期的投资往往难以满足企业对人力资本的需求，投资不足或者投资过度都会对企业的正常发展造成不利影响。如果未来人才市场的供求及价格发生变化，甚至会使企业当时的人力资本投资显得没有必要，感

觉投资打了水漂。由此可看出，目前公路事业单位必须考虑的一个重要因素就是技术进步，必须进行适时的人力资本投资以跟上或超出整个行业技术进步的平均水平，而此时，如果公路事业单位没能进行有效而适时的人力资本投资，则外部技术进步将在短期内侵蚀原有竞争优势，并给该单位带来市场效益损失。

核心人力资本作为人力资本投资客体的一种典型形式，在人力资本投资中起着重要的作用，核心人力资本的流出将会对事业单位人力资本投资的投资效果产生非常不利的影响。以一个地市级公路工程处为例，该公司在短短几年内实现了跨越式的发展。2005年实现利润800万元，2008年实现利润8000万元，2010年实现利润1.4亿元。这与其大量的人力资本投资是分不开的。面对激烈的市场竞争，该公司高薪聘请高管人员，对其核心职工进行了领先技术思想的培训，以促进知识与技术创新，保持其核心竞争能力。但与此同时，获得一般性投资的核心职工获得了更多对外寻租的机会，从而提高了向本单位讨价还价的资本，单位在与职工的谈判关系中就处于不利的地位，投资风险加大。这种风险使得公路行业单位在做出人力资本投资决策前望而却步：一旦发生核心职工跳槽离开等人力资本投资风险，则作为该单位其损失不仅包括技术进步的损失，还包括巨大的人力资本投资损失，此时该单位处于一种"囚徒困境"般的两难处境：不进行人力资本投资，外部的技术进步会给单位带来损失；进行人力资本投资，则一旦发生人才流失，损失会更大。

五、核心人力资本流失风险

核心人力资本流失风险是客体流失风险的一种，以上投资收益风险中所举工程处事例也是因为核心人力资本流失所致，所以在此还有必要对公路事业单位核心人力资本流失的原因做进一步的分析。

核心人力资本流失有3个原因：个人原因、单位原因、外部原因。

（一）个人原因

一是人格特征使然。实际上，核心人力资本本身就具有离职风险特性。我们观察一下就会发现，核心人力大都具有善于思考、擅长探索的价格特征，他们大都具有很强的前瞻性和执行力，在广大职工中有鹤立鸡群的感觉。在内心深处，他们大都重视自我能力的历练和提高，看重自身价值的实现。普通职工满足于朝九晚五的工作状态，而核心人力要求的是更多的成就感和自我实现。他们比普通职工更渴望获得教育和培训的机会，更渴望获得职务上的提升和进步。因此，他们坚信"人挪活、树挪死"，更希望突破舒适区，离开一亩三分地，到他们认为更好的平台上去展示自我，发展自我，通过流动实现增值，不断扩大自己的发展空间。

二是没对本单位认同。离职不是当天的事情，如果核心人力没有对本单位产生认同，那么，离职的种子其实早已悄悄种下了。在现实工作中，很多核心职工对本单位的整体宏观状况缺乏了解，对自己在本单位的作用不甚清楚，除了本职岗位外，每逢有重大信息披露、重要决策出台、重点活动举办、关键人物干预，都是后知后觉，他们会感到自己是个"局外人"，是单位的一枚"棋子"，长此以往，他们要么会"事不关己，高高挂起"，要么会另寻其主,另觅高枝。

三是需求没有满足。需求主要是物质需求、自我实现需求和安全需求。大多数的核心人力不满足薪酬待遇,不是因为不能满足他们正常的生活,而是与别人比,觉得自己不够高,自己所得与所付出相比,不相称,为了更多的收入,为了更好地实现以待遇体现尊严,而选择辞职、跳槽。据调查显示,因此而造成的人力资本流动的因素占人才流失的近七成。与不满足薪酬待遇相关联的一个重要因素是个人发展前景无望。在公路行业单位,特别是公路事业单位,对人才考察和效能的认可是一个长期的过程,这与核心人力的心理预期相差很大。一方面有单位"不作为、误作为、乱作为";另一方面也有核心人力的不利影响。有的核心人力对获得回报预期过高,甚至急功近利;有的在单位花时间花重金培养的前提下,没有感恩之心,没有回报之意,单纯以待遇衡量得失,越是想成功,越是失败,越有挫折感。在这种思想斗争和矛盾纠结中,不仅核心作用会得不到充分为发挥,只要条件合适,他们便会离开,奔向更加适合自己的发展空间,从而实现个人价值和人生追求,这种现象可以说是人性的体现,虽是职工的合理诉求,其实也是职工的道德瑕疵。

(二) 单位原因

不可否认,除职工道德瑕疵外,核心人力资本流失的根本原因是单位"硬环境"和"软环境"出了问题。"硬环境"是一个单位的薪酬待遇、提供个人成长空间、单位社会地位等一般意义的问题;"软环境"是单位文化等深层次问题。

1. 硬环境

一是管理者认识不足。核心人力资本是公路行业单位形象的主要载体。但长期以来,多数单位高层将人力资本看作是成本,是费用,使核心人力得不到应有的地位。有的管理者人才观念淡薄,把引进的核心人力或者是多年培养的人才,当作普通职工,生活上不关心,工作上不支持,严重挫伤了他们的积极性,促成了另谋高就的局面。

二是顶层设计不到位。核心人力与普通职工不同,核心人力大都有职业目标,而很多单位没有与他们共同制定个人职业生涯发展规划,对核心人力的评估、培训、轮岗、考核、职业目标等均没有明确的计划、指导和安排。在工作中,核心人力没有方向感,看不到自己在单位中的前景和未来,他们中有的会随波逐流、埋没自己的才能,但更多的会千方百计寻求另谋高就的机会。

三是激励失效。一方面人职匹配不当。核心人力职位的职责、环境、繁重程度、技术复杂程度都高于普通职工,相应的对其思想道德水平、知识、经验、技能等也都有更高的要求,这就需要在职位上给他们以激励,压担子,负责任。合理的、合适的匹配就是激励。这种匹配不是一成不变的,是动态变化的。当人才能力提升时,要从有利于工作的角度出发,进行新的匹配。否则,核心职工随着个人兴趣转移,工作环境与内容发生变化时,很有可能对现有工作不满甚至倦怠,最终产生怀才不遇的心理,就有了郁郁寡欢,愤然离职。另一方面是薪酬不公。薪酬不仅有保健功能,还有激励功能,在一定程度上,体现着核心人力的市场价值,这就要求管理者建立起科学合理的薪酬体系,充分体现"多劳多得、少劳少得、不劳不得"的原则,体现技术的价值,体现管理的效能,让"出力的"不吃亏,让"流汗的"不流泪。

四是管理方式不灵活。多数单位制定了一整套严密而刚性的规章制度,对所有职工一视同仁。这种管理方法一方面有助于强化管理,确保规范稳定的办公秩序,但不能一刀切,而应该"因地制宜""因材施教"。核心人力大都注重自我管理,这种过于刚性呆板的管理方式,很有可能挫伤其积极性,扼杀其创造力。比如,智慧公路的研发人员,他们工作时间与一般职工不同,夜班通宿的作息规律下,应该允许他们有支配时间的自由度。他们还不喜欢一板一眼的严肃的工作环境,如果制度过严、过细、过于定量,会引起他们的抵触情绪,达不到留人留心的效果。相反,如果给他们营造宽松、自由、舒适、和谐的管理环境,将有助于他们提高工作效率,发挥最佳潜能。

2. 软环境

在国家层面,文化是软实力的理念已经培育了多年,但真正落地还有很长的路要走。多数用人单位都有自己的独特的文化体系,但大都喊在嘴上,挂在墙上,落实不到细节中,落实不到行为上。对核心人力来说,他们更容易拿本单位文化中的说法来衡量自己的体验,以此评价单位的得与失、对与错。例如,文化中对升职的要求是德才兼备,而实际上,就有这样的现象:领导身边的人、有上层关系的人、溜须拍马的人得到了提拔,而德、能、勤、绩、廉兼备的核心人才却被忽视,或者长期闲置。这就非常容易使核心人力对单位得出"说一套、做一套"的评价,产生不认同、不信任的误会,做出不配合、不合作的结论。同时,对他们而言,由于核心人才的地位不断提升,再加上国家重视劳动者权利的推动,他们更加重视文化氛围、自身发展及工作感受。实际上,单位文化也是一种激励,这种激励是隐性的、长久的,任何单位都有自己的形象定位、价值取向及先进群体,这些对职工的激励作用是其他激励措施无法取代的。这也正是为什么一些单位、一些企业虽然薪酬待遇低而依然能留住人的原因。

(三)外部原因

核心人力资本流失后,有的去了薪酬更高的私企,有的去了有保障的事业单位,有的去了更稳定的国企,有的转了行,但多数依托自己的知识结构和经验履历,从事着相同或者相似的工作。他们的这些目标地,就是核心人力资本流失的外部原因,是市场和社会需求的承接者。据调查显示,目前,很多公路行业企业和职工关系发生变化,从雇佣关系向互利合作的伙伴关系转变,一些技术骨干或部门经理,极易得到私企的青睐。"重赏之下必有勇夫"。核心人力受私企优渥条件的吸引进入私企,职位和薪酬空前提高,社会地位、家庭地位不断提升,财富自由度不断增大,更加印证了他们跳槽的正确性,对单位内的核心人才起到了比照的作用。因此,一个核心优秀人才,你不珍惜,就有人抛来橄榄枝,展开"人才争夺战"。这也是核心人力资本流失的一个重要原因。

第五节 公路行业人力资本投资博弈分析

解决人力资本投资困境的唯一办法,是投资主客体达成一种合作博弈[49-50]。

一、关于博弈论

按经济学的观点和基础假设,每个人的任何行为,是个人的选择,而这种选择是可以被推测的;在任何局限条件下,每个人都会争取最大的私利。西蒙的有限理性理论也认为,人争取最大的私利不如追求令人满意的利润(或利益)[51]。由此理解"博弈论",是指参与博弈的局中人在审慎计算各自的营利函数的基础上,如何做出自己理性投资决策的应用性理论(施锡铨,2000)。简单而言,博弈论其实就是一种策略思考,通过策略评估,寻求自己的最大胜算或利益,从而在竞争中求生存。博弈论主要研究各相关行为主体的决策行为相互影响、相互作用的假定条件下,理性的行为主体如何决策,以及这种决策的均衡等问题,它意味着各行为主体选择最佳决策或最佳决策的组合。

二、公路行业人力资本投资博弈分析

公路行业人力资本投资风险决定了博弈的必然性。公路单位、职工、单位政策与职工采取相应的策略就是其中的三要素,公路单位是决策的先行者,博弈在单位与职工之间进行,人力资本投资的过程就是一个动态博弈的过程。这种合作博弈可望有解的一个基本特征就是:如果博弈双方都可以采取一个不同的策略而使自己的处境变得更好,那么他们就会同意采取这种策略组合,如果没有达到帕累托最优[52],理性的参与者就会通过讨价还价的谈判而达到此点。在博弈中,如果公路事业单位能够有效地识别出其职工引起的风险,并在事前与其达成具有长期约束力的合约或协定,则双方就可能达成互惠互利的策略选择,并最终实现帕累托最优。

在博弈的初始阶段,公路事业单位第一阶段是对是否进行人力资本投资做出选择;第二阶段,也就是培训形式既定的情况下,公路事业单位决定是否对此种培训进行投资,假定该单位选择进行人力资本投资后,职工可选择接受培训而进行投资,也可以选择不培训不投资;第三阶段,也就是职工对一定的培训形式做出投资与否的选择后,公路事业单位根据职工的选择,相应地再次做出自己最终的选择,即对一定的培训形式做出投资与否的最终决策。

首先,我们对公路事业单位是否选择人力资本投资进行假定。设 R、r 分别为公路事业单位与职工进行人力资本投资后的收益;C、c 分别为公路事业单位与职工进行人力资本投资的成本。如果公路事业单位选择投资,该单位将得到 $R-C$ 的收益;如果公路事业单位选择不投资,它将得到的收益是 0。所以,理性单位的最优选择是投资(因为 $R-C>0$);在博弈的第二阶段,如果有理性预期而知道公路事业单位会选择不投资,那么职工的最优选择是不投资。因为职工选择投资,获利 $r-c$,而选择不投资,能获取 r 的收益,显然,$r>r-c$。在博弈的第三阶段,当职工选择放弃对人力资本的投资后,会对该单位的教育培训计划持消极或抵触态度,使该单位得不到实际收益,所以该单位也会相应放弃对职工人力资本的投资,从而陷入一种恶性循环,使单位与职工都放弃投资。我们可以通过博弈树来表示(图4-3)。

由图4-3可见,由于职工个人在进行人力资本投资前的收益反而大于投资后的收益,所以使得职工不愿意进行投资,而公路事业单位在花费大量物力、财力进行人力资本投资反

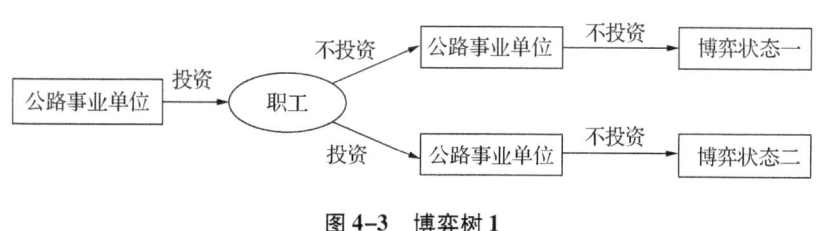

图 4-3　博弈树 1

而得不到预期的收益,有理性的单位当然也会放弃对人力资本的投资。因此,有必要建立一种激励机制,一方面以职工进行人力资本投资所花费的成本进行一定的补偿(使 c 趋于最小);另一方面对那些主动进行人力资本投资的职工实行一定的奖励,使职工在进行人力资本投资后的收益远远大于投资前的收益。在这种情况下,当单位选择对人力资本进行投资后,职工也会选择投资,积极参与到单位的教育培训活动,并把所学的技能充分运用到工作实践中,从而提高生产率,反过来使公路事业单位又加大对人力资本的投资力度,进入博弈状态二。

下面再来分析另一种假设,即公路事业单位选择不投资,当该单位不投资,职工自身也不投资时,单位与职工的收益都为 0,但是作为理性的经济人,只要存在有收益的情况,博弈双方都不会选择 0 收益。因此,这一状态在现实情况中是很少见的,见图 4-4。

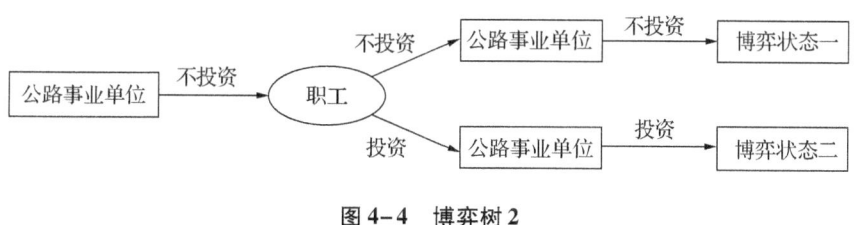

图 4-4　博弈树 2

根据马斯洛的个人需求层次理论,职工个人有自我实现的需要,他们会在实际工作中寻求自我实现的市场。因此,在某种程度上他们会自觉地进行人力资本的投资。在公路事业单位选择不进行人力资本投资的假设前提下,职工个人主动进行人力资本的投资时,单位是最大的受益者,它将获得 4 种情况中的最大收益 R,因为它不用投入任何成本就可以提高工作效率,理性的单位当然选择不投资即进入博弈树 1 中的博弈状态二。但由于职工个人物力、财力所限,假如没有单位的积极参与与支持,这种人力资本的投资不可能持久,最终会从自身利益最大化的角度考虑而放弃投资(博弈树 1 中博弈状态一)。因此,应该建立一种对单位和职工的双向激励机制,充分调动二者的投资热情,才能实现由博弈树 2 的博弈状态一向博弈状态二的飞跃。在博弈的过程中,实际上每一方都知道合作会带给双方更多的利益。然而,固执和成见使得双方被眼前的小利益所左右,忽视了长期稳定发展所带来的巨大利益。为此,单位和个人都应该着眼未来,认真分析博弈态势,权衡利弊,以全程合作的精神走完整个路程,寻求长期高额利益,最终到达利益最大的双赢终点。决不能鼠目寸光,只看近前利益。这种博弈要求形成规则、制度,使之法制化,并加强监督和合作,一旦某方偏离双赢路线都应该受到处罚或支付一定罚金。

第五章　人力资本投资现状分析——以烟台公路为例

近年来，随着我国国民经济平稳上升，公路事业呈迅猛之势蓬勃发展，路网四通八达、服务便捷高效，对整个国民经济持续增长发挥有力的推动作用，被称为全面建设社会主义现代化国家的"先行官"。在整个公路事业发展的同时，我国公路行业的人力资本投资也在不断增长。这说明越来越多的公路管理者们意识到了人力资本投资的价值，这对于以实现构建安全、便捷、高效、绿色、经济的现代化公路交通运输体系为目标的公路事业单位来说，更具有不可替代的战略意义。为了客观、准确地分析公路行业人力资本投资的现状，根据缺少全国公路行业人力资本投资原始数据的现实，本书选取了烟台市公路事业发展中心作为实证分析的代表，以期能为公路人力资本投资提供资料支持。本章所用数据皆取自文献［53-56］。

第一节　以烟台市公路事业发展中心为实证分析对象的代表性

选择烟台市公路事业发展中心为实证分析对象有代表性吗？

目前，烟台市公路事业发展中心为正处级事业单位，辖19个直属单位，共有职工2325人，主要负责烟台市普通国、省干线公路的建设、养护和管理等工作。从现行的公路管理体制来看，全国范围内省一级公路管理机构仅有极少数对下垂直管理（人、财、物统管），但部分地市级公路管理机构实行对下垂直管理。实行垂直管理的单位，便于分析其投资的自主性、决策的积极性、投资规模及投资的实效性。烟台公路就是全国公路行业中一个的典型的对下实行垂直管理的地市级事业单位。

第一，烟台作为全国14个沿海开放城市之一，经济发展水平高，公路的发展也随着社会经济的进步越来越好，因此选取烟台公路实证分析是具有代表性和前瞻性的，便于作为可推广、可借鉴的学习经验。地处胶东半岛东部的烟台公路建设历史悠久，早在先秦时期，烟台的驿道、官道已遍及各地，沟通着人民的生产与生活，影响着时代的发展。新中国成立后，特别是改革开放以来，烟台公路逢山开路、遇水架桥，形成如今的干支相连、纵横交错、内联外通、"畅安舒美"的烟台公路路网。截至2020年底，全市通车总里程19 761.9公里，居山东省第7位，形成了以沈海高速、荣乌高速、威青高速、烟海高速、蓬栖高速、龙青高速、文莱高速、三条疏港高速和国道204烟沪线、国道228丹东线为主骨架的高等级公路网，为烟台经济和社会发展提供了强有力的支撑，有力促进了经济产业带的形成。

第二，烟台公路的发展脉络与全国公路行业的发展方向一致，是公路事业大规模建设时期的先进典型。烟台公路始终坚持奉行"服务人民、奉献社会"行业宗旨和"大道为公、路畅胶东"文化理念,不忘初心,牢记使命,坚持公路事业全面发展,为经济社会发展当好"先行官"。公路行业有"山东的路,广东的桥"的说法,全国公路看山东,山东公路看烟台。2020年,烟台市国省干线公路通车里程达到2495.3公里,居山东省第2位,其中高速公路10条669.5公里,一级公路875.3公里,二级公路779.4公里,高等级公路形成网络,里程居山东省前列,文明样板路被称为"样板中的样板",实现了烟台"市市通高速",为构建烟台集山、海、城、岛于一体的组团式滨海旅游城市奠定了坚实基础,有力拉动了烟台市经济的发展。

第三,作为公路建设的先行者,烟台公路在精神文明建设方面也是全国公路行业的先进典型。公路通向四方,文明向前延伸。改革开放以来,烟台公路在加快公路发展方式转变、提升公路发展质量和效益等方面取得了明显成效。进入21世纪,无论是大建设时期,还是建养并重时期,烟台公路始终保持着文化建设的清醒与自觉,烟台公路坚持以人本文化为核心,以文化引领公路事业发展,以管理和服务来提升行业形象,从最初的"十大文化"(精品、路域、庭院、阵地、墙面、文档、廉政、公益、文体、安全)到融入优秀传统文化的"10+1"文化工程,从"双修"工程("修德做好人、修路出精品")到全面推进新时代公路文化建设,围绕阵地建设、载体建设、品牌建设和管理提升,不断探索文化建设新载体、赋予公路文化新理念、丰富品牌建设新内涵,确立了"与道同行、以德筑路"文化理念和"大道为公、路畅胶东"文化品牌,从业务工作、基层单位和基层站所3个层面构建文化"金字塔",形成"一路开拓"工程建设等30多项业务子品牌和"仙境通衢"等26个基层文化创新项目,呈现文化建设繁荣发展的新局面。2005年荣获首批"全国文明单位",并实现六连冠,还荣获全国交通基础设施重点工程劳动竞赛先进单位、全国绿化模范单位、全国五四红旗团委、全国敬老文明号、全国公路科普教育基地、山东省先进基层党组织、山东省富民兴鲁劳动奖状等1200余项国家级、省(部)级、市(厅)级荣誉称号。

第四,从烟台公路职工教育培训工作的发展过程来看,反映出我国人力资本理论运用的实践过程。从1950年成立"专区公路管理段"至今,职工在生产关系中的价值和地位演进经历了"劳动人事管理""行政人事管理""人力资源管理""人力资本管理"等阶段。特别是21世纪以来,烟台公路以建设一支适应公路事业发展需要的高素质职工队伍为目标,围绕中心工作创新人力资本投资管理方式,广泛开展"精神高地"学习型公路品牌建设、"迷彩行动"综合培训等形式多样的学习教育和培训实践活动,积极引导职工解放思想、学思践悟、积极作为,初步形成了充满活力、分级分类的职教培训工作格局。职工培训的数量、规模、层次和管理都走在了山东省的前列,历年受到市级以上表彰。同时,对加快公路发展方式转变、提升公路发展质量和效益等方面起到了有益的促进作用。可以说,烟台公路人力资本投资理念从无到有、脉络清晰,投资规模由小到大、发展迅速、成效显著,有利于更好地研究公路行业人力资本投资的发展过程、现状及存在的问题并提出相应的解决方法。同时,烟台公路在加快事业发展以及引进人才、培训创新、抢抓机遇等方面意识较强,为人力资本投资工作开展营造了良好的环境。

在这种前提下,选择烟台公路作为本次研究对象,是具有代表性的。

第二节 烟台公路人力资本投资现状

一、教育培训经费逐年递增,且单位资金投入是主体

教育培训是公路事业单位一项重大的人力资本投资,这些投资主要是根据公路行业形势任务的变化,通过开展思想政治道德学习、文化建设、技能学习、实践实习等培训活动,将教育资源、优秀技能投给基层关键岗位职工,培育一专多能的"复合型"人才队伍,同时为其创造良好的工作条件并激励其努力工作(表5-1)。

表5-1 烟台市公路系统教育培训经费一览表　　　　单位:万元

年份	经费总额	单位投资	个人负担
1990	6.1	6.1	0
1992	8.1	8.1	0
1994	12.9	12.9	0
1996	16.8	15.3	1.5
1998	18.7	18.7	0
2000	24.9	21.9	3
2002	37.4	34.4	3
2004	40	37	3
2005	84.4	78.4	6
2007	78.3	78.3	0
2010	79.7	79.7	0
2011	105.3	105.3	0
2012	120	120	0
2014	120	120	0
2016	120	120	0
2019	120	120	0
2020	55	55	0

注:表中只给出了一些代表性年份的数据。2020年,因疫情防控工作要求,以分散自学为主,教育培训经费相应减少。

从表5-1可以看出,烟台市公路系统教育培训经费逐年递增的趋势明显,2012年更是达到120万元,是2000年的4.8倍、1990年的19.6倍,并维持到2020年,因疫情防控工作要求,以分散自学为主,教育培训经费有所减少。在经费投入总额中,始终是以单位为主体。这表明我国公路事业单位在国民经济发展的大潮中,已逐步意识到人力资本投资的重要性,把劳动力素质作为促进公路事业持续稳定发展的重要因素,逐年加大人力资本的投资

量。同时,根据表格统计可以看出个人投资的比例较小,一方面是因为现代知识的获取渠道增多,特别是互联网时代,为自学和自训提供了非常多的方式和目不暇接的内容,这是统计数字(书籍购置、学历教育)远远不能涵盖的;另一方面也真实反映了职工个体对素质提高和知识求知的迫切,是之后实施"精神高地"学习型公路品牌建设的基础和打造"学习型班组""学习型职工"的关键。

二、人才引进投资力度不断加大,核心职工数量逐年递增(人力资本存量不断增大)

公路行业提供服务基础是对人力资本进行创造性使用。贝克尔在其《人力资本》中论述人力资本投资理论的特征:"这一学科研究的是通过增加人的资源而影响未来的货币和物质收入的各种活动。"可见,人力资本投资的重中之重还是在于它对未来的导向作用。因此,可得出人力资本存量是决定公路事业发展的最基本因素,如表5-2至表5-4、图5-1和图5-2所示。

表 5-2 烟台市公路系统职工数量一览表   单位:人

年份	职工总数	中专以上学历人数	专业技术人员数量
1950	64	—	—
1952	239		10
1958	725	—	21
1972	1210	11	56
1978	1506	15	62
1983	1953	82	146
1988	2125	120	281
1991	2120	156	367
2005	2153	980	872
2014	4329	3116	910
2020	2325	1964	643

注:表中只给出了一些代表性年份的数据。2016年,因高速公路整体划转,中专以上学历人数、专业技术人员数量出现骤减现象。

表 5-3 2007年、2019年烟台市公路系统干部学历构成

学历	研究生	大学本科	大学专科	中专、高中及以下		备注	
人数/人	6	564	312	110	65	总计 1057人	2007年
占比	0.57%	53.36%	29.52%	10.40%	6.15%		
学历	研究生	大学本科	大学专科	中专、高中及以下		备注	
人数/人	66	649	143	176		总计 1034人	2019年
占比	6.3%	62.9%	13.8%	17.0%			

表 5-4　烟台市公路系统专业技术职称发展状况一览表　　　　　　　单位：人

职称	1992年	1995年	2001年	2005年	2007年	2012年	2015年	2020年
正高	—	—	1	2	4	262	284	197
副高	8	12	57	161	208			
中级	49	103	250	286	290	320	319	324
初级	410	462	447	424	426	336	316	122
合计	467	577	755	872	928	918	919	643

注：表中只给出了一些代表性年份的数据。表格中 2016 年，因高速公路整体划转，专业技术人员出现骤减现象。

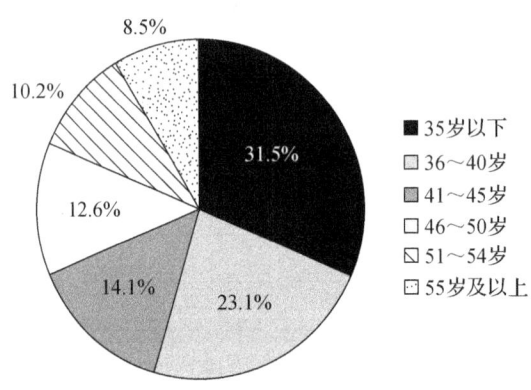

图 5-1　烟台市公路系统职工年龄构成（截至 2020 年底）

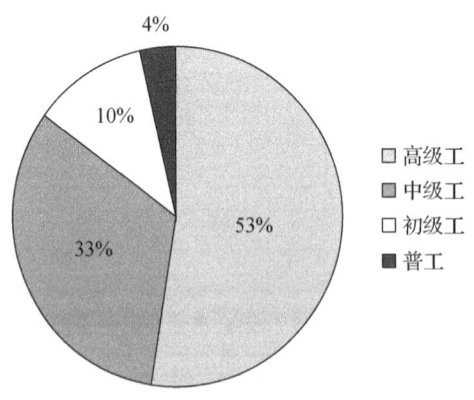

图 5-2　烟台市公路系统工人技术等级构成情况

从表 5-2 可以看出，烟台市公路系统职工数量由 1950 年的 64 人增长到 2020 年的 2325 人，职工数量不断提升。其中，中专以上学历的职工人数由 1972 年的 11 人增长到 2005 年的 980 人，占职工总数的 45.5%，到 2020 年达到 1964 人，占职工总数的 84.5%。

从表5-3可以看出，2007年底，烟台公路干部学历构成中，研究生占0.57%，大学本科占53.36%；截至2019年底，研究生占6.3%，大学本科占62.9%。12年间研究生学历上涨11倍，大学本科学历逐步提高。可见，烟台公路平均受教育年限、受教育程度及干部学历逐年提高。

从图5-1可以看出，截至2020年底，45岁以下干部占68.7%，年轻化程度较高，人力资本的存量在不断增加和壮大。

从表5-4可以看出，烟台公路拥有中级以上职称的职工数量不断攀升，其中，教授级职称的职工则从无到有，并且高级职称的数量增长幅度较大，从1992年的8人上升到2020年的197人，高级人力资本积累迅速上升。

从图5-2可以看出，烟台公路工人技术等级情况为，高级工占53%，中级工占33%，普工仅占4%，专业化人力资本积累逐渐增强。

从专业技术职务和工人技术等级的角度来看公路行业的人力资本存量，可以把中级以上职称的干部和中级工以上工人认定为核心职工，副高级以上职称的可以称为专家。核心员工和专家是在实际工作中承担具有战略意义的重要工作的员工，是单位核心竞争优势的基础。一般可以认为，核心员工和专家是一个单位关键知识和技能的拥有者，具有较高的知识与技能，对单位的发展至关重要，也是参与市场竞争的有力武器。这些核心员工和专家所处的位置、所扮演的角色、所担当的责任、所发挥的作用具有特殊性，处在业务工作链条中的关键环节。从近几年整个公路行业发展来看，其人数占比在不断增加，表明其人力引进投资力度在不断加强。

三、教育和培训是公路行业人力资本投资的重中之重

在现代社会中，教育和培训投入是人力资本积累最基本方式，是形成系统知识和技能等人力资本存量的核心内容。贝克尔发展了人力资本理论，对人力资本的研究从微观经济学扩大到人的行为的广泛范畴的研究。其研究指出：教育和经验是人力资本概念的关键特征，教育增加个体的信息、知识、技能的存量，经验包括工作经验，也包括在职的实践性学习及培训等非正式教育，拥有更多或高质量的人力资本则会获得更多想要的收益[57]。可见，教育培训是形成人力资本的最主要途径之一（表5-5）。

表5-5 2019年烟台市公路系统人力资本投资构成情况

资本投资构成	继续教育	在职培训	"干中学"	职工流动	卫生保健	总计
投资额/万元	10.4	120	27.4	10.5	46.1	214.4
占比	4.9%	56.0%	12.6%	5.0%	21.5%	100%

注：2020年受疫情影响不做参考，以2019年统计的人力资本投资数据进行分析。

受疫情影响，2020年人力资本投资数据不做参考，下面以2019年统计的人力资本投资数据进行分析。从表5-5可以看出，在2019年烟台市公路系统人力资本投资构成中，教育培训投资占73.5%，充分说明人力资本投资的核心是教育培训投资。基于对教育培训工作

的重视，烟台市公路系统逐渐形成了独具特色的培训文化，主要表现在：大力开展学习型组织、学习型个人活动，确定"思路在不断学习中，创新在不断学习中"的思路，树立"学习创建一生幸福，终身学习幸福一生"的学习理念，广泛开展"精神高地"学习型公路品牌建设、"迷彩行动"综合培训等形式多样的学习教育和培训实践活动，注重集体学习和集体智力的开发，强调学习工作化、工作学习化，倡导"终身学习、全员学习、致用学习、团体学习"，有力地促进了职工广泛学习新高潮的兴起。

四、科研活动经费支出水平逐年递增

随着知识经济和全球化经济的不断发展，创新和成功变革对组织持续而有效发展至关重要。科研人员从事的是具有创造性的工作，是一个组织乃至一个国家创新的中坚力量[58]。同样，伴随着公路科技水平的发展，公路建设管理中的科技活动越来越重要，而从事科技活动的人员更是公路核心职工中最重要的部分，他们对增加公路科技含量、提高公路建管水平具有不可替代的重要贡献，而对其进行的人力资本投资中科研活动经费投资又是所占投资比例相当大的一部分。

在公路科技活动经费的内部支出中，除了仪器设备采购费外，其实还包含着对核心技术员工的培训开发费用，因此，科技活动经费的内部支出增加也表明了在职工培训开发方面的投入增长（表5-6）。

表5-6　烟台市公路系统科研活动经费支出水平状况一览表

单位：万元

年份	1988	1990	1993	1998	2000	2002	2007	2014	2020
科研活动经费内部支出	12.1	690	1205	2524	4251	6770	12 245	14 638	10 697
仪器设备费	2	138	241	459	773	1231	2449	2927	2139

注：表中只给出了一些代表性年份的数据。2016年，高速公路整体划转，科研活动经费支出水平相应减少。

从表5-6可以看出，近年来科技活动经费内部支出总额在不断提高，到2020年已达到10 697万元，是1990年的15.5倍。

五、职工"干中学"投资加强

"干中学"是人力资本隐性投资，作为教育培训之外的人力资本的形成方式，长时间以来缺少关注。烟台公路非常重视"干中学"投资，创新开展"师承之道"活动，推选不仅具有理论知识而且有实践经验的咨询专家式的职工做师傅，强调培训、学习和研发与工作间的融合，达到"工作中有培训、培训中有工作"的目的，使受训人员的人力资本含量通过"干中学"得到提升。

从表5-5可以看出，"干中学"排在烟台市公路系统人力资本投资构成的第3位。其形式主要有工作轮换、研究开发、师带徒等。实际上，"干中学"投资是在市场竞争中演变而

来的,由于其外部环境存在持续不确定性因素,由于不能事前预见可能存在的问题,培训建立在虚拟的、隐性的基础上以帮助职工应付实际将出现的特定的工作难题。近年来,为了实现知识及技术的创新,促进公路事业的可持续发展,各公路事业单位根据加强基础设施建设的新形势,通过"干中学"加大了对其核心职工的人力资本投资力度,使公路行业核心职工的经济报酬及社会地位有了较大程度的提升。这一方面是迫于外部大环境的需要;另一方面也体现出公路行业的人力资本投资观念正向顺应时代的正确方向转变。表5-7给出了烟台市公路系统试验路面投资发展状况。

表5-7 烟台市公路系统试验路面投资发展状况一览表

年代	20世纪50年代	20世纪60年代	20世纪70年代	20世纪80年代	20世纪90年代	21世纪00年代	21世纪10年代
科研机构数/个	2	3	5	6	18	20	22
科研机构人员/人	8	21	30	53	86	192	224
试验路段里程/公里	30	1282	39	4	140	39	28
试验投资(特指某一工艺)/万元	0.9	102	195	980	1376	6000	9000
试验路面类别	改善土路面	改善粒料路面磨耗层	沥青路面	水泥混凝土、沥青混凝土	水泥混凝土、沥青混凝土	水泥混凝土、沥青混凝土	水泥混凝土、沥青混凝土
工艺路段	桃村公路站养护路段	烟潍、潍石、烟青、牟乳等12条路线	沥青表面处治,沥青下贯上拌,206龙口段	牟乳线2公里,烟台东出口2公里	水泥稳定石粉路面省道209福山城区段6公里,镁矿渣路面小莱线莱州段32公里,玄武岩石子路面栖莱高速100公里,FYT柔性防水工艺2公里	聚丙烯纤维桥面206高速黄新段8公里,沥青大碎石路面204国道5公里,滨海路8公里,SMA上面层结构滨海路20公里,软土路基滨海路4公里	沥青路面冷热再生技术、沥青路面冷热再生、橡胶沥青封层作透层、温拌沥青混合料等技术不断推广应用

从表5-7可以看出，烟台市公路系统科研机构和科研人员人数由20世纪50年代2个、8人增加至21世纪10年代的22个、224人，关于路面的新技术新工艺发展很快，试验投资额由20世纪50年代的0.9万元增加至21世纪10年代的9000万元，投资额增量明显。

六、人力资本投资文化氛围不断浓厚

人力资本投资文化是其重要的组成部分。随着从领导到职工对其重要性的认识越来越到位，烟台市公路系统在卫生保健、职教培训、"干中学"、文化养成、劳动竞赛、巡回拓展培训等多个方面开展广泛深入的人力资本投资实践，形成"健康同行"卫生保健文化、"迷彩行动"职教培训文化、"师承之道""干中学"文化等一系列具有特色的人力资本投资文化品牌。

在"健康同行"卫生保健文化建设中，坚持"以人为本、关爱职工"理念，从"保健生命""强健体魄""稳健心理""康健餐饮""安健特岗"等方面强化职工身心健康，保障广大职工能以饱满的精神状态积极投入工作。在"迷彩行动"职教培训文化实践中，大力倡导"全员学习、终身学习"的理念，围绕更新培训理念、创新培训模式、提升培训质效3个方面提高职工队伍综合素质，实现培训质效最大化，不断培育出技能型、复合型、创新型公路人才。在"师承之道""干中学"文化实践中，将传承与创新相结合，积极开展"师承之道"活动，实现"师傅带徒弟、班组带部门、局部带整体"的辐射扩大效应，盘活人力资本存量。在"劳动竞赛"文化实践中，组织开展筑养路机械操作手技能竞赛、"公路工匠"技能竞赛、公路养护技能比武等竞赛活动，不断浓厚"赶、学、比、拼、超"文化氛围，培养出一批批技术精湛的业务能手。在"团队建设"文化实践中，开展巡回拓展培训，统一团队目标，磨炼职工意志，激发职工潜能，形成团队精神。在文体活动中，开展"书香公路""机关文化月"职工趣味运动会等形式多样的"接地气"活动，寓教于乐，寓学于趣，提升职工队伍凝聚力、向心力、创新力和执行力。

人力资本投资文化氛围的浓厚，得益于公路文化蓬勃发展的大环境，得益于"大道为公、路畅胶东"品牌的文化积淀，得益于职工对人力资本投资需求的强烈表达和自我提升的美好希冀。实际上，人力资本投资文化的形成过程就是人力资本投资实践的发展过程，就是人力资本投资收益的显现过程。在这个过程中，每一个人力资本投资参与者都是自我管理者、自我成就者，文化与工作互相作用、互相促进，形成合力，新思想、新理念、新模式、新经验不断出现，进而实现人力资本投资价值，因此，这个过程就是人力资本质量不断升级的过程。

第三节 公路行业人力资本投资的收益现状

人力资本投资的最终目的就是通过全方位提高人力资源的利用效益，使其增益，获得投资效益。可以说，公路人力资本投资力度的加大与公路事业日新月异的发展是相辅相成的，人力资本投资的产出效果始终都是存在的。这些可以通过以下5个方面的统计数据得到充分的验证。

一、公路总里程、公路密度、公路技术等级逐年递增

在人力资本投资及各项相关投资的共同作用下，改革开放以来，公路建设呈现出良好的发展势头，其发展规模、速度、效益等各产出方面指标均以惊人的速度递增。

烟台市公路发展中心在公路的发展历程中，无论从公路总里程、公路密度、公路技术等级还是公路的总投资都出现了较大幅度的增长。

高速公路占公路总里程的比重在逐步提升，成为公路事业发展的时代特征。以高速公路为例，从20世纪80年代末开始起步，经历了80年代末至1997年的起步建设阶段和1998年至今的快速发展阶段。2020年烟台市高速公路达669.5公里，是1997年的近67倍（图5-3）。随着高速公路的不断延伸，实现了市市（县级市）通高速，人们切身感受到高速公路带来的时间、空间观念的变化，规模效益逐步发挥，这在过去难以想象。

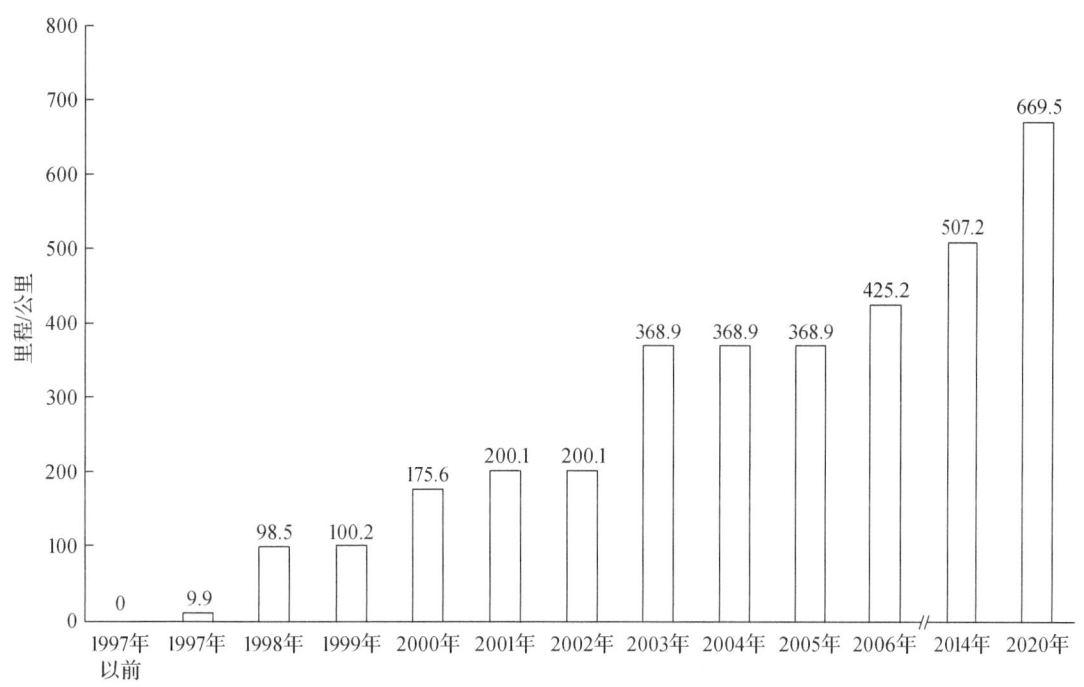

图5-3 烟台市高速公路里程发展变化

进一步分析这些数据还可以看出，尽管公路总里程、公路密度、公路技术等级逐年递增主要是由国家政策改变、物质资本投资加大等因素决定的，但这些指标的提高无一不是人力资本主观能动的结果，也就是说，所有政策的落实及物质资本的运作，特别是一些技术含量高的工作都是由高质量的人力资本来完成的，这些指标的递增也是人力资本投资收益的直接表现（表5-8和表5-9）。

表5-8 烟台市国省干线公路密度

年份	总里程/(公里/百平方公里)	年份	总里程/(公里/百平方公里)
1949	3.67	1995	13.53
1955	9.87	2000	15.11
1960	8.22	2005	16.19
1965	10.16	2010	16.42
1975	11.51	2015	17.31
1980	11.44	2019	17.78
1985	11.58	2020	18.28
1990	12.62		

注：表中只给出了一些代表性年份的数据。

表5-9 烟台市公路系统建设投资情况

时间段	投资/亿元	具体期间
1981—1985年	1.59	"六五"期间
1986—1990年	4.02	"七五"期间
1991—1995年	7.43	"八五"期间
1996—2000年	48.81	"九五"期间
2001—2005年	84.89	"十五"期间
2006—2010年	74.21	"十一五"期间
2011—2015年	74.46	"十二五"期间
2016—2020年	100.45	"十三五"期间

二、工作效率进一步提高

人力资本投资的一个直接产出效果就是职工知识存量的增加及工作技能水平的提高，而这种知识及技能水平又能直接导致工作效率的提高。随着近年来烟台市公路系统人力资本投资力度的加大，各类培训逐渐增多，职工的工作效率得到有效提升。以烟台公路拌和站机械操作手专项培训为例来说明这一情况，如表5-10所示。

从表5-10可见，在烟台公路拌和站机械操作手专项培训的计划、组织及实施阶段，对培训时间、目的、内容、人数、课时等多个方面做了具体详细的设定。在培训方式上，采用"赛"与"训"相结合，以赛带学、以赛促训，效果显著，增强了其工作实践、技术水平、综合素质、安全操作、应急避险等多项能力。经过培训，新入职、新调整岗位的操作手短时间内完全掌握了操作规范，水稳机组生产效率由420~580吨/小时提高至450~600吨/小时，

第五章 人力资本投资现状分析——以烟台公路为例

表5-10 烟台公路拌和站机械操作手专项培训

培训计划						取得实效					
培训项目	培训时间	培训目的	培训内容	培训人数	培训课时	失误率		事故率		工作效率	
						培训前	培训后	培训前	培训后	培训前	培训后
水稳机组操作人员培训	4.3	安全正确的操作和维护水泥稳定土机组设备，生产出合格的沥青基层材料	水稳机组各部件的具体结构、水稳机组工作原理、石料、粉末物料精细计量等	65人	8课时	15%	5%	0	0	420~580吨/小时	450~600吨/小时
沥青机组操作人员培训	4.4	安全正确的操作和维护沥青机组设备，生产出合格的沥青材料	沥青搅拌设备运行的安全操作、设备检修保养方法、核心结构部件常见故障处理方法等	65人	8课时	13%	6%	0	0	70~150吨/小时	80~160吨/小时
锅炉操作人员培训	4.5 上午	提高操作人员的实际操作技能及在事故状态下处理事故的技能	锅炉基本知识、锅炉热工基础、锅炉水质处理、锅炉运行及维护保养等	30人	4课时	7%	4%	0	0	85%	92%
装载机操作人员培训	4.5 下午	增强装载机操作人员操作技术，提高识险、避险、排险意识	《装载机安全操作规范》、材料的上下车及堆码，日常保养及维修工作等	40人	4课时	9%	5%	0	0	95%	97%
实验室工作人员培训	4.6 上午	监控原材料质量影响因素，预防潜在质量问题，取样提供技术支撑	《实验室安全管理制度》、各类仪器操作方法、取样和物品存放操作流程等	35人	4课时	17%	9%	0	0	97%	99%

注：水稳、沥青机组根据设备效能不同，生产效率不同。

沥青机组生产效率由 70~150 吨/小时提高至 80~160 吨/小时，水稳机组、沥青机组、锅炉、装载机操作手及实验室工作人员工作失误率明显下降、事故发生率保持为 0，工作效率大幅提升。

三、改革创新效果明显

改革创新是衡量公路行业核心职工人力资本投资直接产出的一项重要指标。为适应公路事业改革发展的新形势，烟台公路将公路创新工作作为人力资本投资的目标性工作，围绕公路管理、经营、科技、文化、服务等工作，制定《创新工作项目考核评比办法》，从创新性、实效性、领先性、示范性和完整性 5 个方面开展创新集体和创新项目评比活动，努力培植新亮点、推广新技术、应用新成果，激发广大公路职工的创新热情和创造活力。

人力资本投资与职工的教育培训程度及创新的采纳存在正相关关系。创新革新的项目越多，说明科技活动越多，技术发展速度越快，而这些都与公路核心职工的人力资本投资密不可分。从表 5-11、表 5-14、图 5-4 综合来看，21 世纪以来，随着智慧公路建设的兴起，科研成果呈现爆发式增长，公路行业人力资本投资的产出效果还是比较明显的。发明创造与技术革新在 20 世纪 50 年代仅为 2 项，至 21 世纪以来累计达到 92 项；QC 成果由 20 世纪 90 年代的 107 项增长至 21 世纪以来的 435 项，专利成果在 21 世纪实现突破，达 13 项；管理成果、科技成果奖在 1990 年以后表现突出，至今已达到 23 项。2012 年以来创新工作室建成 5 个，截至 2020 年底，烟台市公路系统开展各类创新项目 110 多个，为烟台市公路系统提供了强劲的人才支持。

表 5-11 烟台市公路系统科研成果一览表

项目	20 世纪 50 年代	20 世纪 60 年代	20 世纪 80 年代	20 世纪 90 年代	21 世纪以来
发明创造与技术革新	2 项（工程类 1 项、养护类 1 项）	3 项（工程类 3 项）	13 项（工程类 4 项、养护类 4 项、设计类 5 项）	35 项（工程类 10 项、养护类 10 项、设计类 14 项、征收类 1 项）	39 项（工程类 15 项、养护类 13 项、设计类 3 项、征收类 3 项、智慧公路类 5 项）
QC 成果	—	—	—	107 项	435 项
实用新型、发明专利	—	—	—	—	13 项（养护机械类 4 项、智慧公路类 5 项）
管理成果、科技成果奖	—	—	1 项（省级）	10 项（国家级 1 项、省级 7 项、市级 2 项）	12 项（国家级 3 项、省级 5 项、市级 4 项）
创新工作室	—	—	—	—	5 个（省级 1 项、市级 4 项）

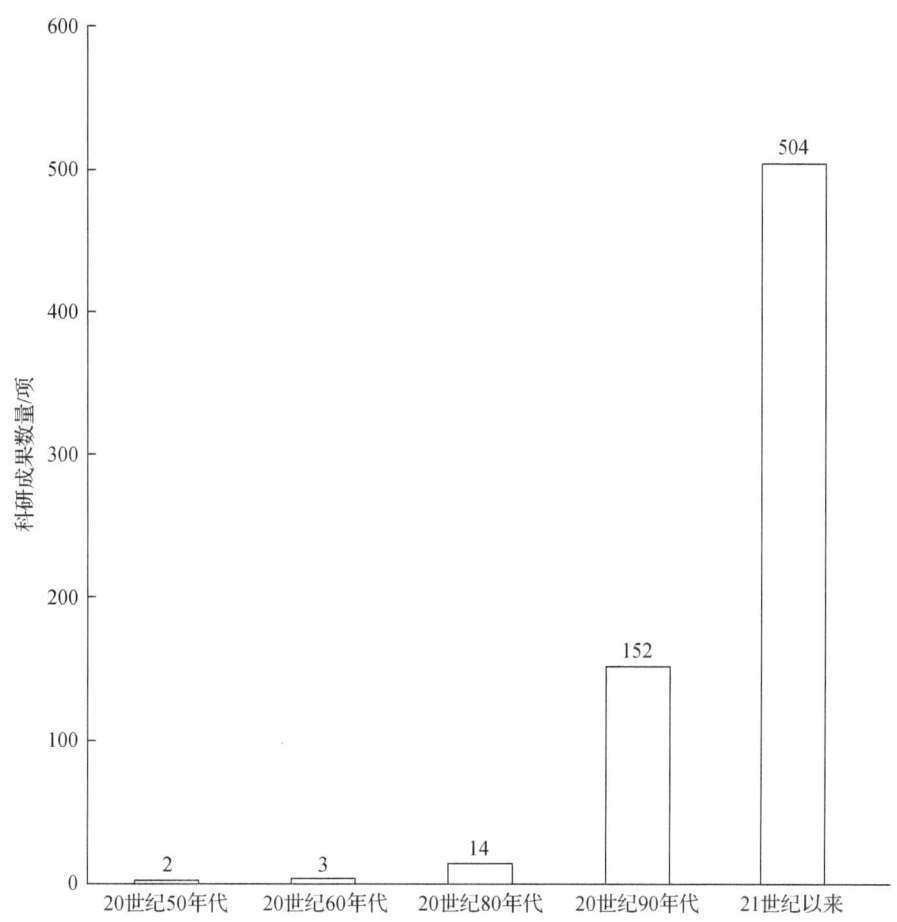

图 5-4 烟台市公路科研成果发展变化

从表 5-12、表 5-13 来看，随着人力资本创新能力的提升，1949—2020 年路面、养护施工技术及工艺演变发生巨大变化，机械化、科技含量越来越高，科技创新水平迅猛发展。特别是近几年，技术水平和创新能力的提升为烟台公路在新旧动能转换建设走在前列提供了强劲的技术支持。

表 5-12 路面施工技术及工艺演变一览表

工艺类别	工艺名称	1949—1959 年	1960—1977 年	1978 年至今
低等级路面施工	—	利用风化石、砾石、粗砂改善土路面	—	—
中级路面施工	—	砂土级配磨耗层（配比按照 30% 的黏土、70% 的砂料，压实厚度为 1.5~2.0 cm）	砂土级配磨耗层的"八步"操作（清底、配料、拌料、放样、铺筑、培肩、碾压、滚浆）	—

续表

工艺类别	工艺名称	1949—1959 年	1960—1977 年	1978 年至今
次高级路面施工	沥青表面处治	—	渣油表面处治（基层采用拳石；油层大多为双层，以渣油为主，用沥青掺配，渣油黏度不少于 45 s；初期多采用人工泼油撒石屑，后期一般采用人工路拌或摊铺机摊铺）	对于交通量较小的施工方法多采用层铺法代替路拌法，分两层铺筑，先铺主层，后用 0.5 cm 粗砂或石屑与热沥青拌和，摊铺封面
次高级路面施工	沥青贯入式	—	—	对于交通量较大的：一是贯入式，厚度 4 cm，矿料嵌缝，形成骨架结构；二是下贯上拌，下层贯入式厚度 3~5 cm，封面采用热拌混合料，厚度 1~2 cm
高等级路面施工	水泥混凝土	—	人工测量放样—搭设模板—人工路拌混合料—人工摊铺—切缝—覆盖养生	测量放样—模板支设—混凝土搅拌、运输—机械摊铺—磨光—压纹—薄膜养生—切缝—覆盖养生—灌缝
高等级路面施工	沥青混凝土	—	底层采用手摆拳石灌砂，上筑灰土找平层，油层采用机拌沥青、细沙封面	1984 年，基层首次采用水泥灰土稳定沙砾； 1986 年，路面面层采用热拌沥青碎石混合料； 1998 年，基层开始采用水泥稳定级配碎石，路面采用了改性玄武岩结构； 2002 年，采用沥青大碎石柔性基层铺筑，开创国内先河。目前，沥青路面冷热再生技术不断推广应用

表 5-13　1949—2020 年养护施工技术及工艺演变一览表

工艺类别	时间段		
土路养护	1949—1952 年，一般性扫沙养护	1953 年后，粒料与黏土结合的改善路面，达到晴雨通车	—
粒料路面养护	1949—1952 年，坑槽、车辙病害采取一掀土一掀沙式的修补	1953—1965 年，逐步改善成有磨耗层的路面，晴雨通车，扫浆、拍浆与滚浆修补结合	—

第五章　人力资本投资现状分析——以烟台公路为例

续表

工艺类别	时间段		
沥青路面养护	1966—1984年，沥青路面表处，人工泼油撒石屑	1985—1994年，机械洒油封层	1995—2020年，沥青路面稀浆封层与同步碎石封层结合
沥青、水泥路面清扫	1965—1994年，全部人工清扫	1994年，引进第一台路面清扫车	1995—2020年，逐步加大机械清扫力度，人机清扫互补
沥青路面修补	1965—1988年，人工开槽、热沥青路拌和修补	1988—1992年，乳化沥青拌制混合料修补	1998—2020年，沥青冷补料与沥青厂拌混合料修补结合
沥青路面裂缝修补	1965—2001年，简单的热沥青灌缝	2002—2005年，以灌缝胶灌缝为主	2005—2020年，灌缝胶灌缝与贴缝结合
沥青路面大中修	1965—1980年，人工泼油沥青路面表处	1981—2000年，厂拌沥青混合料，机械摊铺碾压	2001—2020年，沥青路面冷热再生、橡胶沥青封层做透层、温拌沥青混合料等技术推广应用

新时期人力资本建设催生出"智慧公路"平台。"智慧公路"平台的建设和使用需要高层次的人力资本，只有具备高层次的人力资本才能顺应万物互联时代的发展趋势，这是一项划时代的工作，更是具有战略意义的工作。烟台公路围绕"精细管理、精准服务"的理念，加大物质和人力资本投入，顺应物物相连、物人相连、人人相连的发展趋势，体现移动化、智能化、数据化的深度融合，不断探索构建智能化养护管理系统、行政办公系统、安全防护管理系统，人力资源管理系统、职工教育培训系统等智慧体系，取得了显著成绩（表5-14和图5-5）。

表5-14　烟台"智慧公路"平台发展情况一览表

年份	机构设置	系统完善	运维人数/人	取得成果
2014	烟台公路数字化管理监督中心正式成立	先后实施机房改造、网络升级、指挥中心建设等工程项目，配套网络安全设备、数据存储设备，建成高清显示系统、视频汇聚系统	—	—
2015	各基层单位组建数字化管理办公室	"烟台数字公路综合管理服务平台"建成并投入使用	24	—
2016	各基层单位配备1～2名专职人员进行"烟台数字公路综合管理服务平台"运维工作，提升使用效率	对烟台市范围内非公路标志数据采集和完善，更新3000余公里的公路实景影像数据，完善扩展"烟台数字公路综合管理服务平台"200余项系统功能	63	—

续表

年份	机构设置	系统完善	运维人数/人	取得成果
2017	—	开发并上线业务稽核、无人机监管、机务管理、党建管理、档案管理、法制管理6个管理板块，对OA公文、工程管理、路政管理、安全应急、微信救援等25项功能进行完善和扩展	65	山东省公路局在烟台市召开全省智慧公路建设现场会，在全省推广烟台公路"智慧公路"模式。烟台公路被列为交通运输部智能化养护试点单位，是6个试点项目中唯一一个由地市级公路部门承担的建设项目
2018	—	开发路产管理、路况自动化检测、事件处置与闭环管理、出行服务等功能，更新微信实时路况652条，全系统处置各类事件5.2万余件	65	在全国公路安全生命防护工程现场会展示烟台公路管理智能化相关经验（图5-5）
2019	—	智慧公路管理服务平台感知公路和轻量化路况检测系统"上线"	68	全国政协副主席、交通运输部党组书记杨传堂到烟台公路开展调研，充分肯定了智能化养护试点项目的建设成效，希望继续探索，将烟台公路信息化建设先进经验推广普及全省乃至全国
2020	各基层单位组建路网中心	研发"来烟人员申报查验系统"。"烟台智慧公路综合管理服务平台"共上线地理信息系统、路产管理系统、养护管理系统等23个子系统	71	行业管理效能显著提升，在山东省乃至全国都处于领先地位，取得3项国家发明专利和1项实用新型专利，获得全国交通行业职工岗位创新标杆成果等系列奖项

从表5-14、图5-5可以看出，2014年，选调高学历、高技术、具备创新思维的职工成立数字化管理监督中心，2015年建成并投入使用"烟台数字公路综合管理服务平台"。在最初建成使用"烟台数字公路综合管理服务平台"时，平台维护人数仅24人，到2020年平台运维人数达到71人，表明烟台公路对"智慧公路"平台建设的人力资本投资力度不断提升。同时，烟台公路每年还对平台运维人员开展技术开发、操作运营等相关培训，以内部"挖掘"、外出"取经"相结合的培训方式，进一步提高职工技术与创新水平。目前，烟台"智慧公路"平台研发设置养护路政巡查动态监管和巡查日志的自动生成、事件闭环管理、

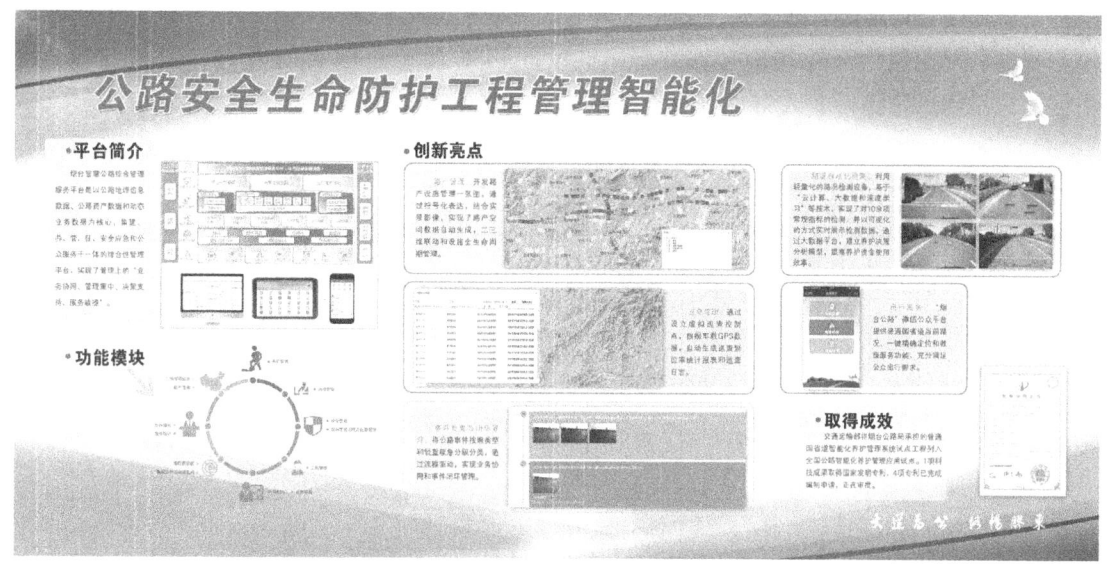

图 5-5 "智慧公路"平台在公路安全生命防护工程中的新应用

设施状况上报、路桥检测管理、养护作业跟踪维护、业务的动态督查督办等功能，开展感知公路、三维技术和轻量化路况检测方面的应用，以顶层设计、制定阶段目标、明确具体任务，达到日常管理的全程信息化、流程化、智能化，促进公路施工、产权保护、养护、应急、出行服务等业务的协同管理，公路养管水平再上新台阶。

随着新亮点、新技术、新成果的创新集成，一批批能工巧匠纷纷涌现，市级以上劳动模范达 48 人，多个班组被授予"山东省创新型班组""烟台市五一劳动奖状""烟台市工人先锋号""劳模（职工）创新工作室"，多项技术成果分别被评为省、市职工优秀技术创新成果奖，改革创新效果不断显现，创新、创优、创效能力不断提升。

四、机械设备的增加及使用产出效果显著

人力资本投资的变化过程需要机械化的参与，人力资本投资的效率也与机械化程度息息相关。同样，烟台公路事业的发展、机械设备的增加与人力资本的增加也是存在一个正相关的过程。

随着烟台公路机械设备的不断增加，以及机械化、自动化程度不断提高，必然要求职工对其先进的操作技术使用程度、熟练程度也要不断提高，这就要求烟台公路在人力资本投资时对职工素质也要不断提升。烟台公路筑养路机械，从无到有，从单一到配套，从半机械化、部分机械化到公路建设、养护主要工作流程实现机械化，经历了近 60 年的发展过程。1965 年，烟台地区莱阳公路站创制出山东省第一台养路机械——机动疏、回沙机以来，各基层公路站先后试制和添置了一些简易养路与施工机具。1973 年 12 月，交通部在徐州召开全国养路机具选型配套会议以后，烟台地区养路机械有了较快的发展，至 1978 年底，烟台地区拥有各种机械车辆共 567 台（套）。改革开放以来，公路交通的建设进程提速增快，公路建设标准和筑养路机械化水平不断提高，到 1990 年，烟台公路主要筑养路机械达 573 台

（套）。20世纪90年代后期开始，公路机械的配置向精良化和大型化发展，公路施工和养护作业基本实现现代化，至2020年底共有机械设备1300台（套）。综上所述，机械设备的使用情况也是衡量公路行业人力资本投资收益的又一重要指标（表5-15）。

表5-15　烟台市公路系统固定资产情况

年份	1972	1978	1988	1993	1998	2005	2010	2012	2015	2020
固定资产原值/万元	282	1450	4120	8550	18 565	62 288	84 409	520 000	523 000	453 000
施工机械、运输设备、生产及动力设备/台（套）	无记录	567	713	938	921	1841	1997	2587	2143	1300
仪器及试验设备/台（套）	无记录	无记录	2	241	459	1928	2449	2628	2350	1600
机械操作手数量/人	无记录	431	509	809	816	1616	1630	2320	2016	1200

注：表中只给出了一些代表性年份的数据。2015年，因高速公路整体划转，固定资产原值、机械设备、机械操作人员数量等大幅下降。

从表5-15反映的情况来看，在公路行业加快发展的时期，机械设备的数量逐年递增，到2020年已增至1300余台（套），固定资产原值由1988年的4120万元增加到453 000万元，增加了110倍，公路机械的配置向精良化和大型化发展，公路施工和养护作业实现现代化。

五、社会效益不断提升

公路是面向社会公众的一个窗口，与百姓民生、社会收益息息相关。服务水平是衡量公路行业职工人力资本投资直接产出的一个重要指标。下面以烟台高速公路运营管理、公路安全生命防护工程、交调工作、公路驿站及公益事业服务社会等5个方面工作为例说明这一问题。

在高速公路运营管理服务社会方面如表5-16所示，1998—2007年，通车里程增加4.2倍，交通量增加13倍，服务人员增加8倍，好人好事数量增加3倍，人性化服务设施不断增加，服务内容不断拓展，便民程度不断提高，社会满意度也在不断提高。这与收费员的培训工作是密不可分的，培训数由1998年的168人次上升到2007年的2574人次。

表5-16　1998—2007年烟台公路高速公路服务社会情况一览表

年份	1998	1999	2000	2001	2002	2003	2004	2005	2006	2007
通车里程/公里	98	100	175	200	200	368	368	368	425	425

续表

年份	1998	1999	2000	2001	2002	2003	2004	2005	2006	2007
交通量/万车次	168	185	451	576	711	1043	1270	1436	1783	2220
收费员人数/人	168	273	350	350	405	805	819	1194	1221	1430
收费员培训/人次	168	273	350	350	607	1288	1310	2029	2075	2574
服务设施变化（每年增加内容）	三箱一桶（工具箱、药箱、意见箱、保温水桶）	夏天增加绿豆汤	—	—	①实行站点服务；②开通96660服务电话	①实行一卡通服务；②路上设可变信息板	在收费站设治安岗亭，维护高速公路治安	①在收费窗口设咨询服务窗口；②设立服务网站提供车辆运行信息	在收费广场设天气预报提示板	在收费窗口发放行车服务指南
好人好事数量/件	187	192	198	196	189	291	364	560	609	614

在公路安全生命防护工程服务社会方面，如图5-6、图5-7所示。2015年以来，烟台公路将安全生命防护工程作为体现社会收益的一项重点内容，认真贯彻落实"以人民为中心"的发展思想，坚持把公路安全生命防护工程作为"保安全、惠民生、促发展"的重要内容，作为"交通强国"建设、实施乡村振兴战略和新旧动能转换的重要举措。为此，特从人力资本"人才库"中抽调工程、养护、路政、安全、机务、办公室、宣教等专业人员，组成专班，举办专门培训，把人民群众是否满意作为工程实施的出发点和落脚点，强调各自的专业性，普及专班的综合性，强化各专业、各工种的协调性，将一项创新性综合工作，做得规范有序，效果显著。例如，探索总结出"全主体推进、全方位整治、全过程管理"的新模式，对烟台市普通国省干线安全风险点进行全面彻底排查，因地制宜、分类施策。在聚焦道路功能、强化风险管控方面，采用重设渠化岛、横断面功能分隔、合并多余支路口等方式，在细节提升安全、打造人本交通方面，采用实施"2+1"车道、设置错位人行横道、创新图形化标志等方式，进一步完善交安设施，建立长效机制，做到行车速度、群众满意度"双提升"，实现了交通事故率、伤亡人数"双下降"。2018年，全国公路安全生命防护示范工程暨国家公路网命名编号调整工作现场调研会在烟台成功召开，烟台公路在交安设施设置创新及为民服务等方面受到交通运输部的充分肯定。

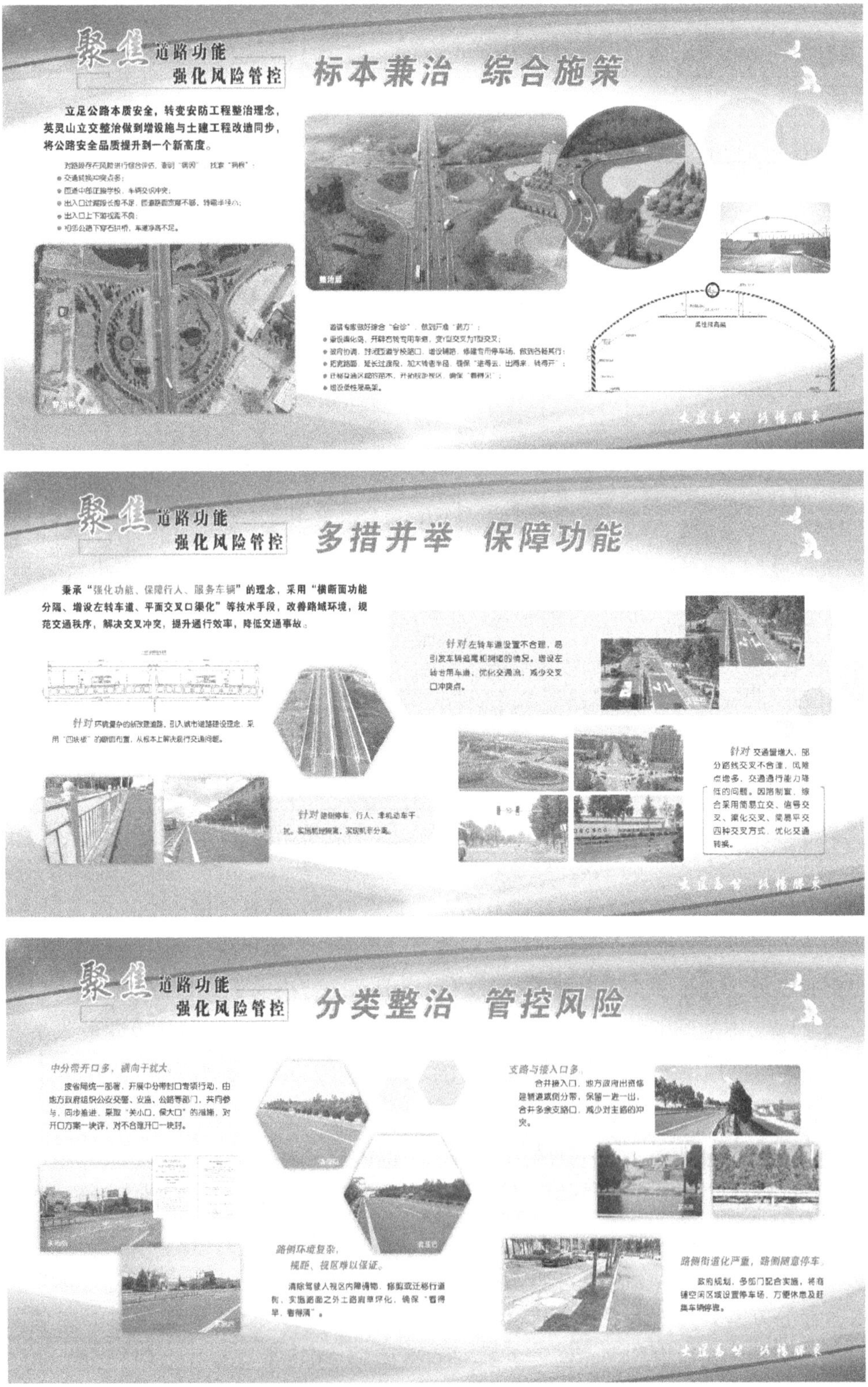

图 5-6 烟台公路安全生命防护工程——聚焦道路功能、强化风险管控方面

第五章 人力资本投资现状分析——以烟台公路为例

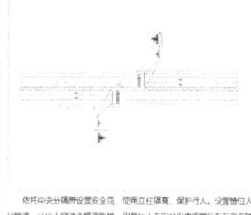
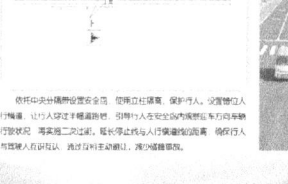

图 5-7 烟台公路安全生命防护工程——细节提升安全、打造人本交通方面

在交调工作服务社会方面,如表5-17所示,一直以来,烟台公路注重对交调人员的选拔、任用和培训工作,通过对交调工作的管理与实施,为公路拓宽、改线等提供决策依据,为地方经济和社会群众提供服务。以黄务交调站为例,随着G204烟沪线交通流量逐年递增,根据交调站的调查决策,采取开通其他路段、车辆分流等方式,到2009年以后,周边路网密度增加,交通量趋于减少,公路通行效率得到有效提升。2013年1月1日回里收费站撤销,车流量有所增长,2015年交通量达到顶峰。根据交调站的调查决策,再次开通其他路段,进行车辆分流,随着周围平行道路(西侧青年南路,东侧通世南路)的开通,多条道路共同服务出行,车流量明显减少,出行更顺畅方便。

表5-17 G204烟沪线黄务连续式观测站年交通量一览表

年份	机动车年平均日交通量 (标准小客车辆/日)	年份	机动车年平均日交通量 (标准小客车辆/日)
1984	5565	2003	24 746
1985	4967	2004	24 213
1986	5363	2005	25 388
1987	3893	2006	26 015
1988	3350	2007	28 867
1989	7505	2008	33 857
1990	12 864	2009	26 766
1991	13 322	2010	24 786
1992	13 931	2011	24 704
1993	14 784	2012	28 908
1994	13 694	2013	40 550
1995	16 719	2014	41 449
1996	15 623	2015	41 954
1997	16 218	2016	39 801
1998	17 727	2017	38 569
1999	19 982	2018	33 027
2000	19 382	2019	27 667
2001	19 949	2020	24 264
2002	24 077		

注:黄务交调站是烟台市最早设立的交调站之一,交通流量逐年递增,2009年以后,由于周边路网密度增加,车辆分流,交通量趋于减少。2013年1月1日回里收费站撤销,车流量有所增长。2015年交通量达到顶峰。近几年周围平行道路(西侧青年南路,东侧通世南路)的开通车流量明显减少。

第五章 人力资本投资现状分析——以烟台公路为例

在公路驿站、停车区服务社会方面，如图 5-8 所示。随着公路投入加大、标准提升，路网结构不断优化，路况质量显著提升，优良路率达 97.2%。要想为人民群众提供高质量的服务，就不应该满足于行车舒适度这样的基本要求，而是想办法提升档次。实践中，借鉴高速公路的设施设置，因地制宜、因路制宜，将改造废弃路段与启用闲置设施相结合，实现废弃路段"变废为宝"，闲置设施"功能再造"，开放单位内部沿线公路站，对原有资源整合升级，对外积极沟通对接，利用沿线企业场地，打造融入公路元素的休息区开放使用，社会资源利用率不断提高。同时，加强对已建成的停车区的管理维护，大力推进集多功能于一体的公路驿站，普通国省干线公路服务设施供给能力得到有效提升。2012—2020 年，公路驿站从无到有，停车区达到 18 处，人性化服务设施不断增加，使停车休息、便民服务、路况检测、汽车充电、自助洗车、路况信息发布等服务内容不断拓展，便民程度不断增强，社会满意度也在持续提升。

图 5-8 烟台公路集约资源、拓展功能，提升公路服务品质

人力资本投资还体现在为社会投资过程中职工的参与度。广大职工积极投身社会公益事业，积极参加无偿献血、扶贫帮困、爱心捐助、创建文明城市和"公路人的节日"等主题志愿服务活动，擦亮"一路有爱"志愿服务品牌。截至目前，烟台公路职工到社区、敬老院、福利院、广场等开展义务服务 3000 多人次，2011—2020 年组织全系统干部职工无偿献血 350 余人，约 75 000 毫升，累计捐助爱心款超 540 万元，先后荣获"烟台市最具慈善爱心捐赠单位""部门包村工作先进单位""烟台市无偿献血先进单位"等荣誉，社会形象明显提升。

由此可以看出，人力资本投资是公路事业创新与发展的源泉，公路行业的人力资本投资使得社会收益取得较明显的产出效果。当然，公路行业的持续快速发展并不全是人力资本投资的贡献，还有其他一些重要的生产要素，如物质资本、引进技术、外部政策等对整个公路事业的发展起到了关键的推动作用。

第四节 公路行业人力资本投资现状的特点

人力资本投资是影响企业发展的关键因素。从对烟台公路人力资本投资及收益情况来看，公路行业人力资本投资的发展有其独特性，适应公路建设发展、符合市场机制、发展不平衡等特点，始终得到公路行业人力资本投资发展实践的验证。

一、适应公路建设发展的客观要求

人力资本投资的发展与公路建设、管理和服务密切相关，遵循公路事业发展的要求，是人力资本投资的内在要求。公路事业持续、健康、稳定发展，必须要有与之相适应的人才结构，需要预测公路事业发展需要的人才需求，从而确定合理的人才素质层次及各层次的发展速度，进而确定人力资本投资的规模和结构。所以，公路事业的持续发展确定了人力资本投资合理的规模和结构，人力资本投资的发展必须适应经济发展的客观要求。偏离了公路发展的人力资本投资，培养的职工要么才有所缺，阻碍工作的正常的运行，要么才有所余，造成浪费，无法满足公路发展的要求。

二、符合市场机制

既然是投资就要以市场机制为基本调节方式。市场机制的基础性配置作用，协调行业内部和外部的资源流动和有效利用，投资的主客体都要以市场价格为行动决策的主要依据，追求利益最大化。遵循"投入—产出"的发展规律，讲求投资的效益与效率；遵循培训方与被培训单位的等价交换；加速人力资本投资的全员化进程，提高职工整体素质。同时，如果仅靠市场机制发挥作用，必然削弱人力资本投资的社会功能而趋于单一的经济功能，而且公路行业人力资本投资正外部性的特征决定了私人收益小于社会收益，人力资本投资的供给小于公路事业发展的需要。

三、人力资本投资发展不平衡

全国公路行业内人力资本投资发展极不平衡，公路建设规模小的地区人力资本投资规模较小，而公路建设规模大、投资大的地区则人力资本投资发展相对较快。其根本原因是经济发展的不平衡性，并且这种趋势随着经济发展变化而变化。随着我国加快公路建设重点的转移，给整个行业人力资本投资发展不平衡现象的改变带来了转机。因此，对烟台这样相对发展较快地区的调查分析可以为正在发展中的地区以经验的借鉴。

四、良好的公路文化在人力资本投资中发挥着促进作用

公路文化的培养是烟台公路人力资本投资的长期目标之一，应渗透到每一项具体的投资过程中。优秀的公路文化有利于培养良好的干事创业价值观，有利于管理思想发展的进步，有利于公路精神的形成。而当这种精神形成后，则会持续、稳定地在单位内发挥作用，成为"一只看不见的手"，不断增强职工对单位的信任感、依赖感，形成良好的、一致的世界观、

价值观、人生观。在烟台公路人力资本投资过程中，还要强调人的决定性的因素，通过文化浸润调动职工的积极性，发挥出集体精神力量的激励因素，有意识地建立职工的归属意识。同时，公路文化的形成、培养也是一个长期的潜移默化的过程，是以提高职工的素质为公路事业发展的核心，这也是公路行业人力资本投资的内在要求与结果。

五、减少员工外流的必然要求

从理论上讲，职工的流失对单位有着很大损失。一方面，可能造成一些重大工程项目或科学研究项目或长或短的中断一定时间，延误工作的开展，也可能泄露部分业务、科研机密，使单位效益受损；另一方面，容易出现模仿效应，在单位内部形成不良氛围，影响正常工作的开展。这就要求进行人力资本投资时，始终要向职工灌输公路文化品牌、文化理念、职业道德等一系列有助于单位凝聚力形成的意识。这些思想、意识在职工中形成，就会产生强大的向心力，达到职工不外流的目的，同时也要根据人力资本投资的理论，保障不断成长、进步的职工能够在系统内正常流动，对烟台公路长远的发展十分有利。

第五节　烟台公路人力资本投资调查

为进一步摸清公路行业现有的人力资本投资情况，以便对症下药，烟台公路开展了一次专题调研活动。

一、样本分布和样本特征

本次调研采取调查问卷的形式，共发放调查问卷 680 份。以职工教育培训为核心内容，着重从投资观念、投资需求、培训内容、方式、效果等方面，对当前职工对人力资本投资工作的看法进行全面了解。根据全系统的整体状况，考虑到公路建、养、产权保护等职能特点，烟台公路选取了 26 个基层单位，人员涉及领导、中层干部、技术人员、一线职工等多个层面，样本具有广泛的代表性。

二、调查数据分析

（一）公路行业人力资本投资的特点和走向

通过对烟台公路调查数据的分析，联系公路行业发展的历史进程，可以看出，烟台公路的调查结果从一定程度上反映出公路行业人力资本投资的一些特点和走向。接受调查职工的大概情况如图 5-9 至图 5-11 所示。

1. 公路行业人力资本投资发展趋势良好

改革开放以来，公路行业的人力资本投资呈持续发展的态势，对公路事业的飞速发展起到了积极的推动作用。主要原因有两个方面：一方面国家明确的方针政策，为人力资本投资指明了方向，增强了动力；另一方面我国公路建设的高速发展，增加了人力资本投资的需求，为人力资本投资的发展创造了条件。同时，尽管公路行业人力资本投资有了较大发展，但

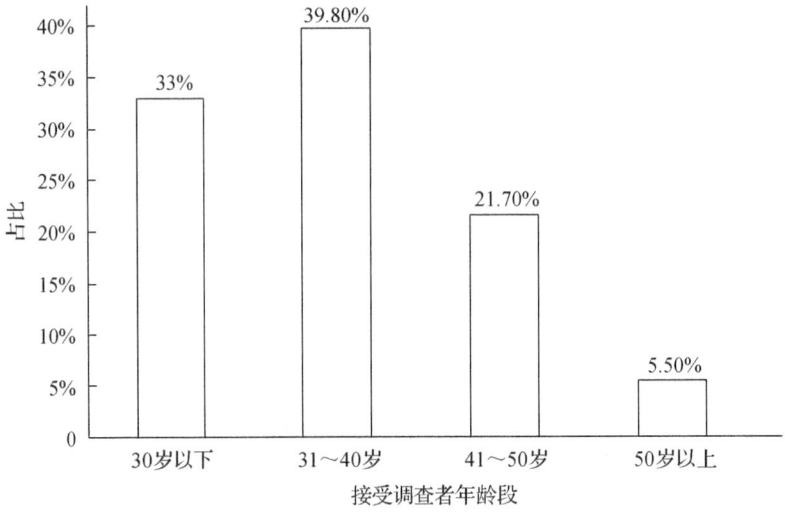

图 5-9　接受调查职工年龄结构

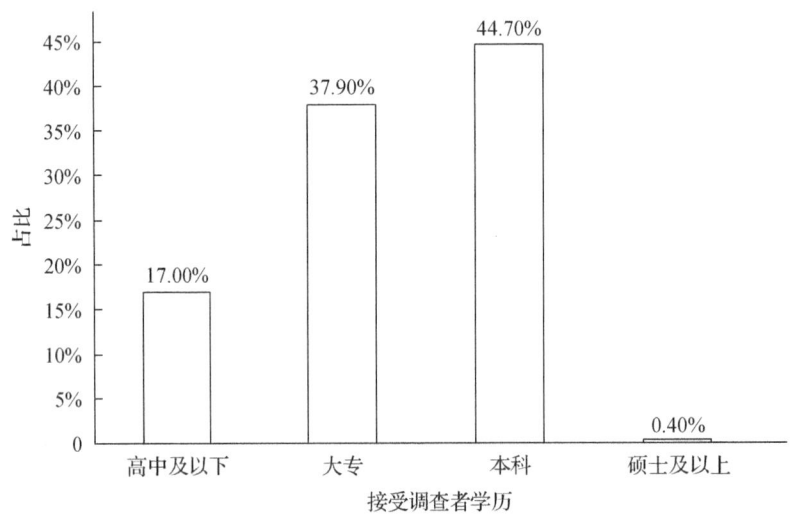

图 5-10　接受调查职工学历结构

发展的速度、规模与公路建设的发展和广大公路职工的教育培训需求还有相当大的距离，这点还要在后面进行详细的分析。因此，继续加大人力资本投资力度，加快发展的速度十分必要。

2. 人力资源观念发生变化

由过去的人力成本观念逐渐变为人力资本投资观念，在进行人力资源变革的过程中，不仅考虑为获得人力资源而支付的现值，而且将其带来的长期收益作为衡量人力资本支出的重要依据。其实，一个成功的公路事业单位决策者不仅是管理物质资本高手，还是人力资本运作高手。往往通过利用其手中雄厚的资本来换取超值的人力资本，从而为其实现更有效的管理做人才储备。

3. 人力资本投资有助于形成无形资产

人力资本投资整合工具的使用极大地推动了公路文化建设，尤其对公路执行文化的改进

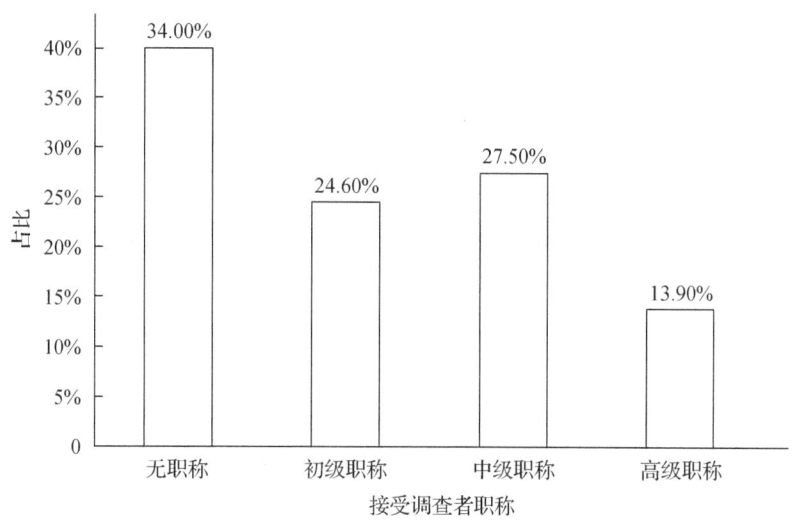

图 5-11 接受调查职工专业技术职务结构

是具有革命性的。公路执行文化的形成又不同程度地促进了精神层面文化的发展,从而加速公路事业单位凝聚力的形成。以公路行业某一企业化管理单位为例,经过 3 年的发展,该单位迅速成为该领域的佼佼者,但随之一起创业的职工心态发生了变化,内部分立山头,形成若干个小利益团体,不能形成以文化为核心的公路团队,这种局面已开始影响该单位的工作,工程管理效率不高,施工质量问题频频出现,如不进行人力资源改革,将会把基业毁于一旦。经过慎重考虑,该单位从两个方面着手解决问题:一方面,请企业文化专家来进行培训指导,加强职工对公路文化的理解,同时催生本单位的文化形成;另一方面,外请管理专家进入管理层,提升文化内涵的包容性和科学性。终于,该单位重新走向了正规,显现了良好的发展态势。在这一过程中,人力资本投资对于该单位形成自己的文化,以文化来促发展起到了推波助澜的作用。

4. 无形资产在资产结构中的比重越来越大

在资本结构中,知识资本获得迅速扩展,成为公路资本的重要构成内容。可以设想,今后的财务结构评价,重要的不是考察固定资产与流动资产及债务资本与权益资本的结构问题,而是无形资产和知识资本分别在资产和资本中的比重问题。无形资产和知识资本的比重越大,表明公路事业单位的知识和技术含量越高,对环境的适应性越强,发展前景越好。也可以判定,今后的竞争是人才的竞争,是知识富有程度的竞争,是创新的竞争。人力资本投资作为培养人才、积累知识和开发创新能力,进而扩大公路无形资产和知识资本的重要途径,无疑应随着知识经济的发展而不断扩大。

(二) 调查体现的问题

做好人力资本投资必要要有明确的目的性,同时要清楚了解本单位人力资源的特点和不足,针对其发展特点制定详尽的人力资源整合方案,从而有效提高人力资源使用效率。本次调查反映出公路行业人力资本投资的几个问题。

1. 公路发展与人力资本投资现状：快与慢的失衡

中国公路的未来发展前景如何？根据交通运输部《国家综合立体交通网规划纲要》《公路"十四五"发展规划》工作部署，到 2025 年，要保持高速公路优等路率在 90% 以上，普通国道、普通省道优良路率分别达到 85% 和 80% 以上。到 2035 年，要实现国家综合立体交通网实体线网总规模达 70 万公里左右，其中公路占 46 万公里左右，基本建成安全、便捷、高效、绿色、经济的现代化公路交通运输体系。这就要求公路行业要适应交通强国建设的新要求，研究构建现代化高质量国家综合立体交通网新任务，制定高质量发展新措施，实现公路改革发展中新突破。所有这些都对人力资本提出了更高的要求。特别是公路行业改革期间，更需要公路行业人力资本投资工作有一个实质性的突破。然而，从调查情况来看，人力资本不足已成为制约公路事业发展的首要因素。从目前公路行业人员的构成来看，基本来源是大中专院校（含技校）毕业生、部队转业和退伍官兵、退休顶招的工人、社会其他行业进入等，整体素质偏低。以烟台公路为例，人员来源结构比例分别是 26.5%、24.0%、31.5%、18.0%；虽然近几年职工的文化层次不断提高，但从第一学历来看，其比例分别是大专以上 10%，中专以上（含高中和中技）57%。上述比例放在整个公路行业来看也大体如此，这与目前公路高科技迅猛发展和公路市场激烈竞争的现状是不相适应的。分析人力资本短缺的原因如下。

（1）人力资本投资与物质资本投资之间不平衡

诺贝尔经济学奖获得者詹姆斯·赫克曼在北京大学做学术演讲时曾经说道："在当前中国经济发展的情况下，人力资本投资与物质资本投资之间的不平衡，已经减少了物质资本投资的回报，实际上浪费了本可用来促进增长的物质资本投资。[59]"尽管这是从宏观层面来描述在中国人力资本投资与物质资本投资之间的不平衡，但这一分析同样切合中国公路的实际。长期以来，公路事业单位只关注物质资产的折旧和相应的改造、更新措施，在物质资本投资方面舍得花钱，买设备、上项目不惜一掷千金，而不愿对人力资本追加投资，以保护和提高公路行业人力资本的存量，对人力资本投资明显不足。这种做法导致了物质资本闲置或效率低下。如果忽视了被掩盖着的危机，其严重后果将在日后显现出来。在这种情况下，合理地进行人力资本投资，无疑对实现公路行业内部的能力平衡，提高物质资本的利用率和产出率具有重要意义。

怎样衡量人力资本投资量是否科学？按惯例，以占职工工资总额的比例来确定投资量，而不是以生产性或物质性投资额来确定。表 5-18 以烟台公路职工教育培训经费为例，反映了公路行业目前人力资本投资量不足的现状：尽管教育培训经费占职工工资总额的百分比由 0.5 提高到了 1.0，但这个比例远远不够。

表 5-18 烟台公路教育培训经费一览表

年份	经费总额/万元	占工资额比例
1990	6.1	0.50%
1992	8.1	0.55%
1994	12.9	0.55%

续表

年份	经费总额/万元	占工资额比例
1996	16.8	0.70%
1998	18.7	0.75%
2000	24.9	0.80%
2002	37.4	0.85%
2004	40	0.85%
2005	84.4	0.94%
2007	78.3	0.92%
2010	79.7	0.96%
2011	105.3	0.98%
2012	120	1.00%
2014	120	0.97%
2017	120	0.96%
2019	120	0.96%

注：表中只给出了一些代表性年份的数据。

（2）人力资本消耗得不到相应的补充

由于科学技术的飞速发展，所有职工的知识、技能都在老化，那些知识和技能本来就比较低的职工，已基本难以胜任岗位工作。对于这种人力资本的消耗，公路事业单位本应该通过各种不同的方式予以补偿，但实际上由于种种原因，这方面的投入明显不足。

（3）管理人员和技术人员的素质偏低

管理人员虽然大都有专科以上学历，但其中一部分文凭通过成人函授教育的渠道获得，知识功底明显不足。还有些管理人员是技术人员出身，他们虽然熟悉公路的业务，但人文知识缺乏，难以实现真正的科学管理。技术人员素质不高的主要表现是钻研技术的劲头不足，满足于课本知识的获得，对新工艺、新材料了解不多，在中高级技术人员中，计算机水平能达到应用自如者寥寥无几，知识老化特别严重。

（4）目前的培训能力不足

本次调查显示，只有44.3%的职工通过接受培训这一方式来获取所需知识、提高业务技能，这一比例显然偏低。而且在参加培训的职工中，仍有54.8%的职工每年仅参训7天。

通过以上分析可以发现，现有人力资本投资现状与公路建设的快速发展形成了鲜明的对比。

2. 思想变化与投资理念：新与旧的碰撞

谈到人力资本投资，一定要分析职工的思想状态。与新中国成立初期相比，随着经济社会的快速发展，职工的思想面貌发生了巨大的变化。在当今公路职工身上更多呈现出的是支持改革、参与竞争、正视现实、自我发展、开阔视野、与时俱进的思想主流，职工比以往更加关注改革开放的成果，更有了参与改革的积极性。这种主流主要表现在对公路事业的密切关注上：职工从来没有像现在这样关心公路事业的生存和发展，职工对本单位领导的评判、对公路事业前途的关心都能同自身利益紧密联系在一起。随之而来的变化是价值观念更趋实际，更追求其自身发展的环境，表现出的最大特点是自我选择性极强，趋同意识渐淡，很少对某种价值观盲目认同，喜欢通过争论和碰撞形成观点，摸索新的思路。但是很显然，实践中人力资本投资理念尚未适应这种变化。一方面一些单位认识不到人力资本投资对公路事业可持续发展的重大意义，不了解人力资本投资与公路事业发展、与公路企业生存的关系，没有把人力资本投资工作作为提高职工素质的关键所在，有的认为自学可以取代培训，尤其是现在信息网络技术日益普及，获取知识的渠道日益多样化，没有必要花大量时间参加专门培训，还有的认为培训耽误工作，费时又花钱，所以培训时该派的不派，该多派的少派；另一方面，仍有少数职工对个人参加培训的认识不高，认为参加培训就是为了提拔重用或混文凭，于是对提拔或升迁作用不大的培训抱着应付的心态，完全没有积极性和目的性。在这种思想认识的指导下，很多单位处于被动接受的状态，除了应付一些资格性的培训外，很难自觉进行人力资本投资。究其原因主要有两个方面。第一个方面是从历史上看，过去公路行业从未将人力作为资源来对待，认为人力是成本而不是资本[60]。由于否定人力的商品属性，否定人力资本的作用，因此在使用人力资本的过程中，缺乏以人为本的管理理念，忽视对人力资本的规划、开发和利用，对本行业、本单位的人力资本状况心中无底，没有量的盘点，对人才的流失不认为是公路资源的流失。第二个方面是体制上的原因。改革开放以来，我国公路行业的体制发生了一些重要的变化，改革了劳动用工制度、干部管理制度和内部分配制度，但由于几十年旧体制下形成的运作机制还表现出一定的惯性，因而，三项改革并没有从真正意义上的打破，职工的身份和岗位仍然是相对固定的，人力资本投资与不投资一个样，在一定程度上限制了职工的进取性和创造性，而且在一定程度上限制了公路行业的内部竞争机制，难以形成健康向上的人力资本投资文化。因此，当务之急就是，在新的思想变化和旧的人力成本理念的碰撞中整合出新的人力资本投资理念，提高公路行业人力资本的存量和质量。

3. 投资需求与投资供给：多与少的困惑

需求是牵引，是导向。在人力资本投资的实践中，常在需求与供给上存在"是多？还是少？"的困惑，造成投资需求在不断增加而投资供给却原地踏步或有失偏颇多的现象。以职工培训的需求与供给为例。①职工的培训需求急剧膨胀。本次调查显示，96.9% 的职工已深切感受到当前社会环境和自身工作环境中的竞争氛围和压力，91.3% 的职工认为在当前形势下提高自身知识水平及业务能力的紧迫度为"急需提高"，60.4% 的职工表示到 45 岁以后，仍然非常愿意接受培训，这说明，职工队伍中不同程度存在"知识恐慌""本领恐慌"的问题。②受训对象分布不均衡，难以满足实际需求。目前，职工培训主要是组织调训，但由于承办部门受时间、师资、财力等问题的影响，致使办班的次数、人数与培训需求不相适应。实际工作中，这些有限的培训多半是针对领导干部开办的，因而领导干部培训机会相对多些，而普通职工由于人数多、分布广，培训机会相对较少，有的多年没有参加培训。③基层职工培训需求缺口大。调查显示，有 24.1% 的职工至今没有参加专业技术培训，而这部分职工主要来自于基层。基于这些因素，可以看出职工培训的供需矛盾，特别是基层，供给少，需求大，在很大程度上影响了职工综合素质的提高，影响了人力资本质量的提高。

4. 投资方式与投资内容：灵与肉分离

投资方式和投资内容就是灵与肉的关系，只有结合得好，才能真正发挥投资的作用，否则，就容易使投资流于形式，造成人力、物力的浪费。以职工培训为例，目前的教育培训方式多半停留在单向的知识和思想道德观念的灌输上，大多是上大课，难以提供动手实践或探讨交流的机会，其效果必将大打折扣。①培训内容陈旧，不适应职工的知识需求。在公路建设事业的发展对人力资本投资的要求越来越多，公路职工对改善知识结构、提高综合素质的自觉性越来越高的新形势下，受训者需求层次越来越细化，这就要求人力资本投资要有针对性，定位要准确，要提供高质量、高层次、多样化的培训服务。当前存在的重学位、学历教育而轻职业技能教育的现象严重，使得那些有幸受高等教育的人，也在追求学历、职称、职务等道路上皓首穷经，一事无成，单位和个人的投入变成无效的非经济意义的资本，而非实在的经济意义上的资本，形成不了现实的社会生产力，对公路和个人都是人力资本的一种浪费。具体来讲，在课程总体设置上，原理性理论多，用理论指导解决实际问题的课程少，忽视了大多数职工急需获取知识、提高管理能力这一时代特征；传统的内容多，创新的知识少，没能充分考虑不同受训对象身份、职位、学识层次等特点，共性教育多，个性教育少。调查显示，在对培训内容的可供选择性、针对实效性、总体吸引性、更新时效性的评价上，有近10%的职工认为差。②培训方式单一，不适应职工的接受心理。现行单纯的行业封闭型培训，培训渠道主要局限于系统内，对其他培训渠道探索和利用得不够，不能满足干部职工对知识全方位、开放式的需求；培训中对现代信息技术运用不够，培训手段传统单一，影响接受知识的效果。③培训方法呆板，不适应职工的求异思维。现行的方式仍以灌输为主，忽视了职工的主体性特点，难以调动职工的学习积极性，桎梏了求异思维、发散思维。在走访中，烟台公路感受到职工对新颖灵活的培训方式的强烈需求，培训方法亟待改变。

5. 培训投资与投资效益：收与支的博弈

培训投资博弈的结果决定了培训投资的规模，投资是一个长期积累的过程，也是一个长期获益的过程。在本次调查中，81.3%的职工认为专业技术培训在提高工作效益上作用很大或较大，78.2%的职工认为专业技术培训在降低工作损耗方面作用很大或较大，85.6%的职工认为经过专业技术培训，减少了操作事故的发生。在走访各基层单位的过程中了解到，培训可以减少50%的浪费，未受过培训的职工所造成的事故数量是受过培训职工的3倍，受过培训的职工在处理突发事件时投诉率仅为未受过培训职工的1%，受过培训职工的流动率是未受过培训职工的一半。培训可以降低损耗和劳动成本，提高劳动生产率。虽然有些培训体现不出直接收益，但社会群众满意率提高，社会效益得到体现。就支出而言，有30.1%的职工清楚地知道自己参加一次培训平均每天的成本是400元左右，有44.3%的职工对此不清楚，有63.3%的职工认为单位可接受的培训费用是1000元以内；在对培训投资收益底线的看法上，59.6%认为是"提升公路形象"，51.3%认为是激励受训者工作态度更加认真，9.3%认为能"减少跑冒滴漏10%"，26%认为是"处理突发事件得体"。尽管培训还存在很多问题，但仍有52.4%的职工认为，教育培训的收益大于成本，另有23.9%的职工认为收支平衡。根据调查和走访发现，培训经费保障乏力的问题还是比较突出的。①培训成本高。由于教学资源和高层次师资的缺乏，要举办一个高质量的培训班往往要邀请省内甚至国内知名专家、教授授课或者把职工送出去培训。这种走出去和请进来的费用比较高。请一个专家，酬金每场少则 2000 元，多则 5000 元，甚至更高，再加上专家的吃住行，以及培训班的场租费、食宿费等其他各种会务费，一个 100 人左右的培训班，平均每天要近 2 万元费用；把干部送出去培训则费用更高。一些培训规模比较小的班，应该由本单位自行组织培训，这就需要拥有自己的培训阵地，阵地内要有配套的教学设施，也需要大量投资。②筹资渠道相对较窄，投资主体说起来多元，实际上单一，一直沿用单位投资的模式，完全靠组织；很多单位在年度经费预算中没有培训经费预算，对培训项目也没有相应的补贴。从职工方面来看，由于历史上我国工资政策的影响，形成了技术人员过低的工资，职工个人不能直接获得教育培训带来的全部收益，导致个人对人力资本投资低于经济达到均衡时实际需要的投资量，职工有求知欲而无投入积极性。从调查情况来看，有 59.2% 的职工平时所读书籍不是自己购买，有 42.5% 的职工很少或不买书籍，有 39.6% 的职工宁愿要 1000 元的奖金而不是相同价值的培训，这说明，个人在培训投资方面的积极性还没有发挥出来。职工个人投资还大有文章可做。③培训投入与产出不成比例。有的培训，目的不明确，计划不周密，内容不合理，重点不突出，管理不科学，致使职工培训的效果不明显，只有培训投入，看不到培训效益或效益不明显，形成恶性循环，又反过来影响了单位抓职工培训的积极性。④收益分析方法制约了投资。现有的培训总体缺乏科学的投入产出量化指标，培训效益有的可用经济效益来衡量，但更多的要以社会效益衡量。随着公路行业社会地位的提高，随着人民群众法律素质和人文素质的提升，随着和谐社会建设的日益推进，一些"满意度""投诉率"等类似的人文指标更需要教育培训来实现、来体现。这些指标对公路行业职工素质培训提出了更高要求，要求培训从技能型转化为技能、素质并重，但培训带来素质提高产生的经济效益更难以用经济指标来测定。由此看来，培训工作越来越注重效益的综合性，既要从纯经济角度分析培训的投入产出问题，更要考虑培训的社会属性，即对社会和经济发展的实际贡献问题。

6. 投资结果与实施激励：有与无的尴尬

管理学家西蒙（1985）认为，新的知识只能在个体的某一具体行为实践中创造出来，个体的行为动机，即受到激励的程度对组织创新绩效具有较大影响。具有较高技能和丰富经验的劳动力只有当其愿意将其人力资本贡献给组织的时候才是有益于组织的，如果对个人业绩有相当强的激励，就会建立引导个人行为的有效控制[51]。对于公路事业单位来说也是这样，必须对其有充分激励才能促使其探索提高工作效率的途径和接受新的思想和信息，促使其努力实现组织目标。那么，实践中人力资本投资前后在对职工的激励方面有什么区别呢？调查中发现，除了上级组织部门安排的党校培训外，其他培训班，在培训结束后，没有明确的物质、权力、地位等方面的激励，也鲜见情感方面的激励。调查显示，41% 的人认为现行的人力资本投资激励约束机制作用较小，68.7% 的职工认为若将被投资方与其任职考核挂钩，将增强其约束力，70.9% 的职工认为若将人力资本投资情况与干部任用及专业技术人员职称评聘挂钩，将增强其激励力。目前，公路事业单位根据形势和任务需要，也制定了一系列激励和约束制度，对于提高职工参与人力资本投资的自觉性是很有作用的。但总体来说，对投资结果使用的忽视还是导致了投资陷入不痛不痒、可有可无的尴尬境地。①组织者无积极性。对抓业务工作的精力投入较大，对抓人力资本投资的精力投入明显不够。27.1%的职工认为所在单位的领导层对人力资本投资重视不够，19%的人认为现行人力资本投资制度没有得到有效执行。以职工培训为例，虽然制定了教育培训考核制度，但在实际操作中力度不大，相关政策不配套，导向作用不明显，不能真正将培训与干部的评优及选拔任用挂起钩来，培训与使用干部脱节，有的用而不训，有的训而不用，培训与不培训一个样，致使职工培训工作者不积极，参训者不努力，大大削弱了培训工作的效率。②职工无积极性。虽然目前也有一些人力资本投资的奖励措施，特别是在职工继续教育方面，对本科以下的学历有明确的奖励办法，但随着高等教育的普及，本科学历职工的继续教育成为空白，限制了职工教育深层次发展；日常培训中，促进职工教育培训的制度难以执行到位，培训的压力没有形成，动力又不足，致使不少职工参加培训的态度不够端正，认为参加学习是休息、休闲的一种途径，对培训敷衍了事。积极性的缺乏导致主动性、创造性的缺失，致使职工培训停留在形式上，往往是一训了之，难以达到预期效果。

7. 长效机制与常规管理：质与量的矛盾

人力资本投资应当把握的最重要的问题是质量，投资管理是关键。目前公路行业的人力资本投资在管理上存在只顾眼前、不计长远的现象，日常管理不严格、长效机制不健全，量多质低，效果不佳。①领导体制不明确。只有职工教育领导小组，没有关于人力资本投资的正规机构。由于相关职能部门职责不明确，体制不顺，致使人力资本投资宏观管理力度减弱。调查中发现，有5.2%的职工对人力资本投资制度不了解，虽然这小部分人是基层一线职工，但这也说明组织不力，政策宣传不明，培训文化渗透有盲区。现实中人力资本投资确也存在组织不完善的问题，往往只由人事部门的某个人负责临时抓一下，既不能根据本单位发展的需要制定规划，更没有人和精力来做投资拓展工作，因而投资表现出很大的随意性，这是投资效果不理想的主要原因。对全行业来讲，制定人力资本投资的指导性意见，对公路事业单位来讲，建立规范的人力资本投资机构，周密安排投资计划，对投资过程进行规范化和严格管理是保证投资效果所必需的。②常规管理不到位。以培训工作为例，在常规运作上，对教程的安排不细致，教学环节要求不严格，忽略了对教学质量的监控；习惯于安排和完成各种班次，忽略了培训对象的知识需求；内部管理机制不够灵活，没有充分调动职工培训工作者的积极性和创造性。③考核评价机制不健全。在调查中发现，培训效果呈逐级递减的态势，领导层、管理层的培训评价较高，而普通职工的培训评价较低。实际上，目前普遍存在缺乏对培训效果进行科学评估的标准和方法，培训的组织者对职工的学习效果、态度、出勤等情况缺乏直接了解，培训管理失之于宽，很难掌握实际效果。

通过对以上问题的分析，使烟台公路对人力资本投资的重要性、紧迫性有了更加深刻的认识。

第六章 公路行业人力资本投资的管理过程控制

"人力资本已经被认为是生产函数中能促进经济增长的一个重要因素,而发展中国家的人力资本普遍较为贫乏,于是如何形成和储备人力资本就成为发展中国家面临的重要问题"[61]。从第五章的分析可以看出,公路行业人力资本总体现状与我国人力资本形势相符,与公路新形势的需要相差甚远。尤其在实施交通强国战略新形势下,重点支持"两新一重"建设,智慧公路的发展迎来了属于自己的崭新时代,成为我国建设投资的热点和交通发展新的增长点。智慧公路的建设是以5G、物联网、高精度导航定位技术为基础,由感知和收集、网络通信、决策和处理及服务提供等系统构成,具有道路信息高效采集、泛在控制诱导、智慧决策及个性化服务等功能的新一代公路基础设施。这对新形势下从事公路建设的人力资本质量提出了新的、更高的要求,而目前我国在建设智慧公路方面的人力资本存量和质量都相差甚远。为此,公路事业单位应以创新的思维理念,全面实施人力资本投资的管理过程控制,建立人力资本投资科学有效的运作机制,加快建立覆盖全系统的人力资本投资体系。

第一节 建立人力资本投资的战略规划机制

公路行业人力资本的形成是一个长期的、动态的过程,是通过各公路事业单位战略性的人力资本投资活动来实现的。在这一过程中,需要制定与公路事业单位总体战略相匹配的"以人为本"的人力资本投资战略规划。这一战略规划是指公路事业单位站在长期生存和可持续发展的高度,根据智慧公路建设外部环境变化的机遇与挑战和公路事业单位改革内部组织结构变革的要求,对公路行业未来时期人力资本形成和维持活动所需人力资本及支出进行总体性的谋划和安排,包括公路行业人力资本投资宗旨及预期目标、人力资本投资战略、投资期限、投资经费支出、投资管理人员安排及投资程度的设定等一系列内容。公路事业单位只有在投资前制定好详细而周密谨慎的人力资本投资规划,才能在实施过程中对人力资本投资进行有效的监视和控制,避免投资的盲目性,增强投资的及时性,确保整个公路行业人力资本投资活动沿着正确的方向进行,达到不断扩容人力资本存量的目的。

一、以全新的投资理念投资

在坚持传统的职工培训观念的同时,在继承与发展的有机结合中创新理念,增强做好人力资本投资的使命感和责任感。

(一)树立人才是第一资源的理念

把人的因素当成事业成败的决定因素,认识到人才是事业发展的重要驱动力,把人力资本投资提高到"人才强路"的战略地位来认识,提升对人的开发设计及运用能力,营造人才优势和竞争优势。在交通强国战略和大力开发建设智慧型公路的时代背景下,根据新形势下公路行业发展的新要求,及时调整单位的战略规划,并应依据公路事业单位自身的战略导向采取相应的人力资本投资活动,以实现公路事业单位的战略目标。从新时期公路事业发展方向来看,公路行业的发展必将是以智慧公路建设所需的知识型发展模式代替传统的以劳力输出为主的劳动密集型公路发展模式,公路行业所需要的人力资本将是高技术技能型人力资本取代传统的技工型人力资本,传统的只做输出体力的人力资本将会逐渐被淘汰,高技术技能型人力资本在公路行业拥有丰富的管理经验、在专业方面拥有高水平的专业知识和专业技能,尤其是在智慧公路建设和信息化知识应用方面具有更高的价值性,掌握着行业发展的核心技术和关键资源,能够利用掌握的专业知识大幅提高各工作环节的工作效率,不仅能够为公路事业单位创造丰厚的经济回报而且能通过自身经验革新单位发展战略,提高单位的核心竞争力,是公路行业人力资本投资战略规划的关键因素。因此,人力资本在公路事业单位的战略决策中承担了举足轻重的角色,其对竞争优势的影响与日俱增。而目前满足公路行业建设智慧公路和综合交通大数据中心体系建设的人力资本质量和存量皆不足以应对转型和升级,所以公路事业单位应以自身的战略为导向完善人力资本投资理念,确保人力资本投资能服务其所采取的技术创新战略。所以,公路事业单位更应树立人才是第一资源的理念,注重人本化投资,以此激发职工的潜能,推动公路事业单位的发展。在这种理念支持下,人本化投资可以使单位和职工的目标相一致。同时,为更好地体现人才是第一资源的理念,还应该注重职工的职业生涯长期规划,职工的个人发展需要借助单位平台实现。在新形势下单位一方面引导知识层次低的职工加强专业知识的学习,主动为职工寻找提高自身综合素质和体现自身价值的渠道,跟上时代步伐,通过努力实现个人目标,而不是消极怠工、苦等退休;另一方面应鼓励高技术技能型职工注重知识成果转化,对职工提出的创新性要求给予相应的回应与支持,从而调动职工的工作责任感和社会使命感,使职工的创新能力得到发挥。

(二)树立人力资本投资是生产性投资的理念

人力资本投资已成为促进生产力发展的重要因素,既是基础性建设的一个重要方面,也是具有经济和社会综合效益的生产性投入。牢固树立这一观念,把人力资本投资当作一项事关全局的战略,纳入公路发展的总体规划,不仅有助于正确认识人力资本的本质,而且对正确评价和改进人力资本投资工作具有十分重要的现实意义。公路行业人力资本的投资如果还仅是对职工劳动力方面的单一生产性投资,那么给单位带来的只能是职业范围内的特定价值。知识经济时代,职工的创新能力、专业知识应用能力、创新成果转化能力对公路事业单位的发展起着至关重要的作用,所以公路行业应将人力资本投资作为单位的一种新型生产性投资。例如,公路无人化智慧施工的应用,就是在工程施工环节,将人力资本投资转化成实实在在的生产力的体现。传统公路工程施工中机械设备的操控较多的依赖人力,施工工艺和工程质量的把握依靠的是现场施工员和操作手的观测和经验,但随着无人化智慧施工的应用,将施工过程数字化、平台化、在线化、可视化,根据路面施工标准,利用传感装置,将路面数据实时回收、动态监控,将动态化的过程模拟成数据,及时通过平台系统反馈,系统对照施工标准数据进行现场结果运算及时发布预警处置和设备运行调整,防止摊铺机出现摊铺速度和厚度不均,压路机出现漏压、超压和欠压现象,确保施工质量;改变传统的施工检测工艺,变对施工结果的检测为对施工过程的控制,防止出现大面积返工现象;智能化无人施工设备的应用还能够解放公路施工对劳动力的依靠,降低生产成本和生命健康投资,提高劳动效率,机械设备实现昼夜不间断施工,减少施工操作人员50%以上,提高施工效率30%以上,且将操作手从温度高、沥青味重的恶劣工作环境中解脱出来,降低经济成本,减少安全隐患和人为误差;无人摊铺作业过程流畅,摊铺的路面平整度高,压实效果良好,切实为沥青路面施工实现"安全、高效、精准、经济"提供了有效解决方案。

(三)树立素质教育、能力教育的理念

人力资本投资根本目的在于:使职工学习了解当代世界最新的、公路建设所必需的现代科技和管理知识,更新知识结构,改变思维方式,提高战略思维能力和科学决策水平,提高公路职工参加公路建设、管理的能力,提高职工的综合素质,培养具有创新精神和创造能力的高素质人才,这是时代发展的必然选择。还是以公路工程建设中无人化智慧施工为例,无人化施工是如何实现的?依靠的还是职工教育素质和专业技能素质的提升来实现的,将学习培训中学到的专业知识和日常施工中总结的施工经验转嫁到施工平台系统中,在路面沥青摊铺施工前,对无人化智慧施工系统采集的数据,通过精准建模和数据分析,对采集到的道路数据、施工需求等进行处理,调整规划出最佳的施工方案,自行设置摊铺机的运行速度、轨迹,压路机的碾压速度、震动力度、频率、碾压遍数、搭接宽度等各种参数,采用自动驾驶技术、3D自动摊铺技术、智能压实技术、可视化等技术指挥智能机群联动作业。在沥青摊铺过程中,无人智能机群借助基于人工智能、5G、北斗卫星高精定位等信息技术的激光避障雷达、红外线温度探测装置、激光测距传感器等智能化配件,智能导航,全流程数据协同,移动控制精度在5 cm以内,实现摊铺厚度控制精度达到毫米级,极大地提高了施工过程控制精度和质量。这些施工技术的应用考验的就是公路事业单位人力资本的存量和质量,也就是说哪个单位在职工素质和能力培养上做得更好,哪个单位就能在生产力提高上和最终的收益上得到的更多。

(四)树立终身教育的理念

人力资本投资(培训工作)是职工在就业岗位的一种继续投资,也是终身教育的基本形式,绝不能把培训当作一种权宜之计,而是应该当作一项长期的、系统的、不间断的工程来建设,贯穿于职工成长进步的全过程,逐步建立和完善终身学习体系。对于个人而言,也不能认为只要受过高等教育或接受过一两次培训就不需要再培训了,而要树立终身教育的观念,具有不断接受培训的思想准备,把学习作为终身任务,不断更新适应形势发展需要的知识体系。树立终身教育理念还会对职工产生不断地激励作用,通过继续教育培训,职工在不断接受培训的过程中逐渐理解并接受单位的价值观、事业观、发展观,有助于职工与单位在价值观、发展观、事业观上形成统一,增强职工对单位的向心力和责任感,这个结果产生于职工在接受新知识、新信息的过程中得到的丰富感悟中,这些感悟与职工的实际公路工作相结合，不断对员工在精神上产生能动的激励，引导职工将个人的发展目标同单位的事业布局相适应，形成良好的互动氛围，为推动公路事业单位行稳致远奠定坚实的人力资本基础。因此在终身教育理念下指导下加强职工培训工作，不仅可以提升职工的综合素质，让职工的专业技能得到提高，而且在不断激励员工对单位甚至行业的信心和工作热情上长期起到作用。

二、科学制定投资规划

一个单位人力资本投资规划的制定受多种因素的制约，在制定规划时，要根据本单位的实际情况，综合考虑如下5个方面的因素。①知识和技术含量。一方面经营管理的知识和技术含量高低决定着人力资本投资需求的多少，进而也决定着人力资本投资规模的大小；另一方面，经营管理的知识和技术含量高低不仅直接影响着人力资本的投资价值，而且也将通过公路价值对人力资本投资的敏感程度来影响人力资本投资的风险。②竞争能力的现状。竞争能力强则投资大。③财务支付能力。财务支付能力是制约其人力资本投资的重要因素。财务能力强则在人力资本投资方面的支付通常较多，反之，则可能由于支付能力的限制而影响人力资本投资规模，这正是为什么大单位在职工培训方面舍得花钱，而小单位却相对吝啬的原因所在。④领导层的态度。领导层的态度受单位历史传统、综合实力、领导层的学历层次、思维方式和对待风险的态度等多种因素的影响。若领导层在人力投资方面的态度积极，就会推动人力资本投资，扩大投资规模；反之，则可能会限制人力资本投资。要努力做到3个舍得：舍得花钱，严格列支、执行人力资本投资预算；舍得花时间，妥善处理工学矛盾，给职工以接受教训的时间；舍得花精力，决策者和组织者必须对人力资本投资投入一定的精力。⑤结构资本的状况。结构资本是指一个单位的组织类无形资产，它包括管理层的领导力、战略和文化、组织规则和程序、管理制度和措施、数据库和信息技术的应用程度、品牌形象等。若某单位领导层的领导力强、战略规划适当、文化氛围浓厚、组织规则和程序科学，则能够提高人力资本效率，促进人力资本投资；反之，则可能限制人力资本投资。根据以上分析确定的投资原则是：注重投入与产出的分析，合理、有效地配置资金，近期目标与长远目标相结合，理论水平提高与实践能力加强相结合，质量与数量并重。

第二节　建立人力资本投资结构优化机制

一、投资内容结构优化

在公路行业人力资本投资的形成过程中，人力资本投资各项目的作用是相互联系的，存在着一种互补性关系。在投资内容选择上，应根据它对本单位生存与发展的急需性、重要性、投资能力和形成无形资产的可控性四者之间进行综合权衡，选择最佳的投资内容。例如，在职工流动时，招聘录用工作做得细致充分些，职工的基本素质就可能比较好，培训时就可以起到事半功倍的效果。并且，在招聘录用人员时，多考虑职工的健康状况对公路行业人力资本的健康含量的影响，那么，在医疗保健支出中也可能节省费用，保持公路职工的工作效能不受健康状况的影响。如果能形成一套行之有效的培训制度，加大培训方面的投资，那么既可以培养适合公路特殊需要的人才，又能免去高昂的人才引进成本。若职工的健康状况良好，工作态度端正，对于具有一定知识技能的职工效能的充分发挥也具有不可忽视的作用。而通过教育培训和健康投资等形成的人力资本的价值实现和增值，往往要通过人力资本的流动来完成[62]。因此，人力资本投资项目之间的互补作用是非常明显的，在优化人力资本投资结构的过程中应予以高度重视。

二、投资主客体结构优化

（一）优化人力资本投资主体结构，保障经费来源

目前，公路行业的人力资本投资主体还没有真正实现多元化，投资主体主要以国家投资和事业单位自身投资为主，投资量不足。因此，在目前的人力资本投资难以满足公路事业及个人日益增长的人力资本投资需要的情况下，打破教育培训由单位单一投资的局面，引入多元化的投资主体成为发展公路事业的理想人力资本投资模式。要以多方筹资为基础，按照"谁受益、谁负担"的原则，建立合理的成本分担体制，健全人力资本投资工作保障机制。

就单位投资而言，公路事业单位前期的人力资本投资以国家投资为主，国家在人力资本形成前期，通过学校教育、文化卫生保健、科研项目培养等形式，利用国家财政资金培养职工具备基本的公路文化知识和简单的公路劳动技能素质，向公路事业单位输送基本层次的人才；人力资本形成后，公路事业单位的人力资本投资以单位投资为主，单位在投资上，一方面要正确确定物质资本与人力资本投资的相关联性，有一定的物质资本投资，就相应地匹配更高水平的职工，也就应该相应追加人力资本投资，一味地强调物质资本而忽略人力资本的投资战略不能产生均衡投资组合带来的收益，如为适应智慧公路建设需要，在基础设施建设上加大资金投入的同时，相应的，就应该匹配满足基础设施运行的高技术技能型职工，使其对物质资本的投资发挥增加效能作用，否则仅依靠传统的技工型人才不能快速的发挥互联网＋、5G等高精尖技术的作用；另一方面，要坚持按工资总额的规定比例提足职工培训经费和保健经费，专款专用，确保用于职工教育培训等人力资本投资工作。

就个人投资而言，要通过建立激励机制充分调动职工个人作为投资人的积极性。个人在人力资本投资主体中具有一定的特殊性，其特殊性主要表现在：个人在人力资本投资中既是投资费用和学习劳动的投入者，同时又是人力资本投资的承受者，个人作为人力资本承受者的投资收益能得到快速反应。单位作为人力资本投资者，投资结束后并不能快速取得劳动力所有权，需要通过投资客体在复杂劳动中劳动成果转化获得投资收益，而个人是因为将劳动过程和成果凝结于一身而成为人力资本的承受者，个人能直接获得劳动力的所有权，其在接受人力资本投资后能通过自己劳动力的提升，反映出人力资本投资的收益效果。个人投资的资金来源主要是工资，工资的取得来源于单位，个人将其工资收入的多大份额用于复杂劳动力投资，直接取决于单位的工资水平，因人力资本具有累积性和内生性，所以形成一个结论，越有钱的对知识的需求越高，越有知识的人收入水平越高。以烟台公路为例，在事业单位改革中，将职称竞聘与改革相结合，改变原有的职称评聘标准，实行职称分级量化赋分，拉开评聘差距，不仅增加了职工的收入，同时增加职工职称获取学习的积极性，职工工资收

入增加后,将工资中更多比例用于人力资本投资,形成良性循环,助推人力资本投资主体形成。

(二) 优化人力资本投资客体结构,实现协同发展

实践证明,即使人力资本投资总额比较充裕,如果缺乏合理的投资方向,即对投资客体选择不当,比例不当,造成人力资本投资的浪费,不仅不能有效地促进公路事业的发展,反而会成为公路事业科学、和谐、率先发展的阻力。在选择人力资本投资对象时,要做到以下几点:①根据公路事业发展情况确定投资对象。公路发展的不同阶段,对各种人才有不同的需求量,存在一定的协调关系,具体的数量随不同的经济和公路发展环境变化。一般而言,公路教育培训所占的比重,随着公路事业的发展,科学技术和社会经济的发展水平而提高。对一个地区而言,客体的状况与当地经济和社会发展及公路事业发展紧密相关,对经济发展速度相对较快的地区,高等级技术人才和管理人才的需求旺盛,以培训这类人才为主要目的职业培训成为这个地区人力资本投资的主要特征。②根据工作职位确定投资客体。要了解该人力资本要在哪项工作上发挥作用,并且了解这项工作的特点,确定完成这项工作所需技能、能力、知识、任务、责任和职责,这就是工作职位分析。如果不分析或分析出现偏差,导致聘用了不合适的职工,就会造成人力资本投资的浪费。总之,人力资本投资客体结构要与当地公路事业发展相协调,其标准是投资的人力资本能否满足发展需要,如果发展不协调,说明已造成资源浪费,就必须进行调整。

第三节 建立人力资本投资需求分析机制

需求分析是开展人力资本投资的基础,科学、全面地进行人力资本投资需求分析是公路事业单位系统地进行人力资本投资的首要环节,直接关系到其后各环节如投资内容、投资评估等活动操作是否正确有效,准确的投资需求分析也有助于实现人力资本投资目标,因而也是公路事业单位取得预期人力资本投资收益的保障。

公路事业单位应从本单位整体战略发展层面、工作层面和核心职工个人层面进行人力资本投资需求分析,进行有利于职工知识、经验及技能提升的各种人力资本投资。而在这3个层面中,工作分析是公路事业单位确认其核心职工人力资本投资需求的最根本基础。因此公路行业事业单位要想准确地确认其人力资本投资需求,必须对关键岗位进行全面、有效的工作分析。以培训工作为例,培训内容一定要服从培训需求,具有针对性和实效性。

一、及时准确地收集掌握培训需求信息

在计划与实施两个不同的层面通过调查走访或问卷调查的形式,进行培训需求调查。在制订培训计划前,充分听取参训对象及其所在单位对培训内容、形式、师资等方面的意见;做好跟踪调查,及时了解对新举措、新内容的反应和对授课者的评价;进行综合调查,每年就职工培训工作广泛征求意见。调查做好后,要将单位需要、个人需要与培训战略需要结合起来,进行综合分析,建立专家咨询制度,在培训决策前咨询专家的意见,以保证培训计划

的科学性、提高培训计划的实施效果。

二、根据职工个人培训需求确定培训内容

目前，公路职工培训内容需求表现出多样化的特点，即对智慧公路应用中科技信息知识的需求多，对推进改革和发展所需知识的需求多，对参与竞争所需知识和技能的需求多，对管理、金融、法律法规等知识和技能需求多，对理论与实践相结合的需求多。对烟台公路的调查显示，职工自认为需要提升的能力依次是：创新能力（43.3%）、发现和解决问题的能力（43.1%）、组织协调能力（41.7%）、沟通能力（36.5%）、人际交往能力（34.6%）及领导能力（26.8%）；在工作技能方面，需要的培训类型是：智慧平台应用（39.6%）、沟通技巧（57.7%）、公文写作（43.3%）、演讲技巧（22.7%）、时间管理（19.2%）。据此，要从提高职工学习能力、应对能力、竞争能力、决策能力和创新能力等方面来设计和安排培训内容，区分不同层次、不同对象，把智慧公路建设的需求、本单位用人方面的需求和职工本身的需求有机结合起来，使培训做到按需施教，有的放矢。

三、根据形势发展要求安排培训内容

把党的最新理论成果和交通强国建设规划纲要中智慧公路发展要求，作为职工培训的基本内容，做好智慧公路新基建下，新材料、新工艺、新技术、新规范在公路规划、建设、养护、管理等各个环节的推广应用以及内容的拓展。随着形势的发展，培训应不局限于某个业务方面的知识，对一些基础性的知识，如公文写作、新闻报道、摄影摄像、智慧公路应用场景等，要向全员普及；对一些业务知识，也不能路政只限于路政，养护只限于养护，而是"工作上有协调，则培训上有交叉"，拓宽知识面，要形成"三位一体"甚至"多位一体"的培训新格局。要随着科学技术的发展和"十四五"时期公路事业发展的进程，把公路建设中遇到的重点、难点、热点问题作为职工培训的内容，突出岗位技能培训、扩展个人能力培训和服务意识培训等3个方面的培训，使职工培训从政治理论型向综合素质型转变。

四、量身定做计划，提高培训针对性

对各岗位的基本信息进行充分研究。明确岗位的工作职责、工作内容、工作流程及所必须具备的知识与技能等，根据各岗位的具体工作职责量身定做岗位培训计划，提高培训的针对性，分析岗位是岗位培训工作的基础。

五、瞄准长期，规划分析

细化中长期发展规划与目标。了解公路行业的中长期发展规划与目标，并将其细化到各个工作岗位上，明确各个部门、各个岗位的具体要求，以研究交通强国建设刚要为例，要瞄准智慧公路的建设，把准在基础设施建设上的智能化完善，根据创新型人才培养要求，做好公路人才引进与培养长期规划。

六、建立职工详细的人力资本信息系统

建立人力资本信息系统。信息系统应包括所学专业、接受过的培训、考核合格后目前具备的技能、知识结构等内容。将其与岗位的具体要求相比较，找出差距，这样培训需求就十分明了。以烟台公路为例，近年来，将职工人力资本相关情况统一录入烟台"智慧公路综合服务平台"，通过平台的学习培训模块和基本信息查询模块就能够非常便捷地查询到职工参加培训的类型及所掌握的专业技能，从而针对本单位职工素质进行综合分析，有针对地制定培训计划，达到查漏补缺，织密职工综合能力网的目的。

第四节　建立人力资本培训方法创新机制

目前，公路职工在人力资本培训中的主导意识、质量意识、效益意识不断增强，尤其是对现代培训方法和手段表现出浓厚兴趣，加之受疫情影响，培训时空条件受限，传统的培训方法和培训手段必须进行创新。这就要求在教育培训投资中，突破传统的培训方式，积极探索适应公路职工特点的培训方法，把读书学习与研讨问题结合起来，把课堂教学与实践锻炼结合起来，把传统教学方法与现代教育手段结合起来，把组织培训与个人自学结合起来，把云端教学和线下实践结合起来，增加培训的开放度，提高培训的层次和质量，增强培训的效能。

（一）探索个性化选学

以职工需求为导向、以精学管用为原则，实行个性化、差别化培训，探索适应公路职工专业化、多样化、多层次学习需求的培训组织模式。例如，构建培训超市，推广"菜单式"教育，让职工"吃什么点什么""需要什么学什么"，解决过去培训中的"一锅煮"现象。

（二）实行分组织层次、分岗位类别培训

对各单位主要领导，要着眼于提高他们履行岗位职责所应具备的政治和业务素质，提高他们战略布局能力、驾驭公路发展新形势和智慧公路新基建的能力；对中层干部，主要采取任职资格培训和工商管理知识培训相结合的办法，着重提高他们的现代化管理能力；对于专业技术人员，主要采取知识更新培训与科研项目转化培训相结合的办法，着重提高他们基础理论研究和技术革新能力；对于普通职工，主要采取岗位基本技能与公路文化培训相结合的办法，着重提高他们的大局意识、服务意识和应付突发事件的能力。

（三）探索互动式培训

大胆借鉴现代培训新理念，改变过去那种"教员讲、学员听、满堂灌"的单向封闭式的传授模式，创造条件增进职工与教学之间、职工与职工之间的交流互动，增强教学吸引力。

（四）探索信息化培训手段

充分利用电化教学、多媒体教学、远程教学、网络教学等技术手段，突破"时空"对职工培训的限制，解决工学矛盾，扩大职工培训范围。整合现有网络资源，推进职工"在线学习"，为职工搭建终身学习和岗位自学的平台；如果全国设一个网上公路资料库，以网站为依托，建设内容丰富、方便快捷、覆盖面广的"网上培训班"，充分利用辖区内的高等院校、科研院所聘请一批实践经验丰富、理论水平高的专家、教授、领导担任兼职网上教师，有计划地安排上网授课、辅导、答疑，将更能满足职工的网上学习需求。

（五）学用结合

要改变职工培训与实际工作脱节的状况，达到学以致用的目的，就要注重培训中的实践环节，把培训作为一种持续性的、贯穿于职工职业生涯全过程的活动，把培训的空间拓展到岗位现场，实现培训工作由知识灌输向提高能力转变。

以烟台公路职工培训为例，一是变线下集中为云端选学，打破培训时空限制。结合疫情防控需要，探索职工教育培训信息化新模式，依托智慧公路综合管理服务平台，开发公路学堂模块，将公路建、养、征、管、服各个领域的公路专业知识和传统文化、医养康健、道德讲堂等文化搬上云端，职工只需通过登陆自己的账号，就可根据需求和兴趣，选择自己需要的课程，既满足了职工对于公路专业知识的需求，又达到了个性化定制培养人才的目的。二是变要我学为我要学，提高职工学习主动性。依托新时代公路文化创建，探索"文明创建+"培训互动模式，积极探索迷彩行动、道德讲堂、拓展培训等互动式培训新模式，将传统的专家讲座变为探索建立专综结合、一体联动、可操作性强、职工参与度高的若干互动式培训新载体、新平台，提高职工的参与广度和参与积极性，让要我学变为我要学的自觉动力。三是变知识漫灌为以赛促学，提升知识成果转化效率。广泛开展知识竞赛活动，以赛促学、学用结合，结合培训中的重点知识环节，围绕实际工作中质量、安全、廉政、进度、创新，积极搭建业务管理实践平台，以路域环境综合整治、资产运营、文化建设等工作为重点，采用试点推广、示范带动、现场观摩等工作方式，广泛开展劳动竞赛，引导干部职工将培训所学各项技术创新、管理创优、服务创优知识落地生根，切实转化成争创一流、干事创业的强劲动力。

第五节 建立人力资本投资的绩效评估机制

在企业人力资本投资实践中，虽然有的企业把数百亿美元都投入培训上，却很少花费资金来对这些投资进行社会效益和财务收益的评估，使投资者难以对各种培训技术的影响进行评估或概括，影响了决策者的下步投资决策[63]。公路事业单位要借鉴企业的经验和教训，建立人力资本投资绩效评估机制，全面系统地对其人力资本投资绩效进行考察和评估，把每年用于人力资本的支出及取得的效果作为单位考核的重点。评估包括对项目本身和人力资本投资效益两个方面的评估。人力资本投资项目评估有助于确定公路事业单位人力资本投资目标的达成，可以帮助诊断包括投资内容、形式、成本及费用等在内的投资各要素的优缺点，为改进投资效果提供依据。由于人力资本的产权属性，公路事业单位在进行人力资本投资后，投资能否取得预期收益，在很大程度上取决于职工的能动性和积极性。因此，全面系统地投资评估可以早些发现问题进而采取对应的措施，减少收益的不确定性。

全面系统地进行人力资本投资效果评估，首先要结合人力资本投资目标建立评估指标体系。系统化的评估指标体系应包括定量指标和定性指标，以对人力资本投资进行定量分析和定性分析。在确定了人力资本投资评估指标之后，公路事业单位还需要选择合适的模式来展开评估。此外，还可以对其人力资本投资效果进行信度和效度测评，以检验投资的有效性。以教育培训工作为例。

一、公路事业单位方面的绩效评估

评估其绩效要建立质量评估和认证制度，对组织者的培训质量、效果、战略、基地等方面的情况进行考核评估。培训质量评估，即在完成培训课程后，组织职工对课程内容、课程安排、教学方法、讲授质量等进行评估，提出改进建议，作为组织者向培训机构反馈教学质量的依据。培训效果评估，是在完成培训课程后，组织受训职工对培训质量进行综合评估，向其工作单位了解培训产生的实际效果，提出改进建议，作为调整培训计划、反馈培训效果的依据。培训战略评估，是以召开专家会议的方式，评估全局性的培训策略、培训管理及效果情况，形成评估及建议报告，作为制定培训政策、加强培训管理的依据。培训基地评估，是指通过对培训基地的教学设施、师资力量、服务质量等软、硬件资源进行评估，筛选出最为合适的培训基地。

二、职工方面的绩效评估

在建立公路行业人力资本投资的绩效评估机制时，不仅要考查职工的工作态度、工作业绩，还应把是否主动参加教育培训及其实际效果作为重点考核内容。公路职工培训的评估标准可参考可卡帕切可提出的4项标准：学员的反映、知识标准、行为标准和工作绩效、成果。这4项标准可以从不同的侧面提供培训信息。在评估时应将这4项标准结合起来使用，检验培训项目是否符合公路行业的实际需要。

三、财务表达

在每年或每月的收益分析中，把人力资本投资的成本与收益的关系从其他成本与收益的关系中剥离出来，就会发现这种培训成本带来的收益是丰厚的。如果一次成本投入的培训没有一定的收益，不应否认培训本身的作用，而应从培训的方式方法，从本单位或职工身上找原因，不断调整完善培训计划以提高培训的绩效。

第六节　建立健全人力资本投资的激励约束机制

没有激励就没有动力。公路事业单位只有制定落实有效的激励措施，将人力资本投资与激励（职工的晋升、职业发展前景等）相联系，使核心职工的目标与公路事业单位的目标相一致，才能从根本上调动职工的积极性，提升职工的工作满意度，激发其创新绩效，增强公路事业单位人力资本的稳定程度，最终实现人力资本投资的最大效益。

一、机会激励

科学技术的飞速发展使职工个体原有的知识结构和含量迅速老化，相应的人力资本迅速贬值，职工为了不被竞争浪潮所吞没，必然会强烈要求尽快增加自身的价值，必然会高度重视个人专长和获得知识更新的机会。无疑，机会激励（包括知识及技能培训、深造教育、技术交流等）将是职工非常渴望的一种激励方式。机会激励可通过建立核心职工职业生涯规划来实现。所谓职业生涯规划，就是公路事业单位在尊重职工的前提下，帮助职工确定个人发展目标，并提供职工在工作中改善职业素质的机会，使公路事业发展目标与职工个人发展目标协调一致，建立事业单位与职工间的双赢关系，进而结成利益乃至命运共同体。这也是使岗位与职工合理匹配的有效途径。职业生涯规划是公路事业单位对其核心职工进行人力资本投资管理实行有效控制的一种有效手段，可以帮助单位赢得大量的高潜质的核心职工对单位的忠诚感，使他们在现在的职位上更有效地工作。

二、物质激励

主要靠人力资本投资客体的成本补偿制度来实现。由于进行人力资本投资需要耗费大量的时间和金钱，而公路职工个人精力、财力有限，虽然人力资本产权天然归属于个人，但公路事业单位拥有其使用权和支配权，因此公路事业单位不仅要对公路职工进行教育培训所用的直接成本进行补偿，还要对其机会成本进行补偿。职工的机会成本包括两个方面，物质方面和非物质方面。物质方面包括奖金、福利的减少、工资的折扣等；非物质方面包括进行培训错过的评估升迁的机会、时间精力的投入。在欧洲一些国家，职工培训已被看作是职工的权利。比利时安特卫普省规定，公务员在业余时间参加培训可以享受不超过120小时的假期补贴；法国公务员有专门的职业培训假期，假期最长可达3年，第一年可拿85%的工资。西方国家公务员培训的制度化、规范化值得公路事业单位借鉴。从具体实施途径上来说，公路事业单位一方面应尽力保障职工培训期间的福利待遇和固定的工资额，以及职工的职位，为职工的培训提供良好的前景，杜绝"前景没有看到，现景已经丢失"的现象，免去职工的后顾之忧；另一方面还应根据职工接受培训后的工作表现，给职工加薪，并提高相应的福利待遇，与那些没有参加培训的在经济方面拉开差距，从而让职工参加培训具有动力，提高培训效率。

三、权力和地位激励

权力和地位激励是指赋予或承认主体在其职责范围内支配和指挥的力量，使其赢得某种地位和尊重，增加个人效用的满足，有利于提高人力资本准入的积极性。正如马歇尔指出的，"最刺激一个人精力和进取心的，无过于在生活中提高地位的希望。这种希望甚至给他以压倒一切的热情，而这种热情使他对求得安逸和一切普通的愉快的愿望都远不足道了[64]"。对于公路事业单位的核心职工来说，他们也同样具有掌控权力，提升自身社会地位的强烈愿望。由于公路行业在薪金方面相对的稳定性，职工基本的生理需要和安全需要已得到满足，根据马斯洛的需要层次理论，职工最需要的就是得到社会地位及尊重以及实现自身价值最大化。一旦核心职工感到在本单位得到了充分的信任、尊重，将极大地减少其不利于本单位行为的发生。在实际工作中，要将培训与职工晋级评优、职业前景相联系，给予职工较大的非物质方面的收益，从而促使职工在培训过程中充分发挥主观能动性。应完善培训结果的使用，将培训结果与职称、干部使用等挂钩，建议实行"不培训、不提拔"，以及奖优罚劣制度，明确奖惩措施，严格奖惩兑现，把动力和压力结合起来，激发职工学习的主动性和自觉性。

四、情感激励

与物质资本不同，人力资本的载体是活生生的人，而人是有社会性的，在获得基本物质生活满足后，对感情满足的需求甚至超过对物质的需求。这也是导致现代企业中的职工，特别是核心职工因情感不和而离开原单位的事件层出不穷的原因。感情系统的核心是组织与组织成员之间的感情，其最终目的是为了让组织与组织成员的情感纽带成为公路事业单位的一笔财富，组织与组织成员彼此之间形成一种强烈的吸引力和自豪感。公路事业单位必须重视高层管理者与职工、职工与职工之间的感情投资，必须对职工信任、爱护和关怀，塑造和谐的工作和人际环境，增强职工对公路事业单位的归属感，形成强大的凝聚力，进而激发创造力。

在新时代下，人们的思想观念发生巨大变化。因此企事业更应实行人性化管理，注重职工的心理和现实需求，使企事业单位和职工的目标一致，调动职工的工作积极性，激发员工的潜能，推动企事业单位的发展。

第七节 建立核心职工人力资本投资的风险防范机制

公路行业企事业单位每年都要投入大量人力、物力、财力用于职工各级各类教育培训及职工流动等，这是充满风险的。实际上，凡是人力资本投资过程中引起效益不佳的投资行为、环节、措施，都可以看作是人力资本投资风险，第四章已论述了人力资本投资风险产生的原因，在此将根据目前公路行业企事业单位的现状，主要针对核心人力资本的流失风险探讨其防范措施[65]。

一、核心人力资本流失的影响

公路行业核心人力资本在技术和管理上具有特长，他们凭借自身价值为单位创造更高的价值，在单位中发挥着中坚和骨干的作用，是公路行业发展的坚实基础和创新驱动，其高离职率会带来负面影响。

（一）正常工作中断

目前，很多公路行业企事业单位面临核心人才流失带来的困惑。核心人力资本具有不可替代性，尤其是他们在技术、知识、管理经验及工作中积累的人脉关系，在短期内是无法替代的。核心人才离职，在某个环节上中断或衔接不当，工作上轻则延期，影响工作效率；重则停摆，前期投入打了水漂，造成不可估量、无可挽回的损失，这势必会影响单位的整体运作，对公路事业的发展造成不良影响。

（二）人力成本增加

核心人力资本流失后，重新规划、招聘、考察、培训、培养等显性成本必然增加。如果是一个管理型团队，一旦某个核心人物离职，团队也要重新配置，重新培养新人，重新拟订方案，重新探索模式，时间成本、物资成本、金钱成本都要大幅增加。

（三）职工流失率增大

核心职工离职，很多情况下会有蝴蝶效应，这也是核心人力资本的影响力决定的。离职职工的想法会直接或间接影响到其他职工，尤其是其他核心职工，导致军心涣散，工作效率下降。当职工对单位的忠诚度下降，必然会影响在岗的态度和价值判断，就会影响到职工群体，最终人心浮动，不论是核心职工还是普通职工，都会产生离职倾向，加剧人力资本流失率。

（四）公路文化建设削弱

如果公路核心人力纷纷离职，在团队文化建设中会产生严重的冲击，尤其是其跳槽到更好的单位，或者是薪酬高的企业，或者是稳定有发展前途的政府机关，或者是工作压力小的事业单位，其他职工会对自身文化产生怀疑，怀疑本单位文化的价值，而且一旦怀疑就很难消除，从而导致公路文化慢慢对其影响力变弱。

（五）单位形象受损

核心人力离开原单位，或多或少都会对原单位有一定的不满。在他日常的工作生活中，可能自觉或不自觉地表达一些想法、意识和观念，含有一定程度的不满，这样的评价虽然不全面，但是其传播力非常强，使单位形象大打折扣。这种评价多了，还会影响到单位外同类核心人才的判断，使他们望而却步，严重影响核心人力资本的重新招聘。

二、核心人力资本投资风险防范机制

公路行业企事业单位要强化风险意识，加强对人力资本投资风险的管理，注重核心人力资本预测、预警、会计核算评估等工作，在人力资本管理流程的各个环节中设置人力资本投资的控制机制，将各种不利人力资本投资、作用发挥不大、收益不高的因素，在对其逐步管理的过程中加以化解，充分调动职工的工作积极性，减少职工特别是核心人力的流失。

（一）慧眼识人

首先，选择低风险的核心人力。公路行业单位在获取人力资本时要从严把关，严格选择，避免因聘用不合适职工而造成人职不匹配和无效人力资本投资风险。其次，根据风险程度投资。要区分通用型和专用型公路人力资本投资，在其他条件相同的情况下，具有特殊专用技术的核心人力由于其专用性，构成了较高的"退出壁垒"，对于投资单位而言，具有更大的稳定性。投资的劳动技能的专用性越高，获得收益的可能性越大，外溢的可能性也越小。因此，对于专用性较高的投资，可以全部负担其费用以激励其提高技能。在对一些通用型技术或管理岗位进行较大投资时，应选择那些具有较低风险的职工作为投资对象。要考虑职工的忠诚度，即其人是否能为我所用、其人能否成才。对不能为我所用之人进行投资，不但损失了投资成本，得不到预期的回报，甚至可能为竞争对手培养人才，削弱自身实力。要想有效地识别出具有较高素质及忠诚度的职工，就要建立科学的人力资本投资对象测评机制体系，运用公平、有效的人事测评技术为公路企事业单位选择高素质的投资对象，尽量将人力资本投资风险规避在本单位之外。要重视学习型组织的建设，通过提高职工素质来缓解由委托——代理产生的道德风险，培养核心职工忠诚、团结的精神，从而降低人力资本外流的风险。

（二）激励留人

这主要是关注激励的公平性。激励的作用再大，也要通过公平性才能显现出来，否则只能起反作用。这是因为人们总是在不断进行比较：与同等级比较，与不同等级比较；与内部职工比，与外部职工比；与同行业职工比，与不同行业职工比。一旦当某核心人力发觉自己的付出与获得的激励在与他人相比明显不如时，便会产生强烈不满，从而此后或留在原岗位上敷衍度日，或积极主动地寻求机会另谋高就。一是公平的薪酬体系。要遵循薪酬设计原则，体现公平性、竞争性、经济性、激励性、合法性。公路行业企业单位要参考市场上对应岗位的薪酬水平，使核心人力在相对价值比较中得到满足。公路事业单位要在绩效浮动考核中，体现核心人力的重要地位，使其感觉付出与获得相应。二是弹性的工作设计。对于那些本身具有在内部流动倾向的核心职工，可以提供内部岗位流动的方式满足其个性化需求，实现自身价值。或者为他们提供富有挑战性的工作，使他们在一种积极向上、又轻松自由的环境中工作，体验工作的成就感和满意度。三是完善的福利制度。改善办公环境及硬件配置，如办公环境的照明、噪声、色彩、温湿度等具体细节性环境因素对核心人力的满意度尤为关键。完善福利待遇制度，为核心人力提供良好的就餐保障、工休、午休保障和文化生活待遇，以增强行业归属感。保障休假制度的落实，为核心人力提供良好的健康及保健投资，可采取定期体检的方式，早发现早预防早治疗，规避健康风险。可开展工间操、趣味体育比赛等活动，强化体能训练，增强身体素质，减少核心职工健康风险的发生，吸引和激励核心人才。四是恰当的地位激励。要增加核心人力的晋升和培训机会，为核心人力创造成长和发展的空间。在晋升方式上，可以"阶梯晋升"，也可以"破格提拔"，让成绩突出者有成就感，让普通职工学有榜样，树立一种"有为才能有位"的价值导向。要为核心人力设计职业生涯规划，建立核心人力职业表现发展档案，设计切合实际的个人发展道路，包括个人情况、阶段性目标及为实现目标所需要的技能等条件，营造单位与个人共同成长的组织氛围，使核心人力清楚地看到自己在单位中的位置，知道自己前途未来可期，理想能够实现，才能与单位同呼吸、共命运，不起离职的念头。可适度授权给核心人力，让他们承担更大的责任，拥有更大的自主权、决策权，让核心人力体现核心地位和核心价值，更容易有效地实现组织目标，又可以有效地吸引和留住人才。总之，无论是采取薪金激励，还是地位激励，都必须非常重视激励的公平性，这是激励的标准和尺度，只有把握好这一尺度，并尽可能使各种激励与绩效紧密挂钩，才能获得激励的效用。

（三）沟通敬人

建立公路行业单位内部有效的沟通机制，通过良好的沟通，尊敬职工，消除误解，及时纠偏纠错，降低核心人力的离职率。一是通过沟通化解离职因素。有资料表明，国内超过八成的 IT 企业员工对自己的企业没有好感，如果有更高的薪水和更好的职位，近六成员工随时准备跳槽。虽然这种现象在公路行业单位没有这么严重，但也有很多职工表示，对本单位或某个领导、某种制度，没有好感。制度和人都是好的，问题基本都出在沟通不畅或无效上。实际上，沟通是一种很好的方式，可以达到领导和职工的相互了解，使单位的决策很快地被理解、接受和执行。核心人力因其思想文化程度较高，对沟通的要求更为迫切。因此公路行业单位要了解核心职工的需要，稳定他们的情绪，让他们真正感受到自己是单位的一分子，形成共同的奋斗目标，发挥最大潜能。除了指令性制度与正式沟通外，充满人情味的谈心、座谈等非正式沟通对核心人力更为有效。非正式沟通没有正式沟通的层层传达，信息传递环节少，可以化解核心职工心中的不安、不满、烦躁、气愤等不良情绪，使员工自尊心得到满足，更能得到认可和接受，沟通起来卓有成效。二是通过沟通挽回离职职工。职工提出离职意愿后，单位要认真对待，进行包括面谈、访问、调研、问卷调查等方面的沟通，了解离职原因，分析管理失误，及时有效采取防范措施。在沃尔玛公司，主管和人力资源部对任何要离开的职工都会分别进行挽留面谈，找出离开的原因并进行记录。各部门的离职率也被进行统计，公司对离职高的部门进行调查，对一些关键职工的离职，公司每 3 个月进行一次回访，了解他们的情况、困难、意见等，不少职工都是离开后又重新回到了公司。在挽留职工的过程中，分析倒查管理中的漏洞、短板，制定切实可行的措施加以解决，将有效沟通的过程当作提升管理的过程来做，可以极大地促进单位管理，改善单位的用人、留人政策和内部人力环境。

（四）团队育人

正是因为核心人力资本具有不可替代性，所以要有意识地制造替代性，通过打造高质量团队来化解风险。一是核心人力 AB 角制。对核心职工进行 AB 角管理，在明确工作职责、规范管理关系的基础上，设定需要 AB 角的岗位。规范 AB 角产生程序，本着"好中选优"的原则，确定 AB 角岗位合适人选，明确第一责任人（A 角）由考核选拔产生，第二责任人由单位或团队择优安排。要明确 AB 角的履职目标，准确定位。特别是 B 角，目标过高、过大、不切实际，就会成为空中楼阁；而过低又没有压力，难以激发他们的潜能。在 AB 角设计过程中，要客观定位，帮助他们客观分析个人的实际情况，围绕思想进步、岗位技能、学历提升、兼岗能力、创新能力等方面，制定切合实际的角色目标。要加强管理知识和技术技能培训，充分发挥"师承之道""以老带新""传、帮、带"等活动载体的作用，由 A 角制定切实可行的 B 角培训计划，经团队认定后组织实施。要强化考核，明确 AB 角责任人在工作中有关失误、延误、负面影响等的追责机制，采取自我评价和团队考核相结合的方式，B 角每月对履职情况进行自评，A 角对 B 角的工作做出评价，作为绩效考核的依据。在此基础上，单位每年对 AB 角的技能和工作情况进行评价，做出晋级决定，激发职工岗位成才的积极性。通过实施 AB 角，既能保持单位工作的连续性、系统性和完整性，又能有效促进团队的高效率运转，还培养了后备核心人力，提高了团队的综合素质。二是实行核心技术分散机制。为了赢得较稳定的投资收益，可采取分散投资的形式，使作为人力资本投资载体的核心职工只拥有专用性投资中的一小部分，从而形成对该单位的强依赖性，进而降低投资风险。对于技术开发项目应运用工作团队来完成。在不妨碍技术开发进程的前提下，将技术人员与技术资料细分到尽可能低的限度，使不同的技术人员接触到重要性不同的部分，从而防止技术的全部泄露。对于某些重要、业务量大的部门，要建立相互监督制约的工作分担机制，由每个工作人员具体承担一部分或一个环节，获取业务的某些重要环节和关键权力应由单位统一管理负责。三是建立核心知识库。人才的流失是无法控制的，而发明、创造及处理问题的方法、经验、模式等则可以保留下来。因此，公路事业单位应将核心职工（重点培训过的）的知识汇集成一个知识库，由技术人员知识记录和管理组成，要求技术人员边开发边写文档，记录开发的全部过程，并将该文档记录及时存库，由专人严格保管，制定严格的保密制度、查阅制度。四是建立核心人力后备库。实行人才储备制度，对于重要岗位上的风险度较高的人员（如不满经营管理方式、有另谋高就的迹象、身体状况不好等），单位应考虑使用专用人才备份的形式进行风险管理，以关键职位为重点，建立系统的人才信息库，通过 AB 角、轮岗、在职培训等方式，使更多有潜力的后备人才能够熟悉现有核心职工的工作，以便在核心人力发生状况不能到岗时，马上成为接替人选，迅速交接核心工作，确保工作秩序正常运转。

（五）契约律人

契约是投资获益的基础。一是合同式契约。由于核心人力的技能是附着在个人身上的，为哪个单位服务，则哪个单位受益。对多个单位来说，人力资本投资的结果不仅可以使拥有该职工的单位增加边际产出，而且也可以使其他单位增加边际产出。为此，要引入契约精神，增加不守信的违约成本。投资单位可建立成本制约制度，以培训前的工资扣除培训费的方式把培训成本转嫁给受训职工，从而保障自身的利益。如果由投资单位支付培训成本，则可以与受训职工签订正式合同，特别是一些培训周期长、花费大的培训，要在合同中明确出资方法、服务年限、赔偿方法和金额等相关条款，以法律的严肃性、权威性，增强核心人力的自身压力和责任感，以便回收培训投资成本，防止人才流失。二是心灵契约。随着市场经济的发展，创新时代的到来，核心人力受教育程度越来越高，综合素质越来越高，仅靠一纸契约的办法很难从根本上解决人才流失的问题，这就需要一个"心灵契约"的高层次要求。"心灵契约"是美国著名心理学家施恩（E. H. Schein）教授提出的，主要观念是，企业能清楚每个人的发展期望，并尽力满足他们；每个人都为企业发展做出全力的奉献，因为他们相信企业能实现他们的愿望。企业发展与员工成长的满足条件虽然没有一纸契约的实在呈现，而且因为是动态变动的，也不可能加以载明，但在管理企业与员工的行为时，却又确实发挥着一种有形契约的影响，制约和规范着企业管理者和员工。"心灵契约"会在企业员工中形成共同的价值观、信念和行动准则，它影响着员工的偏好与行为，代表了企业内的行为指针。这与企业文化有着异曲同工之妙，实际上也是企业文化的题中应有之义。

（六）文化润人

核心人力流失，大概率是因为没有融入本单位文化或不认同本单位文化。换言之，公路行业单位没有让职工对本单位产生忠诚的文化浸润和渗透，他们往往是权衡再三，选择离开。这也从一个侧面说明了文化落地的难度和重要性。文化是软实力的理念，虽广为人知，却很难做到。做不到，则这个单位的价值观和理念，无法引领职工的思想，无法规范职工的行为，无法助力单位的发展。做得到，则能充分调动全体职工的生产积极性和创造性，产生巨大的凝聚力和归属感，增强职工的忠诚度，从而降低核心人力流失的风险。因此，要注重对核心人力的文化培育，组织一些针对核心人力的座谈会、茶话会、分享会、研讨会、联欢会等文化活动，将文化理念"化"在心中，滋润心田。要注重针对核心人力的培训，无论培训哪个内容，哪项技能，都要重视对文化的宣传培育，将单位价值观作为灵魂，将文化的内容贯穿培训始终，通过对单位文化理念渗透，凝聚人才、成就人才。如果忽视了对忠诚度的培育，无论出多高的薪酬，核心人力都有可能被其他单位挖走。

（七）数据知人

众所周知，现在已是"大数据时代"。"大数据"是继"云计算"、物联网之后的又一次颠覆性技术变革，将对国家治理模式、企业经营决策、业务流程及个人生活方式产生巨大影响。核心人力资本的发展也成为"大数据时代"背景下的热门话题。一是树立大数据思维。公路行业企事业单位在对待核心人力资本流失问题上，要有数据意识，未雨绸缪，积极应对"大数据"的新挑战，形成"用数据说话、用数据决策、用数据管理、用数据创新"的思维和理念，注重逻辑分析和数据决策，改变重经验轻数据、重直接数据轻关联数据和互动数据等决策方式和思维惯性，从更全面、更宏观的角度看待问题，借用海量大数据信息，抓主要矛盾，找基本规律，为决策提供支持。二是依托智慧公路建立大数据库。目前，很多公路企事业单位都在"智慧公路"建设方面进行了有益的探索，迈出了可喜的步伐。所谓"智慧公路"就是借助通信和互联网、云计算、大数据、人工智能等新一代信息技术，实现公路行业的协同管控和创新服务，促进路网科学管理、高效运行和优质服务的新理念、新模式。如果把智慧公路看作是一个能思考会表达的"人"，数据处理中心就是智慧公路的"大脑"，辅助公路行业管理者做出决策，实现人、车、路和环境的和谐统一，最终使公路运行高效、安全、绿色。目前，"智慧公路"收集、处理的数据大多为建设、养护、管理等业务数据，人力资本的数据还不成系统，不健全、不完善，这方面的操作大有文章可做。可在"智慧公路"的大数据库里设置人力资本投资分支数据库，建立职工信息管理系统，设置满意度、缺勤率、离职率等关键指标的相关原始数据统计，分析大量杂乱无章、非结构性的数据并找出规律，再进一步分析人力资本数据库与"智慧公路"大数据库的相关联性，为核心人力资本投资做出实时监控、趋势分析、事件预警、应急调整等全方位辅助支持。三是准确分析数据。提炼关键指标，以核心人力满意度、敬业度、服务对象满意度、团队协作与压力、出勤率、工作效率等为主要指标，分析缺勤与工作效率、敬业度与工作效率、核心人力绩效与薪酬之间等变量之间的关系。开发预测模型，设立临界点，预测核心人力资本的流失倾向。测量核心人力资本投资项目的影响、学习收获、学习转换、业务影响和投资回报率及与离职率的关系。预测健康关怀规划的投资回报率与核心人力对单位满意度的关系等。通过统计分析，研究相关关系和因果关系，及时调整投资方向、目标、规模，发现可能造成重大影响的风险，要采取相应的措施来应对。四是描述性数据。这对人力资本投资管理者提出了很高的要求，核心人力都有哪些爱好？密切关系者是谁？朋友圈有谁？有哪些传闻轶事？这些鸡毛蒜皮的事情，可能都与他是否离职有关。可在不侵犯隐私的前提下，关注核心人力的相关信息，并记录备案，作为描述性数据，从中找到有效性的趋势，作为判断核心人力资本忠诚度、职工稳定性的参考。五是借鉴社会数据库。目前，政府与社会也在综合诚信方面探索建立大数据库。有的城市在发现企业因灵活用工趋势引发的信任危机和信用风险后，创建了以"职业信用评价"为核心的综合诚信创业就业服务平台。这个平台聚合人力资本生态服务能力，以大数据、区块链技术为支撑，通过企业与职工的信用互评机制形成大数据，使双方"职场诚信"能够积累和增值，形成用工市场的"信用通行证"，既提高管理者和求职者的信用意识，也解决了企业对核心人才信用风险的预警难题，最终优化企业用人机制，实现降本增效的目的。

第八节　建立人力资本投资的文化建设机制

对于人力资本的分析，西方经济学偏重于分析的方法，喜欢根据假设提出一个又一个理论，并构成数学模型，这有其精确的一面，但要想综合把握一个单位的人力资本问题，恐怕还要考虑许多影响因素，如人文环境，也是影响人力资本成本与收益的重要方面，这种人文环境可以是所有制关系，可以是产业政策、生育政策、干部人事政策，也可以是习俗、习惯或社会的价值观，为改善人力环境的投资，可以作为对人力资本投资的追加投资，无论把人文环境对人力资本成本收益率的影响放在哪个角度提出，它对人力资本的影响都是不可忽视的。这就提出了一个事业单位文化建设的问题。美国著名管理学家 Thomas Peters 等在《寻找优势》一书中指出，"一个伟大的组织能够长久生存下来，最主要的条件并非是组织结构或管理技能，而是我们称之为信念的那种精神力量，以及这种信念对于组织的全体成员所具有的感召力[66]"。这里的精神力量就是组织文化。优秀的组织文化可以形成强大的凝聚力，把职工与组织紧紧地连接在一起，使职工与组织"同呼吸、共命运"。

目前，公路行业正由劳动密集型向知识型转变，但劳动密集型仍占相当大的比重。职工队伍人员总量多、层次复杂，把他们凝聚成一个整体，充分发挥他们的积极性和创造性，使公路人力资本效用充分发挥出来，是创建公路文化的主要目的。对公路理念、精神、传统等的建立和大力宣传，使之得到职工的认同、遵守并最终转化为内在信念，使职工建立起对公路的归属感和深厚的感情,这是公路职工稳定的重要原因,也是获得理想投资效果,使职工人力资本得以增值和充分发挥的重要条件。因此,不能孤立地抓人力资本投资,而是要将人力资本投资与公路文化建设紧密联系起来,实现人力资本投资与公路文化的有机融合。

一、以人为本

通过以人为本的理念将人力资本投资与公路文化建设紧密相连。以人为本的根本要求是尊重人、关心人、爱护人、培养人[67],而给职工以受教育培训等权利正是以人为本在公路文化建设中的具体体现。反过来看,文化建设的实质也是以人为本,能够激发职工潜力,提高职工全面素质,最大限度调动职工智慧,实现职工的全面发展。丰富的公路文化建设实践使我们认识到,通过实施人才战略落实尊重知识、尊重人才的发展理念,营造以依靠人、关心人、塑造人、激活人为核心的人本文化氛围,有助于培养公路职工共同认可的行业文化,为职工搭建实现自我价值的平台,充分调动干事创业的积极性和主动性。通过感情交流、人际沟通、群体活动,参与管理和智力开发等多种形式和手段,如开展人本化管理、构建和谐公路、"迷彩行动"综合培训、"6+1"道德讲堂等工作,使公路文化建设不断在职工队伍中扩大覆盖面、增强渗透力,有助于使职工成为有理想、有道德、有知识、有技能的人才,能够很好地实现人力资本投资与公路文化建设"1+1>2"的协同效应。

二、以知为主

目前,我国的一些经济学家提出,劳动、知识、企业家和人力资本创造了公司的全部价值。要充分发挥管理人才、技术人才和劳动者的重要作用,实行按知分配,即以资本为载体,将知识转化为资本,通过资本的不断升级,使知识的价值不断增值,并将知识转化成为资本作为生产要素和利益分配的根本标准。为此,必须重视学习型组织的建设[68-69]。学习型组织最大的特点在于接受新观念的开放性,具有鼓励并提供学习与创新机会的文化,具有整体目的与目标,敏于学习新知识,强调知识、科学、技术对组织的重要性,并倡导组织作为知识创造中心的作用。近年来,烟台公路逐渐认识并着重在学习型组织建设方面发力,在以"修德做好人、修路出精品"为主要内容的"双修"工程中,深入开展"精神高地"学习型公路品牌建设,大力倡导"全员学习、终身学习"理念,积极培育和践行社会主义核心价值观,围绕公路建养征管及精神文明建设等各项工作,广泛开展形式多样的学习教育和培训实践活动,切实强化制度建设和组织保障,着力构筑"政治高地""道德高地""技能高地""法制高地""实践高地",涌现出一大批主题鲜明、形式新颖、富有影响力和号召力的学习实践载体,形成了全员参与、上下联动、共谋发展的学习型公路建设生动局面。

三、以文为魂

公路文化的核心是公路精神管理,通过公路文化的培育、文化模式的推进,使人力资本形成共同的价值观和行为规范。由此可见,人力资本投资就是公路文化建设的重要组成部分,是公路事业单位的灵魂。公路文化建设涉及公路事业的方方面面,渗透到公路建设的各个生产环节,而哪个环节都离不开人力资本投资。在文化建设过程中,要重视职工精神思想的引领和业务技能的培训，根据新理念、新技术、新业务的发展，给职工创造条件，让他们及时充电，不断提高职工个人素质、业务技能，让他们在工作岗位上实现自身的价值，感受在公路团队中工作的愉悦，体会到受人尊重、受单位尊重的喜悦心情，更加激发职工的工作热情和智慧，为公路事业做出更大的贡献。而良好的人力资本投资机制为公路吸引人才、留住人才，也将有助于树立公路的品牌意识、团队意识，增加公路的亲和力、凝聚力，进而增强公路的整体实力。

第九节　建立人力资本投资的组织领导机制

公路事业单位人力资本投资工作是公路事业发展的战略之举、应时之举、有效之举，应该真正对人力资本投资工作实现强有力的领导。

一、加强投资管理队伍建设

为提高人力资本投资的组织管理水平，要注重对人力资本投资管理者的投资，特别要对中青年骨干加强培养，采取挂职锻炼、进修深造、承担重大科研课题、开展业务竞赛、参加"培训师"考试等措施提高人力资本投资管理者的综合素质。

二、建立人力资本投资资源库

以职工培训为例，逐步改善职工培训师资队伍的专业结构，按专业建立教师资源库。目前公路行业的培训教师队伍有三类：第一类是大专院校的教师和专业研究者，理论知识较丰富，但缺乏实践的结合；第二类是行业内的管理者和业务能手，有实践经验，但缺乏系统、科学的理论知识；第三类是既有一定实践经验又有相当理论水平的人员。从目前情况来看，第一类、第二类师资不少，第三类师资相对缺乏。比较理想的状况是，由第一类师资对第二类进行理论提高和教育技能培训，把他们培训成为第三类师资。这就需要我们在加强公路所属培训基地的教师队伍自身建设的同时，充分利用校外教师资源，积极实现教师资源利用的最大化。可按照"专兼结合""优势互补"的原则，多形式、多渠道选聘兼职教师，选聘那些既有较深理论功底又有丰富实践经验的专家型老师，开设"公路讲坛"，建立起客座教师库，实行区域内和区域之间的教师资源的优化配置，并加强对培训师资的质量跟踪评估，实行淘汰制，建立动态化的兼职培训队伍，构建开放的、高层次、跨区域的职工培训师资网络，实现师资资源共享，确保培训质量。

三、建立人力资本投资的市场机制

人力资本投资要以市场供求为依据，以人力价格的浮动为衡量信号，对人力资本投资（尤其是教育培训的投资）进行市场调节。由公路事业单位提供的培训属于满足职工的基本工作需要的服务，超出基本工作需要的服务，可以通过培训市场获得。首先要发挥公路培训基地的主阵地作用。公路技校作为公路职工培训的主渠道，其办学水平直接制约着培训质量。在培训需求多样化、发展产业化的今天，要改变公路技校传统的运作模式，强化公路技校管理,需将今后的工作重点由"实施教学"逐渐转移到策划培训项目、设计培训课程和组织教学上来,为职工教育培训提供专业化的技术服务和现代化的资讯服务。其次,要加强公路外的培训基地建设,高效地利用培训产业资源,彻底改变传统的"一条龙包办到底"的办学方式,按"多种入口、多种出口"的要求,多渠道、多方式组织实施培训,充分利用大专院校、科研院所先进的办学条件和雄厚的师资力量,通过合作办班、委托培训、异地办学等方式,开展系统的针对性培训,逐步形成公路技校为主体,公路外基地为延伸的开放式培训基地网络。

第十节 公路事业单位人力资本投资教育培训链模型

结合公路行业人力资本投资的实际,可以就人力资本投资中的主要内容——教育培训工作,设计一套人力资本投资模型(图6-1)。

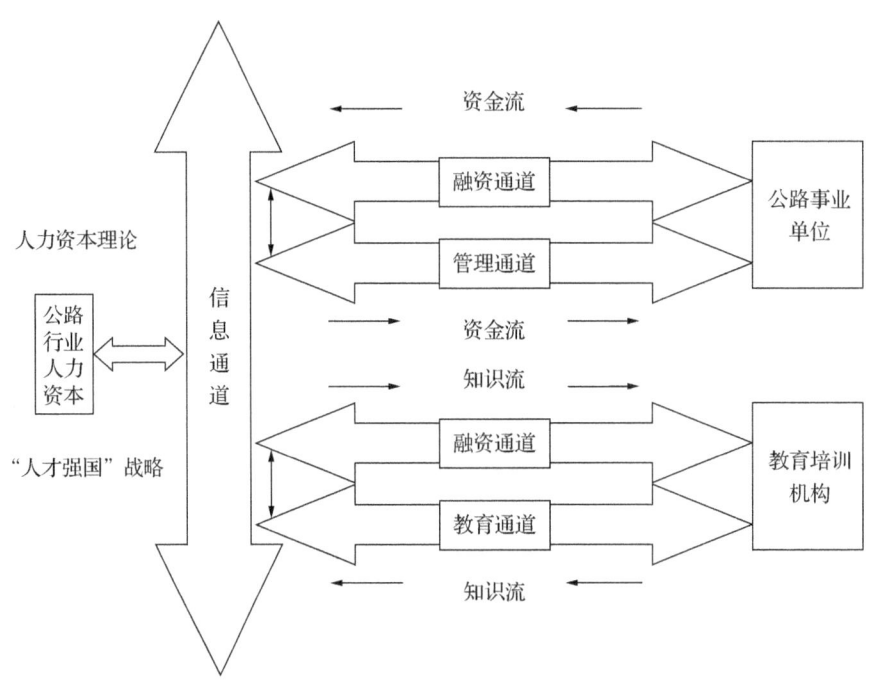

图6-1 公路事业单位人力资本投资教育培训链模型

对此模型的阐释如下。

首先,这是在人力资本理论和新时代"人才强国"战略[70]的指导下,构建的一个以公路行业人力资本为中心的教育培训链模型。在这一模型中,其他两个参与主体之间及3种物流(信息、资金、知识)之间开展任何活动、任何联系都是以提高公路行业人力资本素质为目的,真正体现了以人为本的原则。

其次,由于存在3种物流,进而形成了进行流通的3个通道,即有信息流形成的信息通道、资金流通过融资通道,知识流通过教育和管理通道流动,通过3个通道的良好运行,从而达到公路事业单位、人力资本和教育培训机构三者的互动。

第三，过程描述：公路行业通过融资通道使资金流向培训机构，而教育培训机构通过教育通道把知识流通过信息通道传输到公路行业人力资本，使公路行业人力资本存量得以提高，公路事业单位人力资本吸收后再通过信息通道和管理通道传输到公路事业单位，从而提高公路事业单位的知识含量，提高工作效率。

第四，此模型充分体现了系统性，即公路事业单位可以通过信息通道单独与教育培训机构联系使教育培训链模型达到良性互动，而且此模型是一个动态可变形模型，可根据公路事业单位人力资本投资的教育培训的情况适时予以调整。

总模型可分为3个子模型，子模型是对总模型的阐释，也是对总模型的补充。

一、公路事业单位人力资本与公路事业单位之间的模型

图6-2为公路行业人力资本与公路事业单位之间的模型。在公路事业单位人力资本投资的教育培训链模型之中，人力资本为核心，人力资本与公路事业单位之间的关系是整个教育培训过程中最密切的关系。在此模型中，公路事业单位直接或间接地将资金流单向输送给人力资本，即对人力资本进行投资。在这一过程中，理念层方面要坚持人本化理念，坚持以人为中心。在提升公路目标的同时，将人的全面发展作为终极目标，从而达到公路事业单位与个人的"双赢"的局面。在操作层主要涉及公路人力资本教育培训的需求与结果反馈。首先是教育培训的需求，即教育需求分析，这是整个教育培训链的基石。公路事业单位根据社会经济的发展趋势，结合本行业、本单位的发展需要，以及本单位教育培训的实际，在征求公路职工、教育培训机构、专业学者及其他单位、个人代表意见的基础上，制定公路事业单位的教育培训计划，从而为公路事业单位人力资本教育培训目标的确定、培训体系的设定、培训内容的选择提供可靠的依据。教育培训需求的分析本质是人力资本投资需求的评估活动，是公路事业单位发展的需求与公路职工个人发展需求的正确结合，包括组织分析、任务分析和人员分析3个层次，需要综合运用调查观察法、统计资料分析法、员工业绩考评法

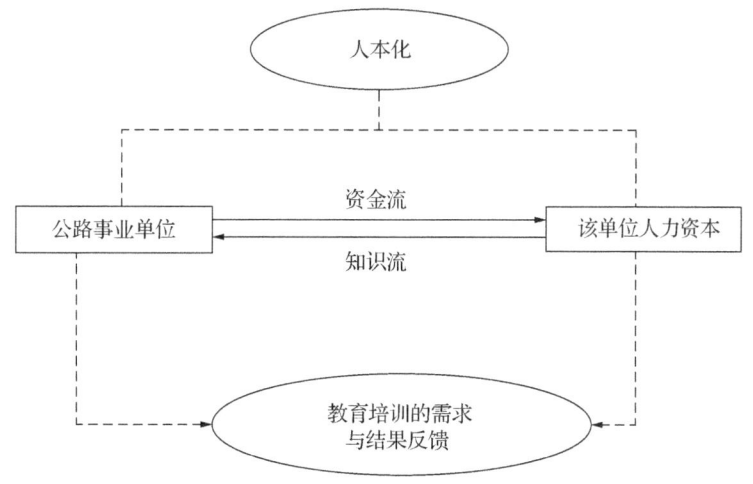

图6-2 公路行业人力资本与公路事业单位之间的模型

等。因此，在此过程中，公路事业单位与公路事业单位人力资本要进行充分的沟通和交流，在公路事业单位计划形成之后，个人根据单位计划，结合实际需要提出自己的教育培训计划，然后与该单位进行商量，该单位应尽可能地在不影响组织发展的前提下，满足个人的培训需求。其次是教育培训结果反馈，教育培训结果是教育培训质量的试金石，公路事业单位人力资本以"知识流"的方式将结果反馈给公路事业单位，至于教育培训的结果，需要对个人、公路事业单位以及教育培训机构进行评估。

二、公路事业单位人力资本与教育培训机构之间的模型

教育培训机构作为教育培训的实施机构，对教育培训起着至关重要的作用（图6-3）。在此模型中，公路事业单位人力资本直接或间接地将资金流传输到教育培训机构，教育培训机构通过对公路事业人力资本进行教育培训，以"知识流"的形式回馈于公路事业单位人力资本。在此过程中，在理念层上，要坚持绩效化理念，绩效化的本质就是进行成本—收益的核算或是依靠价格机制自发调节供需平衡。坚持绩效化理念，要求强化绩效导向，注重绩效管理。在操作层方面，主要涉及公路事业单位人力资本教育培训的过程，整个教育培训过程均是在公路事业单位人力资本与教育培训机构的互动中完成的。作为教育培训机构，根据公路事业单位培训计划和其他相关精神，首先必须为教育培训有一个较好的设计，如师资准备、内容规范、方法选择等，并在此基础上形成各具特色的培训方案。教育培训机构必须履行对培训过程管理的职责，包括培训主体自身的管理、培训对象的组织管理和培训所需要的人、财、物、场所、规章制度和相关信息的组织和保障活动，在时间上则包括培训准备、启动、调控、结果、总结反馈等各个阶段。教育培训机构要将整个教育培训视为一个系统的过程，并对这一过程进行全程监控，以确保获得最大绩效。与此同时，教育培训机构也应该自觉进行成本—收益的核算，争取能以有限的"资金流"最大限度地以"知识流"的形式回馈于公路事业单位。

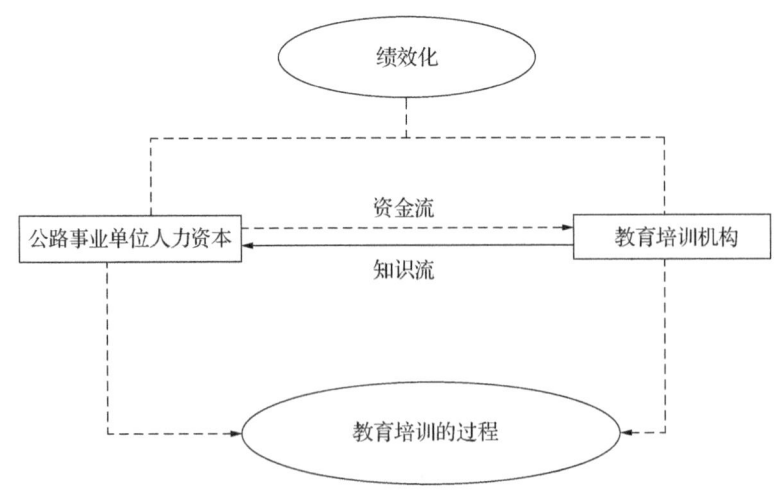

图6-3 公路事业单位人力资本与教育培训机构之间的模型

三、公路事业单位与教育培训机构之间的模型

作为两个单位实体，公路事业单位与教育培训某机构对整个教育培训活动及教育培训链的动作起着重要作用，二者之间的关系如图6-4所示。

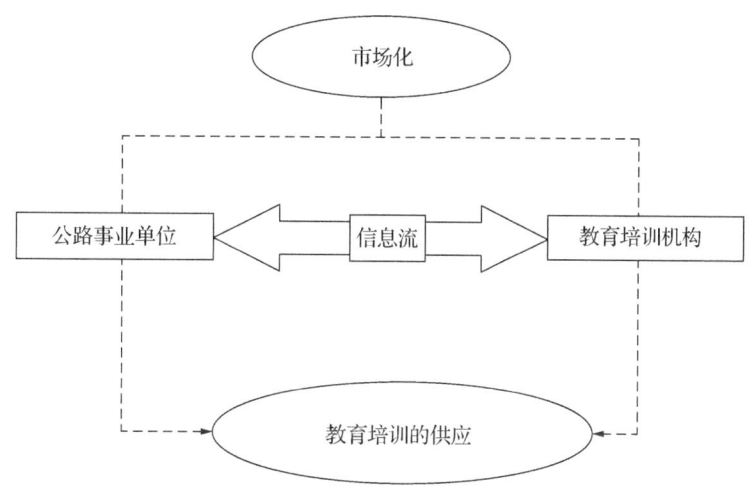

图6-4　公路事业单位与教育培训机构之间的模型

在此模型中，公路事业单位与教育培训机构之间主要是信息的沟通，是信息流的双向流动。通过信息的传达，共同推进教育培训链的良性循环。在这一过程中，在理念层上，要坚持市场化理念。市场化的实质是使价格机制和成本—收益机制进入公路事业单位人力资本投资系统之中，使之无论在数量、规模的控制上，还是在质量的提升上，都要具有成本意识或投资意识，都要进行成本核算，其目的在于使其内部管理和开发的成本不要过于远离市场交易的成本，并实现工作效率和效益的最大化。坚持市场化理念，这既是借鉴国外人力资本教育培训的经验所得，也是我国公路行业人力资本教育培训的现实需求。在操作层上，要改变传统指令分配式地选择教育培训机构，推进公路事业单位人力资本教育培训的市场运作，将教育培训作为一个项目加以运作，引入竞争机制，旨在提高教育培训效果。公路行业要加强对教育培训机构的资格认证和监督管理工作，选择一些信誉好、质量高的培训机构作为人力资本培训基地，承担实用性、技能性课程的培训。除初任培训、任职培训和离职等指令性培训仍由公路事业单位内部承担外，知识更新、专业知识、技能培训要向社会开放，充分利用社会的教育培训资源。有些课程要采取招标的方式选择培训点。总之，要使公路事业单位人力资本投资教育培训的供应尽量具备多样性和实用性，从而为教育培训链的运作奠定基础。

第二部分

探索实践

第七章　人力资本投资的新探索（一）
——卫生保健投资保障客体质量"基本盘"

俗话说，"身体是革命的本钱"。《中华人民共和国国民经济和社会发展第十四个五年规划纲要》（以下简称"十四五"规划）明确指出，要把保障人民健康放在优先发展的战略位置，坚持预防为主的方针，深入实施健康中国行动，完善国民健康促进政策，织牢国家公共卫生防护网，为人民提供全方位全生命期健康服务。

健康是指一个人在身体、精神和社会等方面都处于良好状态。虽然健康不能代替一切，但是没有健康就没有一切。影响健康的因素有很多，包括不限于生活习惯、环境因素、卫生服务、遗传因素等。其中有相当一部分是可以通过后天改造、完善进行提升的。卫生保健是从预防角度出发，以达到维护和增进健康、保护生命、预防疾病、提高身体素质和生活质量为目的所采取的综合防护措施[71]。根据前面分析可知，无论从短期看还是从长期看，卫生保健投资有利于增强劳动者体质、提高劳动者生活质量、保证劳动者工作时间，直接提高劳动生产率。

具有健康身体、积极向上精神面貌和稳健平和心理状态的职工队伍是公路事业持续稳定发展的"基本盘"，也是人力资本投资的题中应有之义。一直以来，烟台公路非常重视卫生保健投资，完善卫生保健投资机制，落实卫生保健投资措施，加大卫生保健投资力度，将卫生保健投资作为强身健体、凝聚人心的基础工程，通过保健生命、强健体魄、稳健心理、康健餐饮、舒健午休、安健特岗、营建场所、搭建平台，打造"健康同行"文化品牌，使职工以良好的身体状况和饱满的精神状态投身实践、建功立业，从而提升公路行业人力资本"基本盘"的质量。

第一节　保健生命

随着生活水平的提高，人们的保健意识和保健需求逐渐增强，体检作为接受度高、参与度广的传统保健举措，也是卫生保健投资中最直接、最有效的手段。健康查体是通过医学手段和方法对受检者进行身体检查，了解受检者健康状况、早期发现疾病线索和健康隐患的诊疗行为[72]。为满足职工体检需求，烟台公路进行充分调研，落实体检政策，提高职工健康意识，促进职工身体健康，提升卫生保健投资成效。

一、定期组织体检

定期体检是保护健康的必要措施。烟台公路每年定期组织职工开展体检，结合一线职工工作时间，制订详细体检计划，确保职工体检工作实现全员覆盖，体现体检普惠性。表7-1为2013—2020年烟台公路职工体检投资，可以看出，体检费用投资总体为上升趋势，表明烟台公路对职工体检高度重视，每年投入较多财力保障体检工作进行，同时人均查体费用逐年增加，可以不断满足职工体检需求。

表 7-1 2013—2020 年烟台公路职工体检投资

年份	职工总数/人	人均查体费/元	投资总额/万元
2013	4380	900	394.2
2014	4329	900	389.6
2015	4350	950	413.2
2016	2148	1050	225.5
2017	2478	1050	260.2
2018	2489	1200	298.6
2019	2378	1300	309.1
2020	2325	1350	313.9

备注：2016 年因高速公路整体划转，烟台公路人员总数出现较大变动。

二、健康体检机构选择专业化

为确保职工健康体检信息更加准确、精确，从服务、环境、设备、专家、项目等多方面综合考虑，对体检机构提前考察，做到优中选优，选择多家医院提供方案对比供职工对比（表 7-2）。以 2020 年体检为例，烟台公路机关职工可以在 7 家体检单位中选择，其中有 3 家公立医院和 4 家专业化体检机构。7 家体检机构各有优势，有的检验质量更高准确度，80% 以上坐诊医生具有副主任医师以上职称；有的地理位置好，交通便利；有的是新建医院，体检设备先进；有的机构检测设备全部是进口设备，四大项检验结果获山东省"一单通"认可。职工可以选择其中任意一家进行体检。

表 7-2 各体检机构方案优势对比

体检机构	优势
正规医院 1	①体检方案人性化，基本套餐+自选项目，超过 1300 元的部分自费； ②体检医生技术精湛高年资专家组成主检团队，体检结果准确可靠； ③拥有目前世界上最先进的飞利浦 Q5 型彩色 B 超机、雅培免疫生化仪、64 排 128 层 CT、DR 拍片等； ④体检中心功能完善，分区合理，男女分开检，保证私密性； ⑤设专用入口，体检过程在中心内独立完成，与患者就诊检查完全分隔； ⑥地理位置好，离单位较近，提供免费停车位
正规医院 2	①北院（老院区）和高新区东院都可以检查； ②东院是新建医院，体检设备先进，新上的低剂量薄层 CT 机+人工智能辅诊，可以辅助医生做出更为可靠和正确的诊断； ③女性套餐分 2 个：基本套餐和不查妇科套餐，不查妇科套餐可以根据自己的情况选择其他项目

续表

体检机构	优势
正规医院3	①赠送经颅多普勒和颈动脉彩超； ②女性套餐有乳腺钼钯检查； ③院内免费停车
专业体检机构1	①分基础项目包+自选专项包，超出1300元需补差价，自选项目包共10个； ②自选包中第9项常卫清（肠癌早筛），是无创、无痛、非侵入、可居家操作的创新技术，通过分析粪便肠道脱落细胞中的遗传物质（粪便DNA）和大便潜血指标，可检测出直径1 cm以上进展期腺瘤和肠癌病灶，及时发现早期肠癌基因突变，从而早5年发现肠癌； ③全进口设备，实验室连续四年以上获山东省卫生厅"合格实验室"称号，四大项检验结果获山东省"一单通"权威认可单位
专业体检机构2	①套餐分普通套餐A和心脑血管套餐B； ②CT可以做两个部位的检查，胸部CT+（头颅、颈椎、腰椎三选一）； ③女套餐妇科检查TCT和HPV都可做； ④目前是烟台唯一一家通过ISO 9001质量体系认证的健康管理机构，体检专家来自三甲医院、80%以上具有副主任医师以上职称； ⑤提供免费停车卡
专业体检机构3	①数字化肝超（男），可精准筛查肝纤维化或肝硬化； ②核磁项目取消，增加了胃或肠细胞癌突变基因甲基化血液检测（二选一），此项检查是抽取血液，可早期筛查胃癌或结直肠癌，比插管检查更能早发现异常； ③提供癌险20万元+体检意外险20万； ④实验室获得山东省卫生委临床检验中心认定的"合格实验室"，检验结果可在全省500多家医院看病时提供诊断依据
专业体检机构4	①套餐分3个：综合方案、胃肠镜方案、核磁方案，可做胃肠镜检查（二选一）和头颅核磁共振平扫； ②新换的CT机器，低剂量薄层CT扫描+人工智能（AI）肺结节辅助诊断（电子云胶片）； ③实验室获得山东省卫健委认定的山东省实验室检验结果"一单通"认可单位，检验结果可在全省500多家医院看病时提供诊断依据

三、体检方案多样化

同样，体检方案的多样化，也可以更好地满足职工需求。单位在组织职工体检之前，进行充分调研，广泛征求职工意见，了解职工所需，与体检机构做好沟通协调，科学设置查体套餐，制定多种体检方案满足职工个性化体检需求。体检方案包括基础项目包和自选专项包。基础套餐包含抽血检查、尿液检查、超声波检查等常见基础检查，自选专项包是根据不同年龄、性别、特殊岗位的职工不同需求选择体检项目。从表7-2可知，有的体检机构在自选专项包中提供常卫清（肠癌早筛）项目检查，该项检查可以及时发现早期肠癌基因突变，从而早发现肠癌；有的体检机构基础检查套餐中有6大项23小项检查，还可以根据自身需求在乙肝两对半定量、心肺功能测定、人体成分分析等25项自选专项包。体检方案更加符合职工个人健康情况和实际需求。

四、健康评估服务

为充分利用体检结果，与各医院、体检机构加强沟通合作，进一步强化健康管理服务，建立职工专属体检二维码，邀请专家解读报告并进行专业健康指导。有80%职工选择在体检机构面对面咨询、更好地解读查体报告。有20%的职工通过电子体检报告及电话咨询方式解读查体报告。职工根据专业解读，及时有效预防和调整身体状况。

第二节 强健体魄

近年来，有些职工没有充分认识到强身健体的重要性，缺乏锻炼意识，导致抵抗病痛的能力降低，很多人都处于不健康或亚健康的状态。烟台公路根据职工健康现状及行业特点，着力于提高职工体育锻炼的意识，大力开展方式灵活、形式新颖、喜闻乐见、寓教于乐的体育活动，引导职工积极参加体育锻炼，达到强身健体的目的。

一、鼓励自主锻炼为主

烟台公路注重提高职工强身健体意识，号召职工每天至少锻炼1小时，鼓励职工根据自身情况，选择合适方式，积极参与体育锻炼。每年组织开展"节能减排、绿色出行"，号召职工选择乘坐公共交通工具或者鼓励离单位较近的职工步行上班。此外，还倡导职工在正常办公长坐之余，间歇性地活动身体、舒展筋骨，缓解疲劳。例如，烟台公路机关设有职工活动中心，在休息日和工作日11：30—13：30及18：00之后的时间内对职工开放，职工活动中心内部设健身房、乒乓球室、瑜伽室、棋牌室等，职工在上班之余前往活动中心自主锻炼，养成良好健身习惯。

二、以文体活动为引导

为充分调动职工参加体育锻炼积极性，烟台公路组织举办形式新颖、操作简便、趣味性强的职工运动会、趣味运动会、球类比赛、棋类比赛、歌唱比赛、书法比赛和摄影比赛等，通过统一或分散组织、对内对外联合举办等形式，做到季季有安排、月月有活动，引导职工参与强身健体运动。以烟台公路机关为例，从表7-3可看出，自2013年以来，坚持每季至少举办一次文体活动，表明文体活动受重视程度较高；每年职工活动参与率均在80%以上，说明职工参与活动积极性较高，能较为积极参加文体活动，也说明活动开展越多，参加活动人数也就越多，单位可以通过增加活动举办次数，引导职工参加活动，动员全员参与体育锻炼。

表 7-3 2013—2020 年烟台公路机关文体活动情况统计

年份	举行活动场次/次	参与活动人数/人	机关总人数/人	活动参与率
2013	4	134	165	81%
2014	5	145	162	90%
2015	4	144	160	90%
2016	4	112	140	80%
2017	5	113	133	85%
2018	4	112	134	83%
2019	5	113	135	84%
2020	4	110	130	84%

表 7-4 为 2020 年烟台公路机关文体活动调查问卷结果，结果显示，职工对于单位组织的体育活动有很高的积极性和参与意愿。选择"从未参加或活动"的人数最少为 13 人，仅占 10%，主要原因在于年龄、身体健康、工作时间等；选择"每次都参加"的占 60%，说明每次单位组织活动时都可以调动大部分职工参与体育锻炼；选择偶尔参加的占 30%，表明当单位组织的体育活动次数增加时，单位职工参与体育活动的次数上升，活动覆盖面越大，会带动更多职工参加体育锻炼；同时可以看出职工对于单位组织文体活动满意度比较高占 85%，一般占 15%，说明单位在组织活动时依然有上升空间，可以通过调整组织时间、选择良好场地和设置更加有趣项目等方式吸引职工参加。

表 7-4 2020 年烟台公路机关文体活动情况问卷调查

类别	选项	人数	百分比
参与情况	全部参加	78	60%
	偶尔参加	39	30%
	从未参加	13	10%
满意度情况	满意度比较高	110	85%
	一般	20	15%
	不满意	0	0%

第三节 稳健心理

1989 年联合国世界卫生组织（WHO）对健康做了定义："健康不仅是没有疾病，而且包括躯体健康、心理健康、社会适应良好和道德健康 4 个方面。"心理健康是一个人健康的有机组成部分。随着社会发展和生活节奏的加快，职工心理健康问题越来越受到全社会的关注和重视。部分职工因工作压力、社会环境、家庭生活等方面问题出现焦虑、抑郁、心理失衡等亚健康的状态。特别是新冠肺炎疫情的出现为全社会生产生活蒙上一层阴霾，打乱了人们正常的生活节奏，各种压力、矛盾和问题集中爆发，对职工心理产生较大的负面影响。因此加强职工心理健康工作，提升职工心理健康水平，有利于稳定人才队伍、降低管理成本、增加工作绩效。烟台公路职工心理健康工作在摸索中前进，经历着从无到有的过程，通过采取多项举措关心、引导职工，帮助职工缓解心理压力，提高职工心理健康意识，优化心理健康水平，促进卫生保健质效提升。

一、加强宣传教育工作

烟台公路积极倡导健康为本、文明生活的理念和生活方式，营造良好氛围。一方面通过多种宣传途径，加强心理健康知识宣传，在办公楼大厅、楼内走廊、宣传栏、文化展室、公路站所等张贴横幅、标语，做到公益宣传"上墙上栏上屏"，促进心理健康理念"入目入脑入心"；另一方面定期举办心理健康知识讲座、心灵课堂等活动，普及心理健康知识，引导职工认识心理健康重要性，正确对待和调整心理健康问题，树立正确心理健康观念，养成科学、健康的生活习惯。

二、打造职工"心灵驿站"

为促进职工交流感情、缓解心理压力，烟台公路通过设立"心理咨询室""青年之家""健康教育餐厅"等心理健康活动场所，为职工提供集知识普及、休闲娱乐、心理放松、聚会交流等功能为一体的"心灵驿站"。以海阳公路"青年之家"健康教育基地为例，该场所设有播放心理保健知识和健康生活妙招的电子屏幕，配有心理健康刊板、健康桌牌等"健康插件"，以及青年职工喜闻乐见的"网红"桌游和游戏道具等，打造自由阅读、"码上听声音"、休闲放松、游戏娱乐等多个活动板块。职工们在工作之余来心理驿站轻松学习、开心娱乐、互动交流，有效发挥放松心情、舒缓压力的作用。

三、开展谈心谈话活动

为有针对性、面对面地疏导职工心理压力，以职工间互谈为主，上下级互谈为辅，定期组织开展职工谈心谈话活动，主要围绕工作和生活中遇到的问题，让职工说出心里的疑问和困惑，充分表达自己的想法和观点，及时解决潜在的矛盾和心理问题，及时改善职工心理状态和精神面貌。以烟台经济开发区公路为例，该单位采取"一对一、面对面"的方式，鼓励职工畅谈对自己工作的设想和思考，说明个人生活和工作中遇到的难题，包括对单位工作的看法和单位发展的意见建议。通过谈话，该单位有效收集了职工反映的共性和个性问题，逐一进行梳理分析，帮助解开症结、解决问题，不但纾解了职工心理压力，对改进和提升单位工作也起到了积极的促进作用。

四、强化文化熏陶

优秀传统文化具有鉴得失、知廉耻、懂荣辱、辨是非、稳心理的作用。烟台公路在开展"10+1"文化工程建设和"6+1"道德讲堂活动的过程中，发现通过优秀传统文化的学习和实践,使职工普遍提升思想境界、促进心灵康健、增进关系和谐,从而将此作为稳健职工心理的有效方式加以推广和应用。

(一)"道德讲堂"以德润心

烟台公路在全系统设立1个道德主讲堂和20多个基层单位道德分讲堂,研讨确立了"孝道与感恩""德与孝""责任与担当""志愿心·传递爱"等80多个活动主题,每个活动按照自我反省、唱一首道德歌曲、诵一段道德经典、看一部道德短片、讲一个身边道德故事、做一番道德感悟和创新环节的"6+1"流程进行,主题鲜明、仪式庄严,充分发挥反省净化、歌曲润化、经典教化、短片演化、故事同化、感悟转化、创新深化的"七化"作用,环环相扣、步步深入,确保职工入眼入耳、入脑入心、听有所感、讲有所悟。在庄严肃穆的道德讲堂环境中,职工全程参与听、思、讲,通过学习、感受和反思唤醒感恩之心、珍惜之心、敬畏之心,心灵得到了净化,思想得到了升华,心理健康水平自然得到了极大提升。

(二)"道德实践"以文化人

促进心理健康,学和悟是先导,还需要做和行来增效。烟台公路以优秀传统文化所倡导的"四心四德"为重点,与培育和践行社会主义核心价值观相结合,积极为职工搭建弘扬道德精神、践行道德责任的载体和平台,广泛开展"一路有爱"志愿服务、"311"感恩社会、"四个一"感恩父母、"公路好儿女"孝亲敬老、"10分善行"勤俭节约、"大道微行"关爱自然环保等职工道德实践活动,在实践和行动中进一步引导职工培育孝心、仁心、爱心、诚心,切实履行家庭美德、个人品德、社会公德、职业道德。通过优秀传统文化的学习实践,广大职工心态更加平和,身体力行明显增多,家庭成员之间互敬互爱、尊长爱幼、温馨和睦,关系更加和谐,同事之间关爱友善、诚信包容、互帮互助,关系更加融洽,职工队伍整体心理健康水平得到明显提升。

五、关心帮助困难职工

职工心理健康问题多数是由于家庭和生活遇到困难引起的,关心帮助困难职工能够有效减轻职工生活和思想负担,疏导不良情绪,优化调节心理状态。烟台公路历来重视困难职工帮扶工作,建立完善困难职工档案,在中秋、春节等重要节日定期组织开展走访慰问活动,给予财、物、问候等关怀支持,对职工本人及其家庭因大病、意外事故等原因致困造成较重经济负担的进行精准帮扶和经常性救助,满足职工在劳动就业、医疗卫生、社会保障、法律服务等方面的诉求,最大限度地帮助职工排忧解难。2012年以来,每年救助困难职工200多人次,救助金额40多万元。

第四节 康健餐饮

身体健康离不开体育锻炼和合理的饮食[73]。提供安全、绿色、健康的餐饮,确保"舌尖上的安全",吃出"舌尖上的健康",营造"舌尖上的幸福",是保障职工舒心生活、安心工作的有力抓手,也是卫生保健投资的重要内容。

一、加强食堂规范管理,确保"舌尖上的安全"

确保"舌尖上的安全",首先要确保食堂的规范管理。近年来,烟台公路加大资金保障和投入,强化食堂基础设施配备。健全完善卫生管理等各项制度,建立食堂管理档案,做到食堂物品排放整齐、食堂环境干净整洁,严格做好卫生消毒,严把采购、储存、制作关口,坚决杜绝过期、变质食材,保障食品卫生健康。加强从业人员管理,做好食品安全法等法律法规、食品加工操作规程等专题培训,定期对食堂从业人员进行健康体检,及时办理健康证并予以公示,确保职工吃的踏实、喝的放心。

二、注重营养科学搭配,吃出"舌尖上的健康"

餐饮安全是前提,营养搭配方面也要做好文章。不论是机关食堂,还是公路站所、收费站、沥青厂、工程处的职工食堂都讲求膳食科学,做到荤素搭配合理、营养结构均衡,并广泛征求职工意见建议,及时调整菜品花色,充分满足职工胃口所好、营养所需。注重健康餐饮、文明餐饮知识宣教,在餐厅墙面、取餐台、就餐桌等显眼位置悬挂张贴宣传刊板,在《烟台公路》报设立"生活百科"栏目,宣传健康饮食和文明就餐、节约用餐常识,广泛开展"文明餐桌""光盘行动",积极打造健康餐厅、文明餐厅。

三、开展庭院经济建设,营造"舌尖上的幸福"

2012年以来,烟台公路在全系统开展美丽公路经济庭院建设活动,一方面是将基层单位和公路站所庭院的闲置土地利用起来;另一方面是按照"因地制宜"的原则,合理规划和开展生态循环种植、养殖工作。这种庭院经济建设模式,既保证了零星土地资源不闲置、不浪费,又为职工提供了劳动健身、陶冶心情的机会,更让职工吃上放心的有机蔬菜,共享健康绿色生活,实现了庭院美化亮化、职工丰富生活以及单位经济生态效益的"三丰收"。以海阳东村公路站为例,该站将院内闲置土地翻耕成400平方米的菜园,每年在适当季节组织职工种植茄子、辣椒、西红柿、白菜、萝卜、土豆葱等蔬菜,种植过程中不施农药、化肥,确保种植蔬菜绿色、无污染、原生态。此外,该站还积极探索实施生态循环种植和养殖工作,通过饲养鸡鸭鹅等家禽做到禽粪肥田,以瓜果蔬菜、农作物秸秆饲养家禽,实现农副结合循环发展,基本上解决了食堂的日常食材所需。公路职工通过亲手劳动,吃的是自己种植、养殖的放心食材,收获的是"自己动手,丰衣足食"的成就感和满足感,真正体会到了"舌尖上的幸福"。

第五节　舒健午休

工作节奏的加快和城市交通状况的变化,使得越来越多的职工选择在单位午休。充分利用好午休时间缓解职工工作压力和疲劳,对促进职工身心健康、提高其在单位工作效率十分必要。

一、根据工作特点合理安排作息时间

公路行业具有独特的工作特点。例如，夏季高温时期是沥青摊铺的有利时机，为了确保工程进度，从事施工作业的职工常常凌晨工作、深夜停工；再如，烟台地区冬季降雪较多，从事清雪防滑工作的职工经常枕戈待旦、彻夜不眠、以雪为令随时保障道路畅通。为此，烟台公路有针对性、合理地调整特殊作业职工的作息时间，如在夏季施工推进期，各施工项目部按照"做两头，歇中间"的方式，适当延长一线施工人员午休时间，从而避免中午高温时段的施工作业。同样，冬季开展清雪防滑工作时，在养护人员完成夜间清雪作业后及时安排休息，保证充足睡眠。

二、改善职工午休环境

为保证职工有良好的午休条件，烟台公路机关和基层单位、站所均专门设立职工休息宿舍，床位、被褥、空调、暖气等配套设施一应俱全，宿舍管理制度完备，卫生保洁管理到位，保证有午休意愿的职工享有干净整洁舒适的休息环境。例如，烟台公路机关将第20层整层设为职工休息室，配有男休息室8间、床位70余个，女休息室5间、床位30余个，公共区域卫生由专人负责打扫，宿舍和床位卫生由午休职工自行清理，运行情况一直保持良好。基层各单位和各站所的情况也大致如此。

第六节 安健特岗

根据《中华人民共和国职业病防治法》的规定，职业病是指企业、事业单位和个体经济组织等用人单位的劳动者在职业活动中，因接触粉尘、放射性物质和其他有毒、有害物质等因素而引起的疾病。职业病影响职工的健康质量和生命安全，防治不当将直接降低职工的工作效率，对经济效益产生重大影响。因此，建立完善的职业病防护预防机制，采取职业病治疗措施将使职工免受职业病困扰，为单位建立良好的生产工作环境，从而使职工能安心稳定的工作，提高工作效率[74]。烟台公路高度重视职业病防治工作，多措并举着力降低职工职业病发病率，切实保障职工生命安全健康。

一、健康体检"及时查"

体检筛查是最直接、最有效的职业病预防手段。将职业病筛查作为职工查体的必检内容，同时建立职工职业健康档案，全面掌握职工健康状况、排查职业健康安全隐患，切实保护职工健康。以栖霞公路职工健康体检为例，在每年组织职工体检时，该单位为筑路工、养护工、保洁员等特殊岗位的职工量身定做了职业病体检套餐，从而有针对性地进行职业病体检筛查，从效果来看确实起到了很好的防治作用。

二、举办讲座"现场教"

专题讲座可以有效提升职工对职业病的认识和预防。结合公路工作特点，邀请专业医师举办专题讲座，对各种外业和办公室职业病危害、形成因素、提前预防等方面进行详细讲解，加强职工对职业病的认识，提高职业病防治意识。例如，莱阳公路每半年举行一次职业病预防专题讲座，邀请医院专家和相关领域教授现场授课，对养护工、筑路工、保洁员、机械操作手、安全员、维修员等特殊岗位进行职业病法治知识普及，取得了良好效果，近年来该单位职业病发病率逐年呈下降趋势。

三、科教场所"随时学"

设立具有公路行业特点的职业病科教场所是提高思想认识、做好长期预防的有效措施。以海阳公路职业病展区为例，该展区分为科学运动区、职业病预防区和健康知识补给站等展示板块，其中公路职业病防护展区设有公路职业病防护展厅和长廊，集中展示各类公路职业病防治的法律规范、科普知识、漫画示例和实物资料，详细介绍了6类常见公路职业病及其应对措施，展有50余件各类职业病防护用具、物品、书籍等，以"看得见、摸得着"的方式随时向单位职工提醒职业病的危害与防护。

四、防护措施"保周全"

将职业病防护措施落实到每一个岗位是保护职工健康的必然要求。特别是针对工程、养护等容易出现职业病的特殊岗位，按照科学指导、结合实际、"对症下药"采取相应的防护措施，切实保障职工身体健康（表7-5）。

表7-5　公路行业常见职业病预防措施

项目	工作环节	针对性防护措施
防尘措施	公路养护和清扫、沙砾拌和机组生产、焊接切割、路面铣刨破碎、路缝切割和路面基层铺筑等施工过程	①在工作现场按要求采用通风除尘、洒水及喷雾洒水降尘等防尘措施； ②工作人员规范佩戴防尘口罩等个人防护用品
防毒措施	沥青机组生产、沥青路面铺筑和电焊过程	①在相关设备采购时综合考虑主体结构和防毒设施是否完备； ②禁止使用危害严重的化工产品，加强设备密闭化，加强通风； ③穿戴好个人防护用品，认真执行操作规程，熟练掌握操作方法，严防错误操作
防弧光辐射、红外线、紫外线措施	机械车辆维修保养时焊接过程	①焊接时必须使用镶有特制防护镜片的面罩； ②为防止弧光灼伤皮肤，焊工必须穿好工作服，戴好手套和鞋盖等
防噪声措施	筑路设备操作、机组生产、路面铣刨破碎和路缝切割及机械维修保养过程	①消除和减弱生产中噪声源； ②控制噪声传播； ③加强个人防护

续表

项目	工作环节	针对性防护措施
防振动措施	维修工施工和压路机操作过程	①改革生产工艺,减少振动源; ②做好隔振,在振源与需要防振设备之间安装具有弹性性能的隔振装置,使振源产生的大部分振动被隔振设置所吸收; ③手持振动工具手柄,包扎泡沫塑料隔振垫,工人操作时戴好专用防振手套减少振动危害
防暑降温措施	夏季高温作业(工程、养护、路政)、沥青机组操作、锅炉加热等	①对高温作业工人应进行体格检查,凡有心血管器质性疾病者不宜从事高温作业; ②炎热季节医务人员要到现场巡回医疗,发现中暑要立即抢救; ③合理安排工作时间,避免长时间待在高温环境; ④备足防暑降温用品、食品和药品; ⑤饮水莫待口渴时,少量多次,频频饮用,并适度补充盐分; ⑥当出现不适时立即报告,及时休息或采取相应措施; ⑦保证充足睡眠和良好心情; ⑧加强锻炼提高热适应能力; ⑨加强营养,饮食宜清淡

五、工伤保障"稳人心"

工伤保障是保障职业健康、解除后顾之忧的必要措施。严格落实工伤保障措施,依法做好工伤保险办理,严格落实应交尽交,切实发挥工伤保险保障作用。同时,做好职工工伤慰问和救助工作,稳定受伤职工心理和家属情绪,关心帮助职工家庭渡过难关。

第七节 营建场所

营造健康、绿色、环保的活动场所和办公环境,满足职工对健康生活的需求,有利于职工身体健康水平的提高。烟台公路积极探索打造职工满意的工作和生活场所,丰富职工文化生活,营造和谐向上的工作氛围。

一、拓展活动功能

烟台公路历来重视丰富和活跃职工文化生活,按照"设施齐全、功能完善、规模适度"的原则做好"四室一家"建设,不断优化活动条件、拓展活动功能,为职工提供舒适的文娱环境。以烟台公路机关"职工之家"为例，2019年对原有场所（600平方米）进行重新规划布局和改造升级，根据职工需求拓展划分力量区、瑜伽区、球类区、棋牌室等各种文体活动功能区，新购配置电动跑步机、椭圆机、动感单车、划船器、单人综合训练器、大飞鸟、卧推架等健身器材，在新增瑜伽区配备齐全的瑜伽练习器材和舞蹈壁镜，定期聘请专业老师进行指导，职工参与度、活跃度不断提升。近年来，基层各单位的"四室一家"都进行了更新升级和功能拓展，越来越多的职工参与到各类健身锻炼和文体活动中，全系统健康活跃、积极向上的文化氛围持续浓厚。

二、拓展活动空间

在原有场所拓展功能还无法满足职工活动需求的情况下，利用闲置厂房、空置库房等拓展活动空间也是行之有效的办法。例如，2018年招远公路将闲置厂房改造为室内体育场馆，场地使用硅PU塑胶材料，既美观安全又防滑耐磨，篮球架、羽毛球网、乒乓球台及各类健身器材一应俱全，为职工业余参加篮球、羽毛球、乒乓球等文体活动提供了很大的便利，同时，此场馆也可用于本单位及全系统在此开展各类文体活动，收到了一次投入、长期受益的良好成效。

三、打造无烟环境

建设无烟办公区是保护职工身体健康的必要举措。烟台公路系统积极开展"无烟单位"创建活动，通过办公场所宣传栏、电子显示屏、墙面刊板等形式开展禁烟宣传，在服务大厅、会议室、各办公室、楼梯（电梯）等公共场所张贴醒目禁烟标识，教育引导吸烟者主动戒烟。同时，开展无烟化办公监督，安排控烟监督员定期、不定期巡视，发现有违反规定者及时劝阻并提出处理意见，如遇来访者吸烟礼貌劝阻，一系列控烟措施取得了良好成效，办公场所吸烟现象明显减少。

第八节 搭建平台

烟台公路以平台建设为抓手，创新体制机制，普及卫生保健知识，完善卫生健康服务，倡导健康文明生活方式。

一、建立健康科普平台

烟台公路搭建健康科普平台，普及健康知识，传播健康理念。第一是健康宣讲，定期邀请专家开展健康讲座，普及科学、权威、实用的健康知识，促进职工树立正确健康观念。第二是健康示范，打造公路特色健康教育基地，完善基础设施，优化健康环境，发挥健康示范带动作用，提高职工健康素养水平。第三是健康宣传，充分发挥线下宣传主阵地作用，利用电子屏、宣传栏、横幅、公示栏及《烟台公路报》等宣传健康知识。积极发挥线上媒介作用，利用微信公众号、工作交流群、办公平台等构筑全方位宣传格局，营造健康生活浓厚氛围。

二、建立健康档案平台

健康档案便于职工更好地掌握身体健康情况,做好健康管理。由专人负责管理职工健康档案,及时记录健康体检和日常就医情况,方便职工随时查阅对比,并做好保密工作。职工可以根据健康档案准确、清晰掌握身体情况变化,对重大疾病做到早察觉、早预防、早就医。以莱阳公路健康档案平台为例,现已建立职工健康档案182份,其中在职职工138份,退休职工档案44份。个人档案详细记录了个人信息、是否从事特殊岗位、查体结果和日常就医等信息。该单位邀请医院专家定期到机关"坐诊",结合职工健康档案进行答疑,有针对性地提供指导和帮助,使职工健康管理更加准确有效。

三、搭建健康活动平台

为引导职工投身健康活动,烟台公路定期组织职工开展"机关文化月"活动、职工趣味运动会,羽毛球、乒乓球、篮球比赛等形式多样的文化体育活动,提高职工健康素质水平,使职工充满活力、换新精神面貌。以2018年烟台公路机关趣味运动会为例,设置了"毛毛虫""穿越障碍接力赛""冰壶比赛"等多项团体活动项目,该单位有八成的职工参加运动会,比赛中相互帮助、相互合作完成团队任务。职工在寓教于乐中强身健体、焕发活力,集体凝聚力和向心力明显提升。

第八章　人力资本投资的新探索（二）
——"迷彩行动"职教培训提升质效最大化

在经济全球化、社会信息化、文化多样化的时代背景下，当今世界正经历百年未有之大变局，我国仍处于大有作为的重要战略机遇期，经济社会领域正在发生深刻变革，给各行各业带来了巨大影响。公路行业也面临着新时代行业转型升级的新形势和改革发展的新任务。烟台公路审时度势，从干部职工队伍建设抓起，以建设一支知识型、技能型、创新型的"公路铁军"为目标，以提高职工的综合能力进而增强公路核心竞争力为起点，拉开新一轮改革攻坚、稳定发展的大幕。

基于对人力资本投资的研究和对新形势新任务的研判，烟台公路果断把职工队伍建设的焦点对准培训，决定加大培训投资力度。可是，"培训年年搞，花钱也不少。台上只管讲，台下不用脑。干坐好几天，哪里有成效？"因此，本次人力资本投资实践的最大课题就是如何"花了钱，见成效"，如何"花钱花在刀刃上"。为此确定，在全系统启发创新思维，倡导大胆突破，以提高职工综合素质为目标，以培训质效最大化为目的，鼓励先行先试，开展有益探索。

基于本次实践探索的"目的性强、人员好管理，时间好计量、效果易呈现"的特点，为保证工作的可操作性和成功率，决定采用全面质量管理的方法，成立QC小组（质量管理小组），强化"全员参加的质量管理、全过程的质量管理、全面的质量管理"等特征，严格按照PDCA[计划（Plan）、执行（Do）、检查（Check）、处理（Action）]进行过程实施，强调不断改进过程质量，边研讨、边实践、边总结、边提炼、边完善、边提高，实现螺旋式循环提高，从而实现固定时间内学员收益最大化、培训质效最大化。此次创新探索从2012年开始，截至2020年已成功举办14期，打造出"迷彩行动"特色工作品牌，并通过军事化管理、团队拓展训练、专业技能学习、现场教育、优秀传统文化、充分交流沟通等措施，短时间内使广大干部思想受到教育，心灵受到震撼，做到教育入脑入心，培训取得非常显著的实效，职工队伍综合素质得到明显优化，实现人力资本投资的良性循环。

下面，就将"迷彩行动"综合培训的实践经验以QC课题的形式呈现出来。

第一节　烟台公路职教培训工作简介

烟台市公路事业发展中心为正处级事业单位，现有职工2325人，主要负责全市普通国省干线公路的建设、养护、管理及普通国省干线公路和高速公路的路产路权保护等工作。2020年，全市普通国省干线公路通车里程达到1826公里，其中一级公路875.3公里，二级公路779.4公里，高等级路里程都处于全省前列。

烟台公路历来坚持"以人为本"发展理念,将职工教育培训工作作为公路事业发展的基础工程来抓,大力倡导"全员学习、终身学习",始终致力于干部职工队伍综合素质的提升。特别是2012年以来,烟台公路以培育和践行社会主义核心价值观为主线,以"修德做好人、修路出精品"的"双修"工程为抓手,深入开展"大道为公、路畅胶东"公路文化创建活动,文化软实力显著增强。其中,"精神高地"学习型公路品牌建设亮点纷呈,尤以"迷彩行动"综合培训活动最具特色,成为干部职工精神文化的"加油站""储蓄池",一系列入脑入心、富有成效的创新举措和实践经验,有力提升了职教培训工作水平,职工队伍综合素质得到明显优化,在加快新时期公路发展方式转变、提升公路发展质效等方面取得了积极成果。

烟台公路荣获首批"全国文明单位"并实现六连冠,还荣获"全国五一劳动奖状""全国模范职工之家""全国交通运输文化建设示范单位""全国敬老文明号""全国绿化模范单位""全国公路科普教育基地""山东省先进基层党组织""山东省富民兴鲁劳动奖状""山东省理论宣教基地""山东省理论大众化示范点""山东省基层理论宣讲先进单位"等一系列荣誉,"迷彩行动"培训经验在烟台市组织系统特色工作评选中获奖。

第二节 "迷彩行动"职教培训选题理由

一、适应公路人力资本建设的需要

"知识经济时代的竞争就是人力资本的竞争"早已成为广泛共识。在经济全球化、社会信息化、文化多样化的时代背景下,人力资本作为核心竞争力的基础作用显得更加突出。公路作为国民经济发展的基础性、先导性、服务性产业,经过多年的建设和发展,当前也正处于一个由"大"向"强"迈进的新时代。人力资源作为推动行业发展的第一资源,要实现队伍由"大"向"精"的跨越,必须敢于打破传统理念和模式,进一步运用好职教培训载体,发挥好职教培训作用。

二、适应学习型公路建设的需要

为更好地适应现代化公路建设发展,满足职工学习提升诉求,烟台公路积极响应和贯彻落实上级有关精神,在全系统实施学习型公路品牌建设,将加强和改进职教培训工作作为主要目标和重要课题,着力打造烟台公路"精神高地"。

三、适应公路文化建设的需要

烟台公路长期坚持以文化建设聚人心、促发展,特别是近年来"10+1"文化工程(十大文化和优秀传统文化)、"双修"工程、"学习型公路"建设等活动的实施,对职教工作带来了积极影响和新的要求。如何通过职教培训平台促进文化落地,更好地将"以文化人"通过"职教育人"的途径来落实,需要新的探索和实践来完成。

第三节 "迷彩行动"课题小组概况

为了完成上述目标和要求,烟台公路于 2012 年 11 月成立以宣教科为核心的课题小组。宣教科是全系统职教培训工作的主管部门,9 名同志擅长职教培训组织工作,成为课题小组主力,在此基础上,又选拔事业心强、富有创新思维、善于团结同志、具有组织能力、掌握全质管理理论、擅用数理统计方法的同志参与,为下步工作提供坚实的人才保障(表 8-1)。

表 8-1 "迷彩行动"课题小组概况

小组名称	"迷彩行动"课题小组	本次课题	"迷彩行动"模式提升培训质效,固定时间内学员受益最大化
所属部门	宣教科	成立时间	2012 年 11 月
活动时间	2012 年 11 月至今	课题类型	管理型
活动制度	每期 3~4 次	人均课题教育	50 小时
培训文化	"迷彩行动"职教培训文化		
小组组长	科长	副组长	副科长
小组组员	科员	小组人数	9 人
小组成员	性别	年龄	文化程度	组内职务
宣教科科长	女	51	硕士	组长
宣教科副科长	男	39	本科	副组长
人事科科员	女	34	本科	组员
劳资科科员	女	46	本科	组员
工会干事	男	50	本科	组员
宣教科科员	女	49	本科	组员
宣教科科员	男	32	本科	组员
宣教科科员	男	31	本科	组员
宣教科科员	男	27	本科	组员

QC 小组是一个创新型的小团队,成立之初就立下四条原则。一定要创新。创新是实践的灵魂和动力。要求不局限于培训环节、内容、方式等方面的创新,只要与培训有关的都要有点子、有新意。一定要民主。小组管理实行自我管理、自我教育。讨论问题时高度民主,成员平等,不分职务高低和职称高下,各抒己见,互相启发,集思广益,充分发挥组员的聪明才智和积极性、创造性,保证目标的实现。一定要智慧。这个智慧包括严密的科学性和以人为本的灵活性。这个课题是管理型课题,是与人打交道的课题,要求必须在遵循科学程序、坚持数据说话的同时,以人文的精神深入分析问题、解决问题,而不是生硬地处理或者凭个人经验"想当然"解决。一定要见效。过程控制中,见效的举措要及时完善;见效低

的要及时改进，不见效的在下期培训中要果断更换。接下来，QC小组更新培训理念、制定工作流程，明确各自任务，厘清分工职责，围绕课题的方针和存在问题，运用全面质量管理理论，以创新培训模式、提升培训质效为目标，组织开展课题攻关，开启了职教培训新模式的探索之路。

课题小组最早的思路是开展大规模综合性培训。

课题活动大体分3个阶段：

第一阶段：第一期培训班基本成型；第二期培训班改进；第三、第四期培训班进一步完善。

第二阶段：第五期培训班打出品牌、形成模式；第六期培训班进一步完善，形成独特的培训文化。

第三阶段：巩固完善，转入下一轮课题活动。

第四节　课题小组活动期间常用研讨方法确定

根据职工教育培训工作特点和综合性培训班的要求，烟台公路有针对性地选择了如下3种方法。

一、问卷调查法

①全系统职工教育培训工作状况调查；
②综合培训班、培训文化征集活动、征求意见调查；
③培训班结业征求意见调查。

二、综合分析法

将培训质效低的现状进行分割，具体研究计划、分析原因、设定目标、制定对策。

三、头脑风暴法

在培训班筹备会和课题小组确定课题、分析现状、查找原因、设定目标、制定对策、对策实施后的效果评估、培训文化品牌研讨会等关键活动环节和会议上，烟台公路都会进行头脑风暴会，以期在融洽和不受任何限制的气氛中积极思考、畅所欲言，激发新观念和新设想。

第五节　现状调查、分析原因、设定目标、
　　　　制定对策、本项对策效果呈现

掌握职教培训工作落实情况，必须深入了解职工思想和培训需求。课题小组在"烟台公路人力资本投资调查研究"（见本书图5-9至图5-11）的基础上，又进行了延展性调研，人员涉及领导、中层干部、技术人员、一线职工等多个层面，涵盖各年龄段、各学历和职称

层次的职工，样本具有广泛的代表性。

根据问卷调查结果并结合实践经验，对影响和制约职教培训成效的现状和问题进行了总结归纳，现状包括职工培训需求强烈、培训对象综合性不够、培训内容综合性不强、培训时间短、培训方式单一、培训师资较弱、培训纪律不严等7个方面。在讨论决策上述现状问题的同时，课题小组还根据行业内外的新形势，引申探讨了增设优秀传统文化学习、增加培训仪式感、增加趣味活动项目等3个方面的培训探索。

为便于课题过程的清晰展示，下面以上述10个方面为单元，按发现问题—分析问题—解决问题的方式逐一进行原因分析、目标设定、对策制定、对策实施和本项效果呈现。

一、现状一——职工培训需求强烈

问卷调查结果显示，96.9%的职工已深切感受到当前社会环境和自身工作环境中的竞争氛围和压力，91.3%的职工认为在当前形势下提高自身知识水平及业务能力的紧迫度为"急需提高"，60.4%的职工表示到45岁以后，仍然非常愿意接受培训，这说明，职工队伍中不同程度存在的"知识恐慌""本领恐慌"的问题。

（一）分析原因

①大部分职工虽然有学习提升的欲望和诉求，但因平时工作较忙或自行获取知识能力不足，在自主学习方面无所适从，需要组织提供指导并给予学习培训的平台和机会。

②受训对象分布不均衡，难以满足实际需求。以往职工培训主要是组织调训，但由于承办部门受时间、师资、财力等问题的影响，致使办班的次数、人数与培训需求不相适应。实际工作中，这些有限的培训多半是针对领导干部开办的，因而领导干部培训机会相对多些，而普通职工由于人数多、分布广，培训机会相对较少，有的多年没有参加培训。

③基层职工培训需求缺口大。调查显示，24.1%的职工未参加过专业技术培训，而这部分职工主要来自于基层，反映出职工培训的供需矛盾，特别是基层供给少，需求大，很大程度度影响了职工专业知识的获取。

（二）设定目标

建立培训制度，保证每名职工都能得到重视、增加培训机会。

（三）制定对策

①确定"明理、开智、责任、担当"的培训理念和"加强基础、淡化岗位专业、着重培养综合能力"的指导思想，努力培养具有高尚人格、创新能力和复合开放型知识结构的职工。

②加强职工培训需求调研力度，按需制定培训五年规划和年度计划，增加培训班次和培训人数。

③在培训经费、师资、设施等方面加大投入。

④整合资源、化零为整，采用统一组织、全员分批轮训的方式实现培训工作的全员

覆盖。

⑤建立职工培训档案，避免多头培训、重复培训、培训脱空等盲目施训和偏训漏训。

（四）对策实施

①根据公路行业特点有效开展专业岗位技能培训。

②集约利用培训资源，每年初或年末，利用工程、养护冬闲期时间，以全员培训、有序轮训的方式开展综合性培训，每年举办2～4期，培训200～400人。

2013年1月4—24日，第一期、第二期"迷彩行动"综合培训班正式实施，共培训180人。

（五）本项对策效果呈现

后期调查结果显示，大多数职工认为培训项目和培训机会明显增多，对参与综合性培训活动表示期待。

二、现状二——培训对象综合性不够

烟台公路职教培训工作有其行业特殊性，岗位多、人分散，不同岗位、不同地域之间沟通交流少，开展培训时也存在参训人员岗位单一、层级相同、结构固化的问题。

（一）分析原因

①公路业务范围点多、线长、面广，基层单位分散，很多职工从事工程、养护、路政、通行费征收等外业工作，人员分散不易集中。

②涉及工程、养护、通行费征收、路政、人事、行政、财务、安全管理等岗位的培训，各行其是，岗位之间无交流。

③有些针对职务、年龄、学历、职称层次开展的培训，人员结构单一。

（二）设定目标

打破地域、岗位、年龄、性别、身份、学历、职称、层级、内外业等界限，施行混班制培训。

（三）制定对策

越是职工数量大、岗位种类多、人员结构不平衡的行业和单位，越要重视加强职工之间的沟通、学习和交流，避免职工思想的进一步僵化和队伍活力的进一步弱化。课题小组决定在综合培训中不设定任何参训界限，同一期培训中既有基层单位领导班子成员，也有中层干部和普通职工；既有男职工，也有女职工；既有事业身份职工，也有企业身份职工；既有年龄大的职工，也有年龄小的职工；既有业务口职工，也有党群口职工等。

（四）对策实施

以2013年1月开展的第一期"迷彩行动"综合培训班为例，参训学员中副科级以上人员占20%，40岁以上人员占42%，女职工占33%。

（五）本项对策效果呈现

①多层面、多形式的交流明显增多。
②普通职工体会了领导干部的大局观念、领导艺术和表率作用；领导干部了解了普通职工的思想状况、日常问题和现实需求；党群干部增进了对业务干部岗位情况和日常工作的了解；业务干部得到了党群干部思想政治、文化建设等工作的启发；年长职工受到了年轻职工工作活力和创新能力的影响；年轻职工学习了年长职工岗位责任意识和工作经验等。
③同事之间理解增进、建立友谊。

三、现状三——培训内容综合性不强

平时大部分培训只涉及一种专业和人员，如针对工程人员开展工程技术培训、集中养护人员开展养护技术培训、面向路政人员开展路政管理培训等，这些培训都是由各业务部门（科室）自行组织举办的，只根据自身业务需求确定培训内容，基本不设置本专业外的其他课程。调查结果显示，有98%的职工表示培训内容太单一，想多学习一些法制类、人文类、科技类等内容。

（一）分析原因

①培训惯例，缺乏主动改变和创新意识。
②培训太注重"专"，只考虑片面的针对性而忽视了与其他业务之间的有机联系。
③存在"隔行如隔山""只管好自己的一亩三分地就行"等片面认识。

（二）设定目标

①职教培训工作目标向培养"复合型"专业人才和"专业性"管理人才方向转变。
②围绕公路行业所需的专业知识和管理知识结构搭建，实现综合性培训班课程内容综合化。

（三）制定对策

①打破思维定式和惯例，一个单位内部的各项业务、各个岗位之间是相互联系、有机统一的，任何一项工作都无法独立于全系统工作的"大盘子"而单独运转。所以，培养一名优秀的职工，只关注其自身岗位技能的提升是不够的，要想真正做到"术业有专攻"，必须打通不同岗位和专业之间的知识壁垒，对全系统工作和其他业务岗位有个全面、清晰的认识。
②保证业务技能应知应会不放松，公路建、养、征、管等主要业务内容必学。

③增加管理类、文化类、科普类等培训内容，做到"面面难到面面到、众口难调调众口"。

④注重知识的交叉复合，建立厚基础、宽口径、模块化的课程体系。设置工程养护、廉政安全法制、财务审计资产、党建、文化五大模块，突出基础宽泛、虚实结合、文理渗透的培养。

（四）对策实施

从第一期综合培训班开始就将业务类（工程、养护、路政、通行费征收等）、管理类（党建、安全、廉政、劳资、财务、法制、媒体应对、材料写作等）、文化类（精神文明、优秀传统文化、新闻宣传等）等课程全部纳入培训日程安排。

（五）本项对策效果呈现

在注重基础理论的同时，降低了对难度的要求，强调了知识面的宽泛和交汇，加强了文化的涵养和渗透。

四、现状四——培训时间短

一般行业性培训时间大多较短，一般在半天至2天左右。问卷调查结果显示，87%的职工向往有一次长时间（1~2周）的脱产学习。

（一）分析原因

①业务部门（科室）平时业务工作繁忙，人员和精力有限。
②培训课程只涉及本岗位专业，内容单一无拓展空间，2天以内足够。

（二）设定目标

每期培训时间8~10天。

（三）制定对策

因综合培训涉及课程种类较多，每期培训班的时间定为8~10天，加强时间管理，每天上午、下午、晚上全部上课，保证充足的授课和学习时间。

（四）对策实施

以第十二期"迷彩行动"综合培训培训日程表和作息时间为例，如表8-2、表8-3所示。

表8-2　第十二期"迷彩行动"综合培训班日程表

时间		课程安排
3月26日	下午	学员报到
	晚上	视频：精神文明建设专题报告

续表

时间		课程安排
27日	上午	开班仪式、集体合影；军训
	下午	军训
	晚上	团队精神训练
28日	上午	参观廉政教育基地
	下午	科长论坛：养护、劳资、路政、财务各40分钟
	晚上	视频：民族文化是民族存亡之根
29日	上午	党建专题讲座
	下午	财经纪律讲座
	晚上	视频：《2017年度感动中国年度人物颁奖典礼》
30日	上午	消防安全专题讲座　急救知识讲座
	下午	公路管理工作中的法律风险防范
	晚上	视频：《超级工程Ⅱ》第一集、《中国路》第二集、《中国桥》
31日	上午	党建专题讲座
	下午	局长论坛：基层公路工作体会
	晚上	爱心伴孩子成长
4月1日	上午	创建文明城市和文明单位专题讲座
	下午	参观市局文化建设、"不忘初心　牢记使命"签名活动
	晚上	文艺晚会
2日	上午	全市公路系统"金牌职工"宣讲
	下午	坚持社会主义核心价值体系　推动社会主义文化繁荣兴盛专题讲座
	晚上	考试、准备培训感悟、视频：《谢谢了我的家》
3日	上午	结业仪式（学员代表汇报发言），10：00前结束学员返回

表8-3　"迷彩行动"综合培训班作息时间表

活动内容	起床	早操	早餐	上课	午餐
活动时间	6：00	6：30—7：00	7：20	8：30—11：30	11：40
活动内容	午休	上课	晚餐	上课	熄灯
活动时间	12：30—14：20	14：30—17：30	17：30	18：30—21：00	22：00

（五）本项对策效果呈现

①第1至第4期培训班每期10天，考虑到有些工作岗位的实际情况，确定以后培训每期8天。

②每期培训学员从最初不适应到迅速转变生活学习模式,逐渐融入培训生活,直到渐入佳境,低于5天则没有突出效果。

③随着时间推移,各项课程互相渗透,人与人之间互相交流和影响,学习效率从报到到第9天结业日益提升。

五、现状五——培训方式单一

常规培训可采用的方式不多,不外乎"会议报告"式、"请进来"和"走出去"3种类型,授课形式基本上是老师讲课学员听或播放视频学员看,以灌输为主、呆板的培训方法难以调动职工的学习积极性。问卷调查结果显示,99%的职工认为这些方式"不生动""没新意""不感兴趣"。

(一)分析原因

①培训惯例,缺乏主动改变和创新的意识。
②忽略了职工的主体性特点,未考虑职工对新颖灵活培训方式的需求。
③组织者的精力有限。

(二)设定目标

以丰富多彩的培训方式,尽量寓教于乐,增强学习趣味性,激发职工学习积极性和主动性。

(三)制定对策

①室内教学与室外教学相结合;
②课堂教学与现场教学相结合;
③真人授课与视频授课相结合;
④各种授课方式在时间安排上交错进行,做到形式多样且富于变化,避免长时间以一种形式授课造成枯燥乏味。

(四)对策实施

①根据职工知识结构和层次,围绕公路特点外请专业老师进行业务知识和技能授课,帮助学员开阔学习视野、更新工作理念、提升技能素质。

②在做好理论授课的基础上,每期培训选定市中心机关和业务工作或文化建设突出的基层单位为参观点,组织学员进行现场观摩和实地考察,近距离进行深化学习、交流经验。

③开设科长论坛、基层(局长)论坛(基层一把手论坛,因机构改革名称有所变更)、"金牌职工"宣讲课目,由机关科室、基层单位负责人和先进典型轮流授课,以现身说法的形式促进学习教育"接地气"。

④结合党的群众路线教育实践、"两学一做"学习教育活动和贯彻落实中央"八项规定",开展廉政教育和学习,通过参观烟台监狱、莱山区检察院反腐展览、听取廉政讲座、

观看廉政教育警示片等形式,有效强化廉洁自律意识。

⑤开展一次团队拓展训练,设置"破冰""七巧板""密码"等团队性、趣味性强的活动项目,引导学员在解决问题的过程中认识自身潜能、克服心理惰性、启发想象力和创造力,增进彼此之间的理解和信任,提升合作意识和团队精神。

⑥将以上授课形式在日程和程序上穿插进行,白天真人讲课多,晚上视频课程多,间隔2天安排一次室外课程(参观等),晚上安排2次互动性质的课程(拓展训练等)。

(五)本项对策效果呈现

①参观烟台公路文化建设现场对学员震动很大,特别是公路发展历程展示厅,通过全角度、史料式反映出来的烟台公路辉煌历史,使学员们对公路文化的理解更加深刻,行业归属感、责任感和使命感显著增强。基层单位现场更接近学员们的日常工作,有利于大家对照标准找标杆来取长补短、共同提高。

②"科长论坛"偏业务性,主要讲各科室职能、负责的当年工作任务、重点及规则制度的落实。学员普遍反映对公路工作有了面上的认识,对一些涉及自身利益的事情,如劳动纪律、劳动保护等工作有了清晰的认知。"基层(局长)论坛"偏感性,基层领导以讲成长经历为主,结合自身工作岗位变迁讲奋斗的意义,讲生活的感悟,讲管理的技巧,将成就的艰辛和幸福,年长的学员感同身受,年轻的学员若有所思,深受启发。

③廉政教育以老师授课、视频讲座和参观相结合的方式效果最好。学员们看警示片和参观廉政教育基地时鸦雀无声,都被一个个案例震惊,普遍认为人没有一开始就是罪犯,都是不注重自我修养,没有敬畏意识,导致一步步沦为欲望的奴隶。

④拓展训练安排在第一天晚上进行。白天军训一天,学员们互相不熟悉,拓展训练使他们克服了陌生恐惧感和心理障碍,懂得要凭借团队力量才能出色完成高难度动作或任务。游戏仅仅是途径,但学员们在参与过程中增添了战胜困难和自我的勇气,团队凝聚力和战斗力得到加强,团队精神得到了锤炼和升华。一晚上的拓展训练,学员们时而紧张忙碌,时而开怀大笑,气氛十分热烈。学员们普遍反映这是很有趣且很有意义的一次活动。

⑤多种形式的穿插进行,避免了单调和枯燥乏味,有效提高了学员的学习效率。

六、现状六——培训师资较弱

常规培训中邀请的讲师授课水平不一,理论多、实践少。问卷调查结果显示,85%的职工认为授课老师层次较低,没有名气,讲课比较呆板,听得无兴趣。

(一)分析原因

①本单位讲课的多照稿念。
②有的业务干部有实践技能但无讲课技巧。
③外请老师有授课艺术,但有理论无实践,特别是没有与公路相关的实践。
④没请到高水平老师。

（二）设定目标

①提高本单位授课人员讲课水平。
②外请层次和水平高的老师授课。

（三）制定对策

①精选本单位业务骨干和基层领导为职工授课。
②选聘口碑好、有丰富的理论和实践授课经验的高层次专家学者。

（四）对策实施

①开设科长论坛、基层（局长）论坛、"金牌职工宣讲"课目，以"接地气"的形式帮助学员加深对全系统工作的认识和把握，进一步增强驾驭工作的能力。
②邀请交通运输部科研所、省公路规划设计院、省质监站和市委组织部、宣传部、党校、讲师团等既有理论高度又有实践经验的专家和老师授课，增强授课内容的先进性、针对性和可操作性。

（五）本项对策效果呈现

①学员上课听得认真，眼神与老师有交流，老师提问时有应答。
②授课过程中学员不时地自发鼓掌。
③课间有的学员向老师提出和请教问题。
④课程结束后学员向老师要课件或请老师推荐相关书目。
⑤有的观点和知识点学员们第一次听到，开阔了视野，转换了思维方式。
⑥学员们分析判断和解决问题的能力有了较大提高。
⑦学员接受了老师博学多才的熏陶和严谨细致学风的熏陶。

七、现状七——培训纪律不严

从以往培训情况来看，参训人员请假多，实到人数少，听课效率低，存在上课走神、打盹、窃窃私语、看手机、外出接听电话等现象。

（一）分析原因

①主办者对成人遵守培训纪律期望值低。
②学员多有例行公事的心理，不管心到不到，只要人到就行。
③没有立规矩，拉不下面子从严管理。

（二）设定目标

上课期间静音、静心，学员听得进、记得下、学得会。

（三）制定对策

①培训全程施行全封闭、军事化管理模式。
②严格培训纪律制定和落实。

（四）对策实施

①要求培训 8~10 天期间全程封闭，中间不准回家、回单位，不准不经请示单独行动，原则上不准请假，在培训通知中专门注明以上要求，提醒参训学员提前做好准备。

②为快速形成严肃紧张的学习状态，学员下午报到后立即按照《培训须知》召开班会，明确课堂、就餐、住宿、军训、早操、着装纪律和早、中、晚作息时间。报到当天晚上开始上课，将学员迅速导入学习模式。第二天军训，营造遵规守纪氛围。第三天晚上进行拓展训练，培养团队意识和集体观念。每日早操活动贯穿始终。

③将学员平均划分成 9~10 个班，每班设班长、副班长各 1 名，负责本班学员的组织和管理；再将 9~10 个班划分成 3 个中队，每个中队由 1 名教官负责全程管理和纪律监督；3 个中队统一听从培训领导小组指挥，严格有事逐级请示等程序，确保培训纪律性和严肃性。

（五）本项对策效果呈现

①培训通知中提前做相关要求，避免过度请假现象。
②军训第一天不仅立了军训、早操的纪律，而且立了整个培训期间的纪律，营造了军纪严格的气势。
③分班分队，教官进行纪律监管，组织机构形成。
④请假程序给学员的印象是流程多、难批准，客观上抑制了一些擦边球请假的现象。
⑤纪律执行过程中按实际情况把握尺度，如有的晚上想回家过生日等小事不予批准，有的亲属病危等给予准假。
⑥通过此种管理方式有效营造了人人守纪的良好氛围。

第 13、第 14 期"迷彩行动"培训班的培训纪律如图 8-1 所示。

八、新增培训探索——塑魂工程

进入 21 世纪，优秀传统文化越来越受到重视。建设优秀传统文化传承体系，弘扬中华优秀传统文化，推动中华优秀传统文化创造性转化和创新性发展成为广泛共识。课题小组认为，培训是解决人的问题，而解决人的问题，关键是要解决"心"的问题，即心态、理想、认识、境界等精神层面的东西。为此，决定增加一个目标——"以德育人、以文化人"。

（一）制定对策

将思想道德教育作为必修课，增设社会主义核心价值观和优秀传统文化学习课程，白天学业务知识，晚上学优秀传统文化等德育课程，若请来老师面授课程也可安排在白天，并在整个培训期间穿插设置相关活动环节，通过优秀传统文化和社会主义核心价值观的学习渗

第八章 人力资本投资的新探索（二）——"迷彩行动"职教培训提升质效最大化

"迷彩行动"培训纪律

培训实行全封闭、半军事化管理。为保证此次培训圆满顺利，取得良好效果，特制定以下规定，望大家自觉服从领导，遵守培训纪律。

（一）课堂纪律
1. 集中上课、开会时，携带好学习用品，提前10分钟集合，按照人员编组，以班中队为单位，由教官整队入场，按指定位置就座，保持肃静。
2. 上课期间，一律不准携带手机和其它相关电子用品，每天上午、下午、晚上上课前交由教官保管，下课发回。
3. 认真听讲，做好记录，不准无故提前离开课堂。
4. 正课时间不准无故旷课，课余时间不准离开培训中心。

（二）就餐纪律
1. 就餐前，提前10分钟集合，由教官统一带队至餐厅，按顺序进入餐厅，按指定位置就座。
2. 不准无故不就餐。
3. 就餐时，保持餐厅安静，不准嬉笑打闹，不准铺张浪费。
4. 就餐完毕后，将碗筷放在指定位置，自行离开餐厅。

（三）住宿纪律
1. 房间内要保持整洁，物品摆放整齐有序。
2. 早操完毕后要叠好被子，整理好内务。
3. 按时午休和就寝。
4. 爱护公共物品，禁止乱写乱画，不得故意损坏物品。
5. 按照指定房间住宿，不得无故擅自调整。

（四）军训及早操纪律
1. 学员无特殊情况一律参加军训及早操。
2. 服从命令，听从指挥，尊重教官，不得无故与教官争执。
3. 认真训练，遵守训练场秩序，不准嬉笑打闹、勾肩搭背。
4. 注意训练安全，如有身体不适及时向教官反映。

（五）着装纪律
从报到之日起，整个培训期间，所有学员早操、军训、上课统一着配发的迷彩服和作训鞋，不得着个人便装。

（六）请假程序
1. 如有不能参加听课、训练、早操及就餐的情况，须经中队长、大队长批准。
2. 如有离开培训中心的事由，须本人写出请假条，注明请假事由，离开时间及返回时间，由班长、中队长、大队长及培训工作负责人签字后方可准假。一般性事由不予批准。返回后要销假。

图 8-1 "迷彩行动"综合培训班培训纪律

透，增加对职工心理层面的触动，从内向外激发学习责任感和主动性，在培训效果上实现"内外兼修""形神兼具"的目标。

（二）对策实施

①开设优秀传统文化课程，邀请中央党校教授刘余莉、山东电视台《天下父母》栏目总导演吕明晰等多位专家学者举办"民族经典与中国精神""论官德修养"等专题报告会，利用晚课时间观看《民族文化是民族存亡之根》《天下父母》《感动中国》《爱心伴孩子成长》等视频，使学员从修身培德、为人处世、为官从政等各个方面领略传统文化的博大精深。

②以"孝道与感恩""孝与廉""感恩与责任"等为主题，每期培训举办一场道德讲堂活动，设置自我反省、唱一首道德歌曲、诵一段道德经典、看一部道德短片、讲一个身边道德故事、做一番道德感悟、齐诵"道德誓词"等"6+1"流程，通过反省净化、歌曲感化、经典教化、短片演化、故事同化和感悟转化，使学员在充满仪式和庄重肃穆感的氛围中加深道德认知、提升道德情感。

③以社会主义核心价值观、中华传统美德、公路职工道德誓词等为主题，组织开展道德签名活动，倡导学员培育孝心、仁心、爱心、诚心，提高履行家庭美德、个人品德、社会公德、职业道德的自觉性。

④培训设置公路道德模范宣讲活动，由烟台公路"干事创业模范""孝老爱亲榜样""金牌职工"等先进典型组成宣讲团，围绕讲爱心弘扬社会公德、讲诚心恪守职业道德、讲孝心传承家庭美德、讲仁心加强个人品德向学员开展"四心四德"宣讲，通过身边好人讲述身边好事，引发学员的心灵共振。

（三）本项对策效果呈现

①全国各地名师所讲的课程深刻透彻，学员听得认真仔细，从现场效果来看很好。
②通过优秀传统文化的学习，学员们逐渐懂得"五个感恩"（感恩自然、感恩国家、感恩社会、感恩父母、感恩他人）、"五个珍惜"（珍惜荣誉、珍惜岗位、珍惜权力、珍惜缘分、珍惜家庭）、"五个敬畏"（敬畏法律、敬畏组织、敬畏人民、敬畏历史、敬畏人生），道德自觉得到进一步激发。
③"百善孝为先"等优秀传统文化理念在学员中引起广泛认同和强烈共鸣。
④本系统内的道德模范就在职工身边，真实可信，感人至深，在学员间引起很大反响，如金牌职工"舍小家顾大家"等事迹宣讲时，很多人流下热泪。
⑤优秀传统文化课程彰显的"以文载道""以文化人"等教育作用在学员"修心塑魂"上发挥了巨大的积极作用。

九、新增培训探索二——仪式文化

日常多数培训受时间和精力等限制，很少有开班典礼、结业仪式等环节设置，培训前后既无动员也无总结，不能引起学员的心理波动，导致培训"有形无神"。课题小组决定增加一些带有仪式感的活动，既能唤起学员的责任感和使命感，也更能吸引学员并留下深刻印象。

（一）制定对策

在培训中设计安排带有仪式感的活动。

（二）对策实施

根据培训日程安排，只要是会议类、活动类的项目，适时安排相关仪式环节，或适当加入带有仪式感和庄重感的元素。例如，每期培训设置开班和结业仪式，开班仪式集体唱国歌，由学员开班、毕业做表态和感受发言；军训最后设会操仪式；学员全程着迷彩服增强培训仪式感；用餐时倡导勤俭节约，开展"光盘行动"；课前集体诵读经典增强课堂仪式感；参观廉政教育基地时开展党员宣誓活动；参观烟台公路文化建设时举行道德签名宣誓活动；培训班联欢晚会给过集体生日的学员佩戴中国结；培训结束前每位学员写一篇培训心得体会；培训结束前一天晚上进行结业考试等。

（三）本项对策效果呈现

①通过仪式来突显群体规范，起到了约束学员群体行为的作用。

②仪式的参与使学员相互慰藉，强化了培训班和公路大家庭的认同感、归属感。
③仪式帮助学员升华灵魂，为学员群体注入勇气和能量。
④通过仪式统一学员的步调，凝聚学员的共识。

十、新增培训探索三——人性化关怀

经过对培训课程和时间管理的设计安排，通过设想，如此长时间、高密度、紧凑性强的日程设置，会不会让学员感到太紧张，是否应该设置一些趣味性的环节既能舒缓学员情绪，又能寓教于乐？针对这一设想，课题小组决定在培训过程中增加一些人性化的环节设置。

（一）制定对策

增加文体活动和亲情关怀环节。

（二）对策实施

①关心学员食宿。每期培训班初期，培训工作组赴学员房间实地询问住宿状况，及时探望生病学员，尽心解决学员反映问题等。

②细化后勤保障。从细节关心学员，如寒冷天气军训时提供热姜茶、课间由工作人员带领学员做爱心保健操等。

③加强学员交流。根据观察，一般在培训开始第5天左右，学员逐渐适应了紧张的学习和生活节奏，听了一系列课程后心灵有了触动，有一些表达和表现的欲望。为此，在每期培训班的第6天晚上设置举办文艺晚会，学员根据学习内容、行业特色和传统文化等自编自演形式多样的文艺节目，营造公路大家庭团结活泼、温馨和睦的良好氛围，给学员留下难忘回忆。

④注重亲情关怀。例如，设置学员集体生日会，为当月过生日的学员佩戴中国结，送上集体祝福。

（三）本项对策效果呈现

①虽然培训管理严格，培训条件有限，但通过对学员食宿等方面细致周到的关心和服务保障，多给予学员一些温暖贴心的体会和感受。

②晚会成为培训的亮点，通过科学的策划和编排，做到了人人参与、人人尽兴，整场气氛热烈、热情高涨，学员紧张情绪得到了尽情释放，大家普遍反映晚会结束后心情久久不能平静。

③集体生日会其乐融融、温馨感人，每次举办都感动了所有人，拉近了心与心的距离。

经过上述10个方面的探索、创新和实践，"迷彩行动"综合培训形成了除专业课程外的"十个一"标准配置（图8-2）。

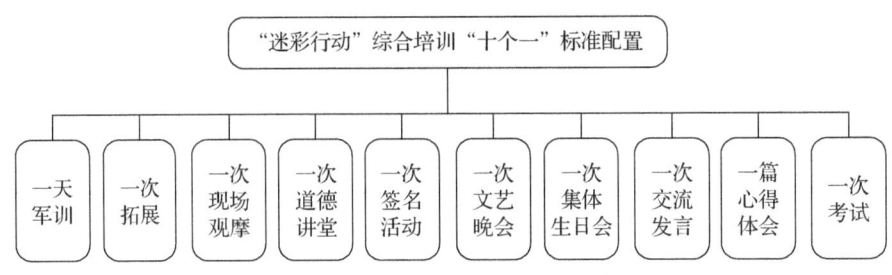

图 8-2 "迷彩行动"综合培训班"十个一"标准配置

第六节 "迷彩行动"职教培训文化的形成

培训文化是衡量培训工作完整性的工具。前期的调研中，课题小组发现常规的培训质效不高，培训工作缺乏亮点，职工参训后印象不深刻，大部分受访职工在参训收益多少的问题上乏善可陈。总之，无独特的培训文化。

通过培训方式、内容的不断创新，烟台公路逐步突破了传统培训模式窠臼，边办班边探索，把培训过程作为培育新式培训文化的过程和实践培训文化的过程，积累了 4 期培训班的经验，逐渐办出了成效，形成了模式。为便于新模式的总结推广，强化公路职教培训的影响力和号召力，烟台公路着手探讨品牌效应，在第 5 期培训班下发培训品牌名称调查问卷，请正处于培训体验中的学员们建言献策，还征求了往期老学员的意见建议。在此基础上，"迷彩行动"培训活动组织人员召开 2 次头脑风暴会，最后受学员全程着迷彩服培训的启发，引申出"迷彩行动"这一品牌名称。"迷彩行动"作为公路职教培训全新的品牌模式和文化形态在全市公路系统正式叫响。

品牌解读："迷彩"两字突出培训纪律之严肃，表现出整齐划一、统一组织、步调一致的特征。"行动"两字突出培训秩序井然、组织周密，表现出超前谋划、精心组织、文武兼备、动静结合的特征。迷彩行动，直接诠释着培训讲求务实高效的价值追求，其暗含的团结奋进、忠诚为民、拼搏务实、无私奉献的精神正与"大道为公、路畅胶东"品牌蕴含的公路文化精神相契合。

随着"迷彩行动"综合培训工作的不断深入，课题小组及时总结经验和成果，归纳特点和亮点，提炼出一系列新颖、便于记忆和传播的文化元素，形成了烟台公路特有的培训文化。

一、培训宗旨

职工观念推陈出新，公路行业凝心聚力。

二、培训目的

培养公路复合型人才。

三、指导思想

加强基础、淡化岗位专业、着重培养综合能力。

四、培训理念

明理、开智、责任、担当。

五、班训

学会做人，学会做事，学会求知，学会共处。

六、学风

严谨求实，修德修心。

七、培训宣传语

①传递正能量，播种新希望。
②迷彩迷彩，人人精彩；迷彩行动，放飞未来。
③迷彩培训班，人生新航站。

八、培训模式

①统一着装，军事化管理，以军训、早操、拓展强化纪律观念，以晚会、课间活动、集体生日活跃氛围。
②学习内容白天以业务为主，晚上以优秀传统文化为主，以参观学习深化理论认知，以宣讲、仪式凝聚正能量。

"迷彩行动"品牌名称和主题朗朗上口，易懂易记，很快在烟台公路系统内耳熟能详。品牌形成后，强化了广大干部职工的心理认同和系统内外的文化传播，不仅对今后培训工作的扎实有效开展产生了积极的影响力和号召力，而且增强了广大干部职工对公路行业的归属感和主人翁责任感，增强了公路队伍向心力和凝聚力。

第七节 "迷彩行动"职教培训总体效果检查

一、学员结业时效果调查

截至目前，"迷彩行动"综合培训班共举办14期，共1200余名学员参加培训。每期迷彩行动结束时，课题活动小组都会对参加迷彩行动的学员进行调查访问，访问方式为限定时间内（培训班倒数第二天晚上2小时）无手机状态下，手写心得体会，访问率为100%（表8-4）。

表 8-4 结业时效果检查表

效果项目	学员认可率	印象深刻率	关键词
军事训练	100%	95%	印象深刻、累、早起、风吹日晒、顶风冒雪、学生时代、刚开始抵触、久违、严肃、纪律严明、突破自我、坚持、飒爽英姿、迷彩军装、军歌嘹亮、认真负责
拓展训练	100%	70%	有趣、团结、合作、共赢、凝聚力、团队、交流沟通、破冰、激动
局长论坛 科长论坛	100%	88%	走心、幽默、标榜、楷模、榜样、看齐、文艺范、专业、激励、给力、思考、职责、专业性、差距、不足、目标、小自我顾大局、积累、保持热情
传统文化	100%	96%	醍醐灌顶、反思、震撼、羞愧、心、道、德、孝、信、洗礼、敬畏、精神财富、明理开智、净化心灵、文化内力、文化魅力、文化自信、传承、发扬
参观廉政教育基地	100%	90%	自省、自警、自律、纯洁、正气、责任、自觉性、坚定性、考验
文化建设	100%	100%	学习、精神、修德、重任、品牌、忆苦思甜、不可思议、高地、学无止境
参加道德讲堂	100%	70%	孝、善、美、珍惜、陪伴、感恩、内疚、遗憾、泪水、忽略、自责、平常心、心灵之旅
文艺晚会	100%	100%	兴奋、初次表演、怯场、害羞、激动、开心、精彩、相亲相爱、释放、热闹、欢快、青春活力、出彩
集体生日会	100%	90%	第一次、感恩、温馨、最特别、最难忘、惊喜、感动、甜蜜、幸福
观看《感动中国十大人物》	100%	60%	感动、震撼、强大、崇敬、自豪、情怀、正能量、无法抑制
红色文化	100%	90%	自豪、骄傲、理想、缅怀、敬仰、信念、奉献、牺牲、难以想象、使命、血脉相连、坚守
培训组织工作	100%	95%	敬业、忙碌、有条不紊、细心、周到、全程陪伴、靠点、起早贪黑、榜样
总体效果评价	100%	98%	公路大家庭的感觉、内容丰富、纪律严格、形式新颖、受益匪浅、收获颇丰、很幸运、很荣幸、难舍难分、最难忘、最温暖、加油站、新起点、正能量、怀念、改变、新时代、新思想、新境界、累并快乐、不忘初心、自信、严肃、活泼、高兴

（一）培训效果明显提升

总体效果评价：98%的参训学员反馈"公路大家庭的感觉""内容丰富""形式新颖""纪律严格""受益匪浅""收获颇丰""很幸运""很荣幸""难舍难分""最难忘""最温暖""加油站""新起点""正能量""怀念""改变""新时代、新思想、新境界""累并快乐""不忘初心""自信""严肃""活泼""高兴"，学员们表示通过紧张、充实的培训，不仅拓展了知识面，提高务技能水平，更提高了思想道德观念水平，改善了精神风貌，加深了对优秀传统文化的认知，对今后的工作、生活有很好的影响和帮助。所有参训者都是赢家，他们实现了认识自我、挑战自我、超越自我的目标。

军事训练：95%的学员对军训反馈"印象深刻""累""早起""风吹日晒""顶风冒雪""学生时代""刚开始抵触""久违""严肃""纪律严明""突破自我""坚持""飒爽英姿""迷彩军装""军歌嘹亮""认真负责"，很多学员平时缺乏身体锻炼，通过军训养成良好作息习惯，磨炼意志、增强体魄，增强集体荣誉感，发挥团队精神，相互信任，团结互助，促进集体凝聚力的提升。

拓展训练：70%的学员对拓展训练的反馈"有趣""团结""合作""共赢""凝聚力""团队""交流沟通""破冰""激动"，通过拓展训练，促进学员之间更快熟悉，提高了团队协作意识和效率，增强了团队凝聚力和集体观念。

局长论坛、科长论坛：88%的学员反馈"走心""幽默""标榜""楷模""榜样""看齐""文艺范""专业""激励""给力""思考""职责""专业性""差距""不足""目标""小自我顾大局""积累""保持热情"，学员们表示通过局长论坛、科长论坛不仅获得了更多相关的业务知识与技能，而且对其他部门科室增加了一定的了解，同时，行业骨干的经历与感悟，对每位学员工作生活都有一定的启示。

传统文化：96%的学员反馈"醍醐灌顶""反思""震撼""羞愧""心""道""德""孝""信""洗礼""敬畏""精神财富""明理开智""净化心灵""文化内力""文化魅力""文化自信""传承""发扬"，从对传统文化的淡漠态度，到感受到传统文化的博大精深；从自以为孝顺，到反思自身孝敬父母之行、孝敬父母之心、孝敬父母之志；从反感父母常常的嘱托，到想立刻回家为父母做点什么，想再听一听父母的"唠叨"；通过"反思"两字，传统文化落了地。

参观廉政教育基地：90%的学员反馈"自省""自警""自律""纯洁""正气""责任""自觉性、坚定性""考验"，通过一例例鲜活的反面典型，让学员感触颇深，更加坚定信心，保持清醒的头脑，正确对待名利，把握住关键环节，严于律己，遵纪守法，清白做人、廉政做事。

参观烟台公路文化建设：100%的学员反馈"学习""精神""修德""重任""品牌""忆苦思甜""不可思议""高地""学无止境"，通过参观市局文化建设，深入了解了多年来的成绩和荣誉，知道了这些成绩和荣誉的来之不易，对烟台公路文化品牌"大道为公、路畅胶东"有了更直观的理解和更深刻的认识，身为烟台公路人的一员，深感荣幸，也知道身担重任，责任也更大。

参加道德讲堂：70%的学员"孝""善""美""珍惜""陪伴""感恩""内疚""遗憾""泪水""忽略""自责""平常心""心灵之旅"，观摩道德讲堂，亲身感受到道德力量，亲耳聆听道德的诠释，亲身参与道德的传播，自己的心灵同时也得到了升华。

文艺晚会：100%的学员反馈"兴奋""初次表演""怯场""害羞""激动""开心""精彩""相亲相爱""释放""热闹""欢快""青春活力""出彩"，文艺晚会既可以劳逸结合，也是学员们展示自我风采的平台。晚会热情奔放、纵情欢歌，晚会最后《相亲相爱一家人》的歌声将大家的心紧紧连在了一起。

集体生日会：90%的学员反馈"第一次""感恩""温馨""最特别""最难忘""惊喜""感动""甜蜜""幸福"，亲身过集体生日的学员表示第一次参加集体生日，感受到来自单位大家庭的温暖，让更多人心向集体，将大家庭的温暖传递给每一位学员。

观看《感动中国十大人物》：60%的学员反馈"感动""震撼""强大""崇敬""自豪""情怀""正能量""无法抑制"，通过对道德榜样的学习，汲取精神能量，将感动变成行动。

红色文化：90%学员反馈"自豪""骄傲""理想""缅怀""敬仰""信念""奉献""牺牲""难以想象""使命""血脉相连""坚守"，通过学习红色文化，更了解今天的幸福生活来之不易，如果有一种颜色代表奇迹，只会是"中国红"。

培训组织工作：95%的学员反馈"敬业""忙碌""有条不紊""细心""周到""全程陪伴""靠点""起早贪黑""榜样"，看到培训组织人员兢兢业业的工作，学员们感受到了烟台公路对培训工作的重视，感受到了工作人员的艰辛，因而倍加珍惜难得的学习机会。

（二）培训班之"最"

通过调查，参训学员反馈出以下几项培训班之"最"如下。

印象最深的课程：《民族文化是民族存亡之根》《建设优良家风　端正党风政风》《消防安全专题讲座》《谢谢了我的家》《天下父母》《参观莱阳监狱》《良好心态成就幸福人生》《爱心伴孩子成长》。

最喜欢的老师：党课生动引人入胜的陈老师，传统文化引人深省的蔡老师，党建理论功底深厚的许教授，分享人生经验激人奋进的赵主任，严肃活泼自律榜样的于教官，业务精湛讲解细致的王科长，博古论今令人警醒的彭教授，孝道传承感人落泪的胡老师（电教片）。

最喜欢的一句话："树欲静而风不止，子欲养而亲不待"；"其身正不令而行"；"人无我有，人有我优"；"无科技不足以强国，无文化却足以亡种"；"室雅洁无尘埃，必定出高才"。

最感动的瞬间：集体过生日时唱起生日祝福歌；观看感动中国暨"金牌工人事迹"宣讲；学员生病时，领导探望、同学关心；观看《天下父母》《久病床前有孝子》等孝悌内容；观看红色舞剧《乳娘》；结业当天播放本期培训班纪实短片。

最欢乐的时刻：文艺晚会上的拉歌、"三句半"及击鼓传花节目时；观看彭老师、胡老师的幽默讲说；感动中国十大人物中黄大发等的诙谐演讲；拓展活动训练时偶然间出错的时刻。

最温馨的场景：学员们从彼此陌生到相识相知，培训结束时恋恋不舍地合影；培训期间家人携幼子探班相聚的时刻;文艺晚会时一起同唱《相亲相爱一家人》。

最艰苦的瞬间:军训时站军姿;顶风冒雪坚持军训;第一天上一上午的室内课;因为要照顾年迈生病的母亲,从家到培训中心每天深夜及清晨的往返。

最庄严的时刻:开班仪式时全体齐唱国歌时;参观廉政教育基地时重温入党誓词时;参加"存好心 做好事 当好人 有好报"及"不忘初心·牢记使命"签名活动签名时;传统文化经典《我的祖先名叫炎黄》《亲爱的祖国,请听我们说》朗读时。

最反思的一件事:反思自身对父母、对孩子的态度;平时工作中是否做到以身作则,是否尽职尽责;在社会公共场合,是否爱护环境、友善他人。

培训回去后最想做的一件事:培训后回去立刻行动起来孝敬父母,为父母做一次饭、洗一次脚、谈谈心;回到家中放下手机多陪陪孩子。

学员们的学习效果还可以从文艺晚会时学员自编自演的"三句半"——《说说咱们的培训》。这虽然是一种文艺形式,却以风趣幽默的语言反映了学员的真实心声和体会。

《说说咱们的培训班》

八班四人台上站	奉献一段三句半	课程太紧没空练	凑合看
大道为公你我担	路畅胶东声明远	全国文明五连冠	不简单
市局举办培训班	各个岗位都齐全	时间不长也不短	八天
本次培训真规范	封闭管理风纪严	请假要过三道关	真难
迷彩军服身上穿	巾帼不让男儿汉	辛苦练兵展路魂	强悍
军歌嘹亮声震天	精神抖擞展笑颜	热血沸腾一股劲	喊
最辛苦是教官	英姿飒爽风中站	军容军纪永不变	标杆
最新颖的是拓展	团队建设是关键	齐心协作闯难关	点赞
顿顿饭菜品种全	荤素搭配常变换	可惜无酒太遗憾	真馋
关爱自然要节俭	勤拿少取盘中餐	碟碗没有剩菜饭	光盘
课堂坐了三个点	肚子叫就咕咕喊	门前排队想吃饭	且慢(唱歌先!)
宣教同志管得紧	天天看到九点半	忘我精神令人敬	真干
上课听讲学员满	晚上看片不偷懒	市局领导在后面	真管
专家讲课引经典	案例剖析真活泛	大政方针接地气	开眼
局长科长上论坛	课程讲得有板眼	奋笔疾书赶紧记	考试要点
每天两次诵经典	整齐要靠领读员	有时冒出家乡音	甭管
现场观摩仔细看	文化建设引发展	成效全是软实力	感叹
传统文化拨心弦	圣贤祖训记心间	感动中国泪满面	震撼
红色文化谱新篇	乳娘大爱满人间	抑制不住泪光闪	温暖
自古百善孝为先	父母恩情高比天	回家应该做点啥	多陪伴
八天时间真不短	夜里常常睡得晚	父母亲人常来电	想念
二〇一八第一班	领导关怀记心间	回到岗位怎么办	加油干
今天晚上来联欢	很多话儿没说完	只因时间很有限	再见

二、结业返回后学员情况反馈

培训是一种蓄势,一种点燃。学员是否能将培训中的所学、所悟消化吸收,并运用到工作、生活实践中,这是一个关键的问题。为解决培训后的运用这一难题,烟台公路将"迷彩行动"综合培训班设定为教化、感化、长期性的培训,避免了急功近利,避免了培训与学员行为的"硬链接"。经调查发现,学员们返回后能迅速投入工作,并很快发生了很大的变化。

当学员返回工作岗位后,培训组织人员与学员们的单位领导、同事、家人做了大量沟通交流,得知学员们在各个方面均有了较为明显改变:大局观念强了,心态平和了,工作方法多了,团队协作意识强了,解决困难的信心和能力也强了,孝道践行更入微了。通过沟通交流及电子邮箱的反馈,发现了很多激励人心、感人至深的真实案例。

（一）工作创新的启发

学员 1 参加了"迷彩行动"培训班,在培训班学习期间,他深受授课老师、专家的工作方法启发。回到工作岗位后,他在全处开展了"师承之道"活动,以职业道德优良、业务技能熟练、工作经验丰富的业务骨干为师傅,对新入职、岗位经验不足或想成为复合型人才的职工进行"传帮带","传"中强技能、"帮"中稳思想、"带"中转作风。如今,"师承之道"活动已成为该处文化建设工作亮点,在增强干部职工传承职业精神、恪守职业道德、锤炼个人品德、提升业务能力水平、加强团队协作、集体意识等方面都有积极影响。

学员 2 参加了迷彩行动培训,在参观烟台市公路事业发展中心文化建设、烟台公路发展历程展示厅后,他有诸多感悟和想法。回到单位后,他积极向单位领导建议,在招远公路中心范围内开展了"我来招远公路这些年"大讨论和征文活动,单位干部职工积极参与,通过对自身工作经历和心路历程的反思回顾,描绘了招远公路日新月异的变化,展示公路建养发展的辉煌成就。后来,这项活动发展成为全市公路系统"我来烟台公路这些年"主题活动。主题活动中涌现出了一大批感人肺腑、催人奋进的身边人、身边事,广大公路干部职工学做身边典型,从身边做起,不断汇聚起公路发展正能量。

（二）管理方式的改进

学员 3 自称在布置工作时常采用批评、指示、下命令的态度,他认为只有有气势,才能让职工服气。参加了"迷彩行动"培训班后,培训班的团结、协作及拓展训练让他意识到自己的工作态度所带来的阻碍和局限。强硬的态度只会让人心生畏惧、避而远之、口服心不服。只有真正的以德服人,以才示人,才能让职工发自内心的敬重自己并积极主动努力工作。他学会了换位思考,希望有什么样的领导,首先自己就要做那样的领导。一个人的态度、观念转变了,行为自然就发生变化。他不再是一味的强势姿态,上下级的关系变得缓和、融洽,工作起来很顺畅,很愉快。

学员 4 是"迷彩行动"综合培训班的第九期学员,现是路政支队的政工科长,负责职工培训工作。她深受"迷彩行动"人性化关怀工作的启发,相比其他指派性的工作,人性化关怀更加强彼此间的交流，引起共鸣，促进工作开展，更是将这种启发带到了工作中。她得知有一个路政员不想参加"迷彩行动"，就找该路政员谈心，她说道："作为一名公路人，如果不参加迷彩行动将是最大的遗憾，早参加早受益，不参加不受益。"接着，她向这位路政员耐心讲述了自己参加"迷彩行动"的经历和收获。今年这位路政员欣然参加了"迷彩行动"培训班。

（三）思想观念的浸润

学员5是一个地道的理工男，参加工作后一直在施工一线，生活比较单调、甚至有些枯燥。参加自己并不感兴趣的"迷彩行动"综合培训班后，他说很庆幸自己来了！培训班里彭老师讲的《民族文化是民族存亡之根》、王老师讲的《精神文明建设专题报告》让他震撼不已，他第一次意识到自己从来没有从文化角度思考过问题，那种与世界文化相交流，与民族文化相沟通的感觉像是找到了回家的路，生活不再迷茫、无趣。他表示要与另一种思维方式进行对接，彻底打开自己，开启新的智慧人生。

学员6加了第十二期"迷彩行动"综合培训班后对仪式感感悟良多，仪式活动中融合的思想认知、道德力量让人感受深刻，置身其中，在庄严的时刻自觉地将自己对标得更高的要求，督促自己从思想、行为上做出改变。这次签名宣誓活动让她有了身为公路人的自豪感，做好工作的责任感，提升自己的紧迫感。她说："仪式感太重要了，为了更好地工作和生活，我会更加注重单位组织的有仪式感的活动。在今后的生活中也会更多注入仪式感，修身修心塑造更好的自己。"

学员7是第一期"迷彩行动"培训班的学员，他在老家有一处闲置的房子，今年有一个远房的叔叔因为拆迁没有房住，他就把这套房子无偿地给叔叔住了。他说："自从参加了'迷彩行动'学了传统文化以后，做这件事丝毫不犹豫，以前可能也会这么做，但更多的是抱有私心，现在觉得帮助别人自己也非常快乐。"

（四）家庭关系的转变

学员8自结婚以来一直和岳父母的关系不合，长时间的矛盾堆积加上生活的各种琐事让他和妻子的关系已经到了要离婚的地步。只是因为孩子就没下决心。参加"迷彩行动"培训班后，学习了传统文化的他深刻认识到反求诸己的意义。他决定先从自身找问题，他检查着自己的说话方式和相处模式。做事时也多为他人考虑，为他人着想。有情绪时，就提醒自己，发脾气解决不了任何问题，要放平心态，先把自己管理好。慢慢地他对岳父母的态度较以前也大有转变。少了愁眉，多了笑容。少了计较，多了谦和。后来他发现妻子也在悄然发生变化，对自己报以温柔和宽容，对自己的父母也多了关爱和理解。彼此之间多了默契、少了嫌隙。多了理解，少了抱怨。现在谁也不提离婚的事了！

学员9是单位里人人称赞的女中豪杰，生活原本也是美满幸福。但近些年和丈夫关系的微妙转变让她也不尽苦恼。参加了"迷彩行动"综合培训班，听了蔡教授的家风讲座之后，她意识到问题的根源在自己。她说："以前一直给自己树立一个高标杆，要做就要做最好，但慢慢要强的性格使我越来越强势，老公也越来越不能接受。我认为追求完美的理想姿态，在他看来是欲望膨胀的心态，刚开始他心疼我加班，理解我经常要应酬，包容我的急脾气，不以为然我认为都是理所应当。往往理所应当之时也就是失去之时。夫妻之间没有谁应该怎样，一切都应是相互的。既不想委屈自己，又不想为难老公的我需要学会平衡自己的工作和生活。今后我将重新找回自己的初心，去更好地拥抱和守护我的家人。"她脸上的愁容不见啦，映入眼帘的是爱的光芒。

学员10对培训班里蔡教授家风家道课中提到的家规"晨起学习做家务不抱怨"印象非常深，她说："做好了这一点，个人心态会变好，家庭也会随之幸福。而工作中也正需要这种勤奋、好学、不抱怨的心态。"

（五）孝道的践行

学员11是一个不拘小节、豪爽大方的人。单位组织学习传统文化，他常常只是点个名报个到，应付了事。他认为哪有人会不懂孝道，孝道还用学吗？参加完"迷彩行动"综合培训班后，他惭愧于自己对"孝道"肤浅的理解，深感传统文化的博大精深。仅仅是孝父母之身都没有做好，又何来孝父母之心、孝父母之志。自此，他开始从心里接受并积极地参加单位组织的传统文化学习。

学员12长时间的外业工作让他无暇顾及家里。偶尔工作不忙或休假时，朋友的聚会、推不开的饭局，也让他甚少有时间回家看父母。但他心里是想着的，他常常暗自发誓等以后有时间了一定好好孝顺父母。慢慢地这也成了他不能回家陪父母的自我安慰。直到看到"迷彩行动"综合培训班播放的《大导演与老妈妈》：《大孝子王希海》的视频时，他几度控制不住自己，流下了内疚和悔恨的泪水。他说自己从小就有一个梦想，要带着父母去北京看看，结果一晃几十年过去了，却始终没有实现。三月份培训班结束后，五一就带上父母一家人去了北京。他说：不等了！

学员13是一个刚入职没多久的女孩，她说她很开心也很幸运自己能来到"迷彩行动"培训班。她认为自己这一次的学习有了莫大的收获，让她感触最深的是"孝道"，她惭愧于自己对孝道的肤浅理解，惊讶于看似简单的孝道做起来却是那么难。《语治》中的"色难"让她印象极为深刻。她说："相比较起来每次回家给父母买的礼物，他们更希望看到我脸上的笑容，握到我双手，在日常生活中能够好言好语地去跟他们沟通交流有分歧的问题，我想就算孝顺了。'色难'这也许将会是我一生的工程，但我很愿意把它越筑越好。"

学员14自述母亲67岁，文化程度不高，不会使用智能手机。以前也曾尝试教过她使用，但母亲领悟能力实在不行，他没有耐心，就放弃了。平常，母亲看到年龄相仿的阿姨使用智能手机，总会流露出一丝羡慕的表情。参加迷彩行动培训，通过对传统文化的学习，对孝道的感悟。他决定要满足母亲这个小小的心愿。从培训班回来后的一个月里，他几乎每天下班回来都教母亲使用智能手机，最终教会了母亲，当看到他母亲使用为她新买的智能手机，脸上洋溢出满足的笑容时，他心里说不出的高兴。

学员15学习《弟子规》后，对孝敬父母有了很多的感悟，她第一次静下心来认真地反思自己，平时为孩子考虑的太多，而疏忽了对父母的关心。培训班结束后，她回到家中，第一次为父母洗了脚。她说"摸着老爸老妈的脚，虽还柔软但也有些老皮了，想想小时候爸妈给我洗过多少次脚，为我操了多少心，而我长这么大却是第一次为爸妈洗脚，真是惭愧啊。"她为父母洗脚并不仅仅是一种形式，在洗脚的过程中就和父母有了更亲密的交流，有一种很温馨很谦卑的感动。她希望能尝试经常这样做，也将用更多的实际行动来孝敬父母，让父母更加健康快乐。

学员16经常给父母打电话，叮嘱安全冷暖，在别人眼中是一个孝子。然而，参加"迷彩行动"培训班通过对孝悌文化的学习，他觉得自己做得还不够，他决定回到家中要为母亲好好洗一次脚。像往常一样，他端盆倒水后，坐在母亲的对面。母亲有些诧异，见他为自己脱袜洗脚，连说不用，在他坚持下，才继续洗脚，两人有些沉默。他发现母亲的脚却是冰凉的，脚跟粗硬、皴裂，脚面根根青筋凸显，脚趾拇指外翻超过了45°。洗着脚，想着母亲因操劳而患上了心脏病，他的泪水已湿润了眼底。

学员17每每提起父母，除了亲情的温暖和家的温馨，还会有着深深的愧疚。参加迷彩行动后，他下定决心，将一个在心中盘旋多年的想法付诸行动，那就是为父母洗一次脚。他拿着剪刀为父亲修脚，泪水忍不住涌了上来，他母亲赶紧递过毛巾：快擦擦，快擦擦，这孩子，哭什么……他觉得为父母洗一次脚，是一次优秀传统文化形式与内容的完美结合，他时刻反思，学习实践传统文化，孝敬父母，感恩社会。

学员18参加"迷彩行动"培训班后，为母亲洗了一次脚。当他将洗脚水端到母亲跟前，母亲露出惊讶和不解，没有解释，他将母亲的双脚摁进水中，捧着母亲的双脚，百般滋味。一旁玩耍的儿子，也将小手放入盆中，帮奶奶洗脚。洗脚不是最重要的，最重要的是让他对母亲无私的付出和孝道的传承有了更深刻的了解。当天夜里，他躺在床上难以入睡，想着洗脚时妈妈说的谢谢，虽然有些见外，但那是很温暖的两个字，让他感觉自己终于做了一回爸妈的乖儿子。

三、授课老师评价

所有授课老师在课间或课后与课题小组交流时表示，到过很多地方讲课，很少见到哪个单位或行业将培训活动搞得这样严格规范。

老师们普遍认为：公路职工素质高，听课认真，跟得上老师的思路。

新闻媒体应对授课刘老师：课前听到学员们诵读《亲爱的祖国，请听我们说》《我的祖先名叫炎黄》，受到感染和启发。

党建知识授课许教授：课间休息时间看见学员们排队做"爱心保健操"，感受到了烟台公路对职工人性化关怀的注重和公路队伍和睦友爱的良好氛围。

优秀传统文化授课蔡老师："迷彩行动"培训班课堂气氛好，老师讲得投入，学员听得入心，达到了同频共振的授课良效。

廉政教育基地讲解老师：烟台公路已有多期培训班学员来基地参观过，不管是哪一期都能够保持安静，统一行动，认真听取讲解，很有组织性和纪律性，不愧是全国文明单位的职工。

四、上级领导评价

职工教育培训是公路精神文明建设和文明行业创建的重点内容,"迷彩行动"综合性培训作为职教培训工作的创新载体,其特色和成效得到了上级领导的肯定和好评。

山东省厅公路局的领导看到《烟台公路》(烟台市公路局自办报刊)对"迷彩行动"综合培训的宣传报道后很感兴趣,专门安排山东公路技师学院相关人员前来学习观摩。

中共烟台市委组织部在了解到"迷彩行动"综合培训情况后,建议公路局及时总结相关经验以待推广,并在全市组织系统特色工作评选会议中对"迷彩行动"培训工作授奖。

烟台市文明办的领导在参加了培训班文艺晚会后,深受感触,对"迷彩行动"综合培训工作给予了高度评价。

五、学员家人评价

很多参加"迷彩行动"的学员在培训期间,或回到日常工作和生活中后,精神面貌和行为都发生了或多或少的改变,一些学员的家人也感受到了明显的变化。

第一期"迷彩行动"培训班一名学员的妻子反映,其丈夫是一个有点儿大男子主义的典型山东大汉,就在参加培训班前一天还在和她闹矛盾,处于无交流状态。培训期间的一天晚上,突然收到一条丈夫发来的短信,内容是"你还好吗?我不在的这几天要好好吃饭,别凑合。"三十年了,这是他第一次温柔的表达情感。后来听他说,在听了培训班中蔡教授的幸福人生讲座《半部论语治天下》后内心受到了触动,从不低头的他开始重新审视自己,感到这些年非但没有珍惜妻子的理解、忍让和包容,反而借妻子的大度不断扩充自己霸道、强硬和虚伪的"自尊心",听了老师的课后,才深刻认识到自己的错误并自责不已。

一位学员的母亲反映,女儿在参加了"迷彩行动"培训后,突然有一天主动提出,要带她去探望一位一直惦念的住在莱阳的老友,并花了一整天的时间陪老人完成了心愿。从这件事以后,她发现女儿在孝敬父母方面心细了很多,经常会替老人解决一些从前不在意和想不到的事情,切切实实感受到了女儿无微不至的"孝心",所以特别感谢单位培训给孩子带来的改变。

另一位学员的父母反映,儿子回去后说起参加"迷彩行动"培训班的事,感觉孩子一参加工作就能在这么好的单位学习和成长,感觉放心了很多,踏实了很多,对孩子也有了更多的期待。

六、外界评价

为扩大"迷彩行动"培训文化影响力,从第 7 期培训班开始,课题小组建立了"迷彩行动"微信群,将每天的培训活动编辑微信、发图宣传,群内人员每人每天转发一遍朋友圈,让更多的同事、朋友和家人看到培训的精彩瞬间,得到了越来越多人的关注和点赞(图 8-3)。

第八章 人力资本投资的新探索（二）——"迷彩行动"职教培训提升质效最大化

图 8-3 微信朋友圈里的"迷彩行动"综合培训班

第八节 总结和体会

"迷彩行动"课题活动历时较长，准备充分。课题小组周密筹划，精心组织，实现了提升培训质效，固定时间内实现学员受益最大化的目标，获得了上级领导、基层单位、学员家庭的高度评价和广泛赞誉。因模式新颖、易于见效、便于借鉴和推广，"迷彩行动"模式在蓬莱公路中心、莱州公路中心撤站分流人员等基层培训中也得到了很好的运用，取得了积极的成效。在整个课题过程中，小组成员的管理经验和课题技能都得到了很大的提升，实现了组织者与参训者的双赢，课题工作与培训工作的双赢。同时，课题活动也促进了全系统各层面职工的相互了解和交流，促进了烟台公路"双修"工程的推进，"与道同行　以德筑路"

的理念越加深入人心,"大道为公、路畅胶东"文化品牌的落地变得更加具体实在,营造了和谐共进的干事创业氛围。

一、课题成果创新之处

总体来看,本项课题成果的创新之处如下。

①培训理念创新。提出"明理、开智、责任、担当"的培训理念,将行业施教与以德育人相结合,将知识复合与创新能力培养相结合,对综合性、复合型人才的培养进行不间断的探索和实践。

②培训模式创新。从综合性培训班到"迷彩行动"的提出,发展到模式的相对固定,构建富有成效,最大限度地提升培训质效的创新模式。

③培训管理创新。从以前的领导挂名到主要领导、分管领导亲力亲为,从培训职能科室派人到场到全员全程参与,从课程设置墨守成规到深入调研、反复论证,从一人拿方案、负责人审阅到集体头脑风暴、集思广益、群策群力,从培训一了百了到训后总结反思、整理归档,培训管理工作提高了效率、实现了创新。

二、课题成果的价值

在烟台公路系统内,"迷彩行动"已超越"培训班"3个字的内涵,而成为一种培训模式,更是一种拼搏进取的工作状态、锐意出新的创新理念、精益求精的工匠精神。"迷彩行动"培训班被称为烟台公路系统的"黄埔""抗大"。其价值就在于实行培训无门槛,培训模式可复制、经验可推广、效果可预知。对组织者而言收获的是成就感与自豪感,对参训者而言收获的是幸福与进步。

三、课题成果体会

在工作过程中,课题小组的体会是要实现提高培训质效的目标,必须正确处理好八组矛盾关系。

(一)正确处理组织者与参训者的关系

实践证明,保证组织者的高参与度,这是提高培训质效的根本前提。一般情况下,行业内在职培训都是组织者拿出培训方案,老师讲课学员听,组织者参与度低。实践过程中,课题小组超前运作制定方案,召开预备会、筹备会,做到了精心组织、积极协调、周密安排。烟台公路领导于开班、结业时亲临现场,重点课程带头听课,局长、科长带头讲课,发挥了模范带头作用;课题小组成员全程陪同,每天从早操至晚课结束,"5+2""白+黑"与培训学员同吃、同住、同学习,吃苦在前,享乐在后,既是组织者,又是学习者,树立了榜样。

(二)正确处理参训者的多样性与纯粹性的关系

实践证明,保持多样性,这是提高培训质效的良性土壤。一般情况下,行业培训强调对目标人群进行细分，针对性强但易形成人群固化，思维固化。实践过程中，实行混班制，将职务高低、入职早晚、男女老幼等不同职工混合成班，便于学员之间加强交流，强化沟通，互相影响、互相带动，形成干部带职工（认真听、守纪律）、老带新（坐得住、静下心）、小带老（活力创新）、女带男（细心周到）等良性互动。

（三）正确处理大文化与小文化的关系

实践证明，大文化为先，大小结合，文化落地，这是提高培训质效的"定海神针"。大文化包含优秀传统文化、革命文化、社会主义先进文化；小文化是交通公路文化、烟台公路文化。一般情况下，行业培训都是针对行业文化的学习培训，认为大文化是社会部门及学校的事。实际上，空做小文化，易迷失方向；空喊大文化，不接地气，都是两层皮。实践过程中，烟台公路从社会主义核心价值观抓起，以优秀传统文化、革命文化解决思想认识问题，涵养了个人品德、家庭美德，事关职业道德与社会公德的一切问题都迎刃而解。

（四）正确处理务实与务虚的关系

实践证明，务虚为先，虚功实做，虚实互为，这是提高培训质效的智慧内核。一般情况下，行业培训都讲究务实，注重实务的操作，忽略精神文化的内容。认为公路建养管征、安全生产讲座的是实的；党建课、家风课是虚的。其优势是操作性强，不足是功利性、局限性明显，就事论事，头疼医头、脚疼医脚，解决一时问题，难解一世问题，而且导致业务干部光懂业务，党群干部不懂业务知识，整个干部队伍结构单一，综合性人才缺失。实际上，虚实不是对立的，物质精神可以互相转化。实践过程中，将务虚与务实相结合，通过综合性的学习，思路清了，方法多了，实干劲头更足了。

（五）正确处理形式与内容的关系

实践证明，形式为线，内容为珠，共同成就，这是提高培训质效的有效途径。一般情况下，培训都是重内容，轻形式。就封闭培训而言，封闭是形式，培训是内容；就军训而言，会操是形式，强身健体是内容；就拓展活动而言，玩乐是形式，团队是内容；就晚会而言，表演是形式，和乐是内容；就宣誓签名而言，宣誓签名是形式，责任担当是内容；就国歌、朗读而言，出声是形式，庄严感、使命感是内容；就结业典礼而言，看短片是形式，总结回顾、强化延续是内容。实际上，形式是内容的一部分，没有形式的内容是不完整的，是不容易留下深刻印象的。实践过程中，烟台公路将上述形式、内容有机融合，完美结合，强化内心认同感，学员们实现了感同身受，学有所获。

（六）正确处理紧张与放松的关系

实践证明，紧张为先，动静结合，张弛有度，这是提高培训质效的情感支撑。一般情况下，成年人的培训以放松为主，但放松过度容易心不在焉，走神课外，而紧张过度又易生逆反心理。实践过程中，烟台公路采取军训、拓展训练、参观、晚会、集体生日会、签名活动、道德讲堂等形式多样、载体丰富的培训方法做到了室内室外结合、庄严与喧闹结合、动静结合,生动活泼,寓教于乐,顾及情感,调整情绪,收获了较高的满意度。

(七) 正确处理自律与他律的关系

实践证明,他律为先,唤起自律,宽严相济,这是提高培训质效的坚强保障。一般情况下,行业培训以自律为主,不可避免的现象是自由散漫,讲者与听者没有互动和感应。实践过程中,以军事化管理为显著标志,统一整队、入课堂、回宿舍、早操、就餐、严格的请销假制度、课堂封存手机等,都是严格的他律,循序渐进,行为养成,他律带动自律,形成风气,变成自律,维护了良好的课堂秩序。

(八) 正确处理奖励与处罚的关系

实践证明,奖励为主,批评为辅,正面引导,这是提高培训质效的激励手段。一般情况下,军事化管理应该赏罚分明,但烟台公路毕竟是行业性培训,人员情况复杂,所以采取了激励为主的管理办法。实践过程中,烟台公路开展评选"十佳学员""十佳课堂笔记""十佳心得感悟""十佳优异成绩"等活动,确保奖励面达到50%,突出奖励表扬,将正气树立起来;对不合规、不文明现象以不点名批评和面对面谈话为主,将不良现象修正过来;最后收获了先进带后进,后进变先进的良好效果。

第九节 尾 声

一项课题活动的结束是另一项课题活动的开始。在活动过程中,烟台公路注意到,全国各行各业的改革大潮风起云涌,公路行业也面临着转方式、调结构的生产变革和机构机制的改革,这些都将对教育培训工作产生深刻的影响。模式是相对固定的,而内容和方式都有无穷的文章可做。也就是说,模式需要不断完善,内容更需要适时更新和升级(表8-5)。课题小组通过本次课题活动,增强了继续开展活动的信心。今后烟台公路将继续开展活动,在办班过程中及时发现问题、有效解决问题,从而形成"闭环管理",为提高培训质效,提升学员满意度做出不懈努力。

表8-5 下步具体改进措施

培训内容	根据工作、社会环境适当调整培训内容,增加更多优秀传统文化学习内容
培训时间	灵活安排培训时间,根据当年业务情况,适当增加培训时间(增加1~2天)
培训方式	增加形式新颖的培训学习方式,如分享会、课堂角色扮演等
培训师资	对外聘请交通运输部、财经大学等高水平、高层次专家学者对国家大政方针、相关政策法规及社会经济等专业领域进行授课
拓展训练	增加户外拓展项目、趣味活动项目等,寓教于乐
军训	将军训时间延长至1.5~2.0天,进一步强化军事化管理效果

第九章　人力资本投资的新探索（三）
——"师承之道"盘活人力资源"新潜能"

师带徒，也称"师徒制""学徒制"，是一种历史悠久的职业教育形式，在传统技艺的传承与创新过程中发挥了重要作用，做出了积极贡献。随着时代变迁和国民经济、科学技术的飞速发展，基础教育方式和职业教育模式发生了很大变化，相比过去手工艺人传授徒弟的古老方式，当今时代更多的是需要批量化的人才培养模式和节奏更快的供给办法，"师带徒"的观念逐渐淡化，"师徒制"的环境也逐步退化，"师傅"一词在很多年轻人眼里少了尊重和敬畏，让很多老员工没有意识也不再愿意"带徒弟"。但是也应该看到，尽管"师带徒"这种模式面临诸多的挑战，但它在职业教育和职业培训等人力资源管理中仍有着现实意义。一方面，一个单位无论大小，总会有上级和下级、老员工和新员工，即使职级相同、年龄相近的员工之间也存在着业务能力、工作经验、创新意识、职业精神等各个方面的差别，而且新入职、不同业务部门之间的人员流动也会形成不同程度的能力、经验、技能等差异，每个人都有取长补短的进取意识和学习提升的刚性需求，为了同一个工作目标和任务的实现，在一起工作的同事之间相互交流、相互协作，自然而然地会出现观摩、学习、效仿、激励、促进等情形，这其实已经形成了一种自然的、模糊的师徒状态，有必要使之有序化、清晰化，作为人力资本投资工作的一项有效措施加以合理开发和运用；另一方面，常规的教育培训往往是将职工集合起来，以不同形式和模式开展集中化、短期性的教育学习，虽然这种教育培训方式是主流的、必要的，但往往需要人、财、物的一定投入，在培训时间上不易做到长期化和常态化，而且有时难以在人力资本投资收益上取得预期的成效。"师带徒"的形式可以有效弥补常规教育培训的不足，师徒之间的"传帮带"可以在日常工作中随时随地进行，对知识、技能和经验的传授学习也更加精准有效。同时，"师带徒"的模式不仅给徒弟带来全方位的提升，徒弟对师傅同样能够起到激励的作用，从而形成相互促进、共同提高的正向循环。

在公路事业改革发展和行业转型升级的新时代背景下，师徒传承依然可以作为提升职工能力的重要举措，成为培养人才的有效途径之一。为此，近年来，烟台公路注重传承与创新相结合，在全系统开展"师承之道"活动，用实践证明"师带徒"这一老传统的新运用，对盘活公路人力资本存量、提升公路队伍凝聚力、向心力、创新力和执行力产生了积极作用。

第一节　公路行业"师带徒"优良传统

公路是支撑国民经济和社会发展的重要基础设施，系国计民生之命脉。烟台公路发展起步较早，1922 年建成的烟潍汽车路为当时全国最好的 3 条公路之一。新中国成立以来，伴随着生产力发展和波澜壮阔的改革开放进程，烟台公路取得了公路建设的长足发展和质的飞跃，建成了四通八达的公路网络，保障了通行条件的日益便捷，实现了科技化、现代化的不断提升，助力了经济社会的高速发展。在这些业绩的背后，始终有一支"公路铁军"在团结进取、笃行实干、艰苦奋斗、拼搏奉献，他们一代代赓续公路血脉，一代代接力相传，以扎实的业绩推动着公路事业不断向前，出色地完成了时代答卷。值得注意的是，"公路铁军"的形成和成长既是一个漫长的过程，也是一项巨大的工程，这其中始终都有"师承之道"的助力和影响。

一、烟台公路"师带徒"模式的历史演变

建国初期，烟台公路基础设施落后，公路等级很低，路况质量很差。因此，早年的公路管理机构（地区公路段），主要负责沙土路的工程建设养护等工作。在养护工作最前线的道班，普遍以师徒制的人员构成模式为主。1982 年成立烟台公路职工学校，设立公路施工、养护、机械操作等课程，实行半工半读，强调理论与实践相结合。在工作实践时，实行"师带徒"的制度。1986 年，开办"学生技工班"，注重公路相关专业的技能培养，在实习操作阶段，为每一名学生配备一名师傅，规定出徒条件和期限，做到了青年技工的快速、高质量成才。1992 年，随着学历教育的兴起，举办全电视中专班，引入综合性课程，着重培养有技术和懂管理的一代青工。这类中专班仍然采用理论与实践相结合的方式，1/3 的时间在公路道班、苗圃、大修厂及施工现场，采用临时结对的方式，进行现场教学，教与学的效果非常显著。此后，随着改革开放时代的到来，公路投资加大，逐步引入西方全面质量管理等方法手段或模式，"师带徒"模式日渐式微，虽然新老职工之间的"传帮带"仍然存在，但师徒关系非常模糊。近几年来，西方管理模式逐渐显现出不足和短板，与其他行业一样，公路行业也在从中国传统文化中寻找灵感，"师带徒"模式重回管理决策者的视野，"师承之道"活动应运而生。烟台公路发展历史上丰富的"师带徒"工作实践为当今重拾传统提供了有益的借鉴。

二、烟台公路传统师徒关系是一种"亲缘"或"拟亲缘"的亲密关系

公路具有点多、线长、面广的特点，早期的公路工种，如施工员、养路工等，都是野外作业，施工工具是镐头、扫把、锨，是典型的苦差事。为了施工需要，道班也大多设置在荒郊野外，前不够村，后不着店，用现在的形容叫"寂寞孤独冷"，导致公路人在社会上没形象，很多人不愿意干。有段民谣"远看是要饭的、近看是烧炭的，仔细一看是公路站的"，就很能说明这个状况。因此，那时的公路人，就像一颗颗"铺路石"，勤劳朴实、默默无闻，又吃苦耐劳、担当有为，是不可或缺的，是值得赞扬的。值得一提的是，那时的公路人诙谐地称自己"为公路事业献了青春献终身，献了终身献子孙"，说明很多公路人是"路二代""路三代"，偏远的道班甚至有"父子道班""兄弟站所"。这就形成了一种天然的"亲缘式"师徒关系。另外一种同事间的师徒关系，也因为长期奋战在同一路线路段，长期的同吃同住同劳动，进而形成了"同呼吸共命运"的"拟亲缘式"师徒关系。由这两种亲密

关系生发的"师带徒",实行"手把手、心对心"地传授,都属于个人化、个性化、个别化的培训方式,都有利于青工向熟练工的快速转化,都有利于公路一线工作的规范化完成。师傅在工作中是老师、是教练,教徒弟技能、技艺;在生活中是父亲、是长兄,关怀徒弟日常起居;在精神上是领导、是导师,训导影响徒弟做人做事,在言传身教中潜移默化徒弟的价值观、人生观。随着时代的变迁,在当今启动"师带徒"模式,这种亲密关系必定会赋予新时代的内容,如徒弟依附度降低,会更加具有独立人格和创新精神等,师徒关系不是父子式关系,更像朋友式关系。但无论如何,徒弟对师傅的尊重不能变,为公路事业做贡献的初心不能变;无论如何,建立一种亲密的关系更有利于师带徒模式的执行,更有利于徒弟的成才,更有利于完成工作任务,这是值得肯定的,也是今后构建师徒关系应该倡导的。

三、传统"师带徒"模式为烟台公路积累了重要的人力资本存量

传统"师带徒"模式的实施,师傅带徒弟,徒弟成师傅,一带一、一带多、多带多,形成"一石激起千层浪"的辐射效应,培养了一批批实用型职工。这些职工有3个特征:一是多面手。师傅与出徒的徒弟,大多爱动脑筋,坚守匠心,练就过硬本领,成为多面手:既是养路工,又是机械操作手,又是组装工,还是"半个瓦工""半个厨师"等,总之,只要是路上的活儿,道班里的活儿,除了特别复杂的外,基本都能处理,大幅提高工作效率、降低成本。二是能吃苦。烟台公路路歌中"风餐露宿、脚踏坎坷,再苦再累从来都不说"的咏叹就是老公路人最真实的写照。他们师徒一心,坚守岗位,"晴天一身土,雨天一身泥",不畏艰苦、敢于担当,关键时候拉得出,危急时刻冲得上,对处理急难险重任务有着丰富的经验和勤勉务实的作风。三是积淀并助力形成公路精神。在师徒文化的带动下,广大职工好学上进、争先创优,效仿敬业模范,争当拼搏先锋,形成了"特别能吃苦、特别能战斗、特别能奉献"的公路精神和传统。正是这些职工,维持了公路工作的正常运转,成为公路事业发展的基础,为以后公路大发展提供了人力资本的基本盘。就拿职工学校最后一批毕业生来说,他们大部分是公路职工子女,从小对公路行业熟悉,其父辈普遍"以站为家""以所为家",他们对父辈们"把路放在心上、把心放在路上"的职业精神有着深刻的理解和感受,因此,他们一般都有3个师傅:一个是父亲或者母亲,一个是上学时实习的师傅,一个是正式工作后的师傅。他们于20世纪90年代初毕业,现在已有很多成长为各个基层单位的班子成员和中层干部,成为推动公路事业发展、推进各项工作开展的中坚力量,成为公路人力资本的优势力量和优质资源,成为"师承之道"模式的承接者和传递者,发挥着中流砥柱的影响力和带动力。

总之,烟台公路历来具有"师带徒"的历史渊源和优秀传承,在专业精神、职业精神、工匠精神和业务技能的"传帮带"上有着良好的文化基因,广大职工对实行"师带徒"有着良好的价值认同和广泛的接受度,这是开展"师承之道"活动的良好土壤。

第二节 "师承之道"活动组织形式

为扎实推进"师承之道"活动,烟台公路成立"师承之道"活动领导小组,统一思想认识，精准分析环节，理清工作职责，采用起点分析、方案先行、动员鼓劲、精细执行、载体力促、总结定型"六步工作法"，通过"干中学"的"师带徒"实践，有效提升职工岗位操作技能和综合素质，取得良好成效。

一、起点分析

实行"师带徒"，首先要了解职工队伍现状。通过调研分析和查证有关统计资料得知，随着公路行业飞速发展，公路职工队伍组成结构发生了很大变化，一方面有大量的老职工，富有经验，愿意教；另一方面有大量的新进职工，需要在磨炼中成长，愿意学，这是"师承之道"活动开展的先决条件。

职工有必要学并愿意学。烟台公路现有职工 2325 人，近 5 年新进职工为 178 人，占职工总量的 7%，其中 120 人未接触过公路行业，占新进职工比例的 67%，专业基础较弱，不利于公路工作的快速开展。但是他们大都思想活跃、思维敏捷、愿意接受新事物、新领域，而且家庭负担轻，后顾之忧少，精力充沛，干劲十足。开展"师承之道"活动，能让这部分新进职工更快、更好地掌握公路行业实用性知识技能，更好地融入公路队伍、融入公路文化。

职工有能力教并愿意教。从职工学历层次看，高学历型人力资本存量丰富。截至 2019 年底，系统内职工学历构成中，大学本科占比 62.9%，研究生占比 6.3%，大学本科学历逐步提高，研究生学历 12 年间上涨 11 倍。这些高学历型人才平均受教育年限、受教育程度以及学历层次逐年提高，在行业实践中又积累了丰富的经验，有高质量的知识储备，具备师傅资格。其中 45 岁以下占 78.7%，在从事公路工作和"师承之道"活动中时间充足和精力充沛，干事业、做师傅、带徒弟。从职称层级上看，中级以上职称职工数量不断攀升，副高职称的职工数量增长幅度较大，从 1992 年的 8 人上升到 2020 年的 197 人，教授级职称的职工则从无到有；工人技术等级也在不断提升，截至 2020 年，高级工占 53%，中级工占 33%，普工仅占 4%。高学历、年轻化、高职称的人力资本，为"师承之道"活动的开展积累了丰富的专业化、技能化师资队伍。

二、方案先行

"谋事要有方案，做事要有标准"，方案是活动开展的指南。为形成系统完善、可操作性强的活动方案，活动领导小组深入调研，广泛征求意见，充分研究讨论，多次修改完善，以"从职工中来，到职工中去"的方式，上上下下，来来回回，经过了如下三轮。

第一轮，确立"骨干人才当师傅、做表率、传帮带，岗位新兵当徒弟、学技能、提水平"的总体思路；第二轮，按照切实可行、细化量化的原则，确定活动的目标任务、参与条件、结对方式、实施步骤、考核评价等各个环节，形成初步的"师承之道"活动方案；第三轮，围绕师徒关系设定、培训方式、考评内容、双向评价方式等方面的实施细节，向职工进行广泛意见征求和方案探讨，形成系统完善的《"师承之道"活动实施方案》（附件1），将活动的实施分为准备动员、排查摸底、师徒结对、拜师学艺、期中考察测试、期满考核评价和奖励 7 个阶段，对每阶段具体操作内容进行详细的规定，对相关职能科室和人员进行明确的责任分工,为"师承之道"活动组织实施提供强有力保障。具体上,准备动员阶段,成立领导小组和办公室,动员以科室为单位学习讨论方案,广泛发动职工积极参与活动,营造浓厚活动氛围;摸底排查阶段,各科室根据岗位需求实际分析、提报参加活动师徒名单,领导小组办公室对名单进行筛选、评定、公示;师徒结对阶段,通过双向选择或科室(部门)选配的形式确定师徒结对对象,填写师徒登记表,举行活动启动仪式,现场签订《"师承之道"活动责任书》,正式确立师徒关系;拜师学艺阶段,师傅根据工作实际每月制定《培训计划书》,明确师徒责任,师傅如何教,徒弟如何学,徒弟做好每月小结和资料整理;期中考察测试阶段,活动中期师傅对徒弟学习情况进行测评打分,徒弟做出中期总结,领导小组以听取汇报、查看学习资料、测试徒弟履职能力的方式逐一对师徒进行考查,形成考核情况报告,作为期满考核评价依据之一;期满考核评价阶段,先由师傅对徒弟做总体评价,徒弟做自我鉴定,再由领导小组根据责任状对徒弟表现考核,确定优秀或合格等级,考核不合格的延长期限;奖励阶段,对考核中确定为优秀等级的,在各类评先活动中优先推荐。

三轮过后,领导小组对活动开展有了抓手,职工们有了感知预期,为下步工作开展奠定坚实基础。

三、动员鼓劲

师徒关系不同于学校教育中的师生关系,其优点是约束力较强,培训效率更高。为强化这种约束力,领导小组决定借鉴传统拜师仪式,举行"师承之道"活动启动仪式暨拜师仪式,以此统一思想,上下达成共识,为师徒关系的建立和"师带徒"人才培养模式顺利推行开好头,起好步。

启动仪式设置承接责任书、签订"师承之道"协议、师傅佩戴绶带、徒弟鞠躬敬礼、师徒代表表态发言、师徒合影留念等环节,环环紧扣。一方面,做足形式感、仪式感,气氛严肃、认真、庄重;另一方面,注重内容性、实质性,强调履约职责。严谨的拜师礼,浓浓的师徒情,给师徒和现场参与人员留下深刻的印象。师傅们认识到,这既是一身经验的展示,也是肩承公路精神、薪火相传的使命宣昭,更有遴选弟子倾囊相授的拳拳之心;徒弟们认识到,这既是虚心学习的良好契机,也是早日成为公路行家里手,不辜负单位的重托的责任使然,更有尊师重教赓续传承的殷殷之情。借此,师与徒各自找准定位、自我加压、自我激励、加足油、鼓足劲,成为师徒关系和"师承之道"活动推进的良好开端。

四、精细执行

执行力是活动成效的关键,完备的方案需要精细的执行才能发挥作用。为此,领导小组以"三个到位"狠抓方案精细执行。一是组织领导到位。领导小组设立专门的办事机构,办公室设在宣教科,专门负责活动的组织协调。在活动运行上建立主要领导亲自抓,分管领导靠上抓,责任科室具体抓的机制。各分管领导每月参加一次分管科室的培训课程,给予相应建议和指导,发现方案执行中存在的问题,组织相关科室及时优化调整。二是评价考核到位。活动办公室负责进行考核,对考核结果及时分析,出现考核结果差、活动效果不佳的情况,启动延长期限等补漏修正措施,发现师徒教学中好的做法时注重总结定型,交流推广。

在此基础上,进一步总结经验,优化创新。三是信息反馈到位。畅通上下级之间、师徒之间的信息流,给师傅加责任、压担子,让师傅定期向领导小组汇报进展、难点和成效。给徒弟提要求,多加勉,让徒弟们及时向师傅及领导小组汇报所得、所悟,提建议。"三个到位"有力保障方案落地、执行得力和师徒培训目标的高质量完成。

五、载体力促

在"师承之道"活动进行中,成效已通过日常工作逐渐显现,有些师徒已感觉到自身能力的提升和工作效率的提高,有些师徒在浓厚的学习氛围下责任感和紧迫感明显增强,有些师徒真切地感受到活动开展以来整个单位工作节奏的明显改变。

此时如何增加交流、促进活动开展,成为一个新的课题。领导小组抓住有利时机,将道德讲堂这个载体引入活动,专题开展以"师承之道"为主题的道德讲堂。在道德讲堂上,将"师承之道"活动与优秀传统文化深度融合,通过"六个一"流程,强化师承之道主题。通过自我反省,深刻理解领导的良苦用心,师傅找出自己工作的不足,徒弟找出自己态度的欠缺,共同立志改正过错、克服缺点、成就更好的自己;通过唱一首道德歌曲,学会感恩他人、感恩单位,懂得珍惜师徒情谊;通过诵读一段经典,读名言警句,学治学之道,借鉴古人学习态度和方法,提高学习效率,形成自觉学习的浓厚氛围;通过看一部短片,与先进对标,查找自己在奉献上的不足,以榜样激励自己;通过讲身边人故事、做一番感悟,讲述自己亲身经历的师徒传承故事,悟师承之道。

道德讲堂让职工真正将"师承之道"的理念入眼入耳、入脑入心、学有所感、听有所悟,使职工通过"师承之道"活动这个平台,增进感情、启迪智慧,进一步强化"师承之道"活动效果,起到了载体力促的积极推动作用。

六、总结定型

"师承之道"活动从6月开始到12月底基本定型,呈现出老带新、传帮带、教学相长、共同进步的浓厚学习氛围和良好的工作作风。经过总结,形成了阶段性的、相对固定的工作方法和基本模式:得力的组织领导和办事机构是活动的组织保证,完善的实施方案是活动的行动指南,"三个到位"是方案落地的执行关键,"六步工作法"是贯穿始终的方法论。6个月的实践为建立"师承之道"活动长效机制积累了丰富的经验,为后期广泛推行奠定了坚实的基础。

第三节 "师承之道"具体操作方法

为便于具体、准确反映"师承之道"活动的具体操作方法和相关数据,在此选取一个基层单位作为实例进行说明。

一、德才兼备选师傅

"师承之道"模式的前提和关键是选择"良师"。

第九章 人力资本投资的新探索（三）——"师承之道"盘活人力资源"新潜能"

（一）择"师"高标准

"师承之道"模式要求师傅具备 3 个方面条件。首先是以德为先，有坚定的理想信念、较高的思想觉悟、良好的职业道德等。其次是业务精湛，有较高的专业理论水平、丰富的实际操作经验、良好的业绩等。然后是善于"传帮带"，有带好徒弟的主观意愿、良好的人际关系处理能力和以身作则的表率影响力等。按此标准，该单位从工程科、养护科、办公室、政工科、财务科、公路产权保护科、机务科等科室部门选定 13 人出任师傅，得到了单位全体职工的认可。

（二）建立师资库

为加强师傅队伍管理，更好满足"师带徒"工作需要，该单位适时通过民主测评、组织考察、综合评估等方式，选拔出素质优良、业务熟练、成绩突出的业务骨干，纳入本单位"师承之道"师资库。该库实行动态管理，可进可出，经活动领导小组评估达到标准的可择优入库，充实壮大"师资力量"。该单位"师资库"建立之初有 13 名师傅，在活动开展过程中又从职业技能竞赛、"金牌职工"等争先创优活动中发现 5 位"师才"，其中从"徒弟"成长为"师傅"的有 2 人，截至 2020 年底该单位"师资库"已达 20 人，占职工总数近 20%。

二、真心诚意结对子

师徒双方互有匹配意愿，能够在思想上形成共识、在行动上形成合力，是"师承之道"活动成败的另一关键因素。

（一）师徒互选精准配对

按照"双向选择"原则，徒弟通过"师资库"选择中意的师傅，师傅也可根据自己的意愿挑选徒弟，经过沟通达成结对意向后，填写《师徒结对意向表》报培训领导小组批准，师徒关系初步确定。新入职职工对单位情况、师资情况、个人职业前景不明确的，可申请由科室（部门）指定一名师傅。该单位初次组成的 9 对师徒关系中，有 3 对师徒是由科室指定后双方同意结成的，有 6 对师徒是由师徒双向自主选择结成。实践证明，师徒互选模式可以更好地拉近师徒关系，迅速进入师徒角色，从而顺利推进"师承之道"活动开展。

（二）"责任书"巩固师徒关系

师徒互选结对完成后，该单位组织开展拜师仪式，仪式中 9 对师徒签订了 18 份"师承之道"责任书（附件 3），正式确立师徒关系。责任书中明确了师徒双方的权利和义务，确定了培养目标和期限，为"师承之道"活动扎实有效开展提供了刚性约束和契约保障。

（三）结对形式灵活多样

根据实际情况采取 3 种结对形式：第一，为保证教学效果，精力有限的师徒采取"一对一"的形式进行结对;第二,如果师傅业务能力突出、精力充足,能够同时带领多位徒弟的可采用"一对多"形式进行结对;第三,如果徒弟想在多个业务领域同时进步,可以向对应的多位师傅提出"拜师意愿",采取"多对一"形式进行结对。例如,该单位的7位师傅与9位徒弟结成了11对师徒关系,其中"一对一"形式有4组,"一对多"形式有3组,"多对一"形式有2组,灵活多样的结对形式既充分利用了师资,又利于职工综合能力的快速提升。

(四)师徒关系动态管理

师徒关系不是一成不变的,师徒双方在教学过程中定期总结经验和成果,结合实际情况和教学需要及时调整师徒关系,确保达到最佳学习效果。例如,师傅如果认为徒弟学习能力强、接受能力高,在较短的时间内完成了学习内容并熟练掌握业务知识,经活动领导小组考核认定为"出师"的,即可解除师徒关系,师傅可以腾出精力带新的徒弟,"出师"的徒弟也可以拜其他师傅学习或自己成为师傅。再如,徒弟如果有学习内容过于简单或吃力、所学内容与自身专业相差过大或有岗位调整等情况,可以向活动领导小组提出换师申请后重新拜师。如此动态调整可以灵活调配师徒资源、优化师徒结构,从而达到活动收益最大化。

三、躬身实践传帮带

理论实践相结合、以师带徒出实效是"师承之道"活动的最终目的。师傅了解徒弟所需、倾囊相授,徒弟虚心学习、提升自我,通过"传帮带"使徒弟不断提高业务能力和综合素质。

(一)在日常学习中传帮带

授之以鱼不如授之以渔。师徒教学是知识和经验的传授,也是技能和素质的培养。师徒之间经过日常充分交流,每位徒弟都能够得到符合自己的学习计划和职业培养规划,如将周、月、季作为节点,设立阶段任务目标,"周"集中学习,"月"交流总结,"季"评价考核,经过量身定制的日常"传帮带"是"师带徒"模式独有的优势。该单位工会李副主席参加工作10余年,负责单位文字材料写作与新闻宣传等工作,有着丰富的工作经验和较高的职业素养。活动伊始,李副主席与所带的3个徒弟充分沟通,结合实际情况分别做好学习计划(表9-1)。在不影响工作的前提下,每周三、周五下午3点,李副主席都会和徒弟在办公楼图书室开展集中学习。除此之外,徒弟日常遇到各种问题都可以随时向李副主席请教。每月月底,李副主席会与徒弟就本月学习情况进行交流,做出总结,并对下月学习内容进行调整。每季度最后几天,她还会通过提问和模拟写作等方式检查徒弟学习情况。李副主席通过"小课堂"面对面授、手把手教,耐心细致地为徒弟传授知识、解答业务问题、交流研讨,短期内就帮助徒弟在业务能力和综合素质上有了较大提升。

表 9-1 "师承之道"学习计划

课程名称	公文写作
上课方式	听课、自学相结合,并每月练习写作 4 篇
上课时间	8 月培训计划(每周三、周五下午 3 点开始)
上课地点	办公楼二楼图书室
上课人员	师傅:李×(工会副主席) 徒弟:×××(办公室文员)、××(工团干事)、××(政工科科员)
上课内容	一、常用公文起草格式 (一)请示;(二)报告;(三)函 二、公文写作语言的运用 (一)词语方面;(二)语句方面;(三)表达方面

(二)在劳动竞赛中传帮带

充分利用劳动竞赛、岗位练兵和"金牌职工""金牌班组"评选等争先创优活动进行师徒间的传帮带也是一种经常采用的有效方式。该单位机务科刚入职的一名大学生,很想参加单位举办的一次机械操作手技能比赛,但由于缺乏经验、技能不熟而犹豫不决。师傅得知后对他进行鼓励,有针对性地加强理论指导,每日下班后现场讲解操作技巧,进行模拟演练。在师傅的帮助下该新入职大学生最终在技能比赛中获得了二等奖。

(三)在为人处世上传帮带

"其身正,不令而行;其身不正,虽令不从"。师傅,既是良师,也是益友,师傅的以身作则、言传身教可以使徒弟在耳濡目染中强化道德修养、规范自身行为。在师徒之间的良性互动中,师傅成为徒弟的"贴心人",随时了解徒弟的思想动态,关注他们的实际需求,有的放矢化解徒弟在工作、生活和思想上的困惑和压力,为徒弟建立工作信心、提供精神动力。该单位徒弟中有 4 个是新入职的大学生,工作理念和职业观念有待成熟,通过师傅们的言传身教,他们迅速进入工作状态,并表现出了遵章守纪、尽职尽责的工作作风。

(四)师徒互学双提升

"为良师躬身实践,是益友共同进步"。"师带徒"不仅是单向传授知识技能的过程,也是师徒互学共同提高的过程。对徒弟而言,师傅们的出色技能、丰富经验、良好作风和职业道德都值得学习。与师傅相比,徒弟大多较为年轻,在接受新事物、新观念和新知识上有明显优势,在一些问题上的新思路和新方法能够给师傅带来启示,从而更好地分析问题、解决问题。"单丝不成线,独木不成林",部分师徒同属一个科室或部门,要实现集体进步,光是徒弟干不了,仅靠师傅也干不好,师徒之间的互帮互助、互促互进成了个人进步、单位发展的动力之源。活动开展以来,该单位 13 位师傅中有 3 人取得了更高一级的专业技术资格,有5位徒弟取得了中级专业技术资格，还有多人在上级各类评先树优活动中获得表彰，队伍素质和单位工作水平得到了明显提升。

第四节 "师承之道"活动成效

通过"师承之道"活动的广泛开展，此模式为提升公路人力资本投资收益带来了明显成效，实现了多赢局面，具体可总结为"三受益"。

（一）徒弟受益

"干什么学什么，缺什么补什么"，"师带徒"模式可以有针对性地对徒弟进行加油、补钙、充电，通过活动开展的不断深入，徒弟在师傅的精神带动和作风引领下，逐渐端正学习态度，学习和工作的积极性、主动性渐入佳境，通过干中学、学中干，认真完成师傅布置的学习和工作任务，日积月累，不断进步，在品德、技能、学历、职称等方面取得了实实在在的变化和成绩。多数新入职人员迅速进入工作状态，在干好本职工作的同时还学习掌握了其他岗位技能，一半以上已能在工作中独当一面，有的因工作成绩突出走上中层管理岗位；还有43个徒弟通过中级经济师考试，12个徒弟被评为"全市公路政务信息工作先进个人"，其他徒弟业务能力也都得到大幅提升。

（二）师傅受益

一方面，"要给徒弟一碗水，师傅必须有一桶水"，责任的驱动，使师傅们必须倒逼自己加强自身学习，在教授徒弟的同时，业务技能和个人修养也得到了不断优化和提升；另一方面，"尺有所短、寸有所长"，虽然师傅拥有多年的工作经验和较高的业务技能水平，但是徒弟往往在其他方面也有一技之长或多长，在师徒教学过程中，徒弟解决问题的新思路和新方法也能够给师傅带来启发灵感。这些师徒之间的相互学习和良性互动，充分发挥了教学相长、相互促进的作用，也进一步推动了"师带徒"培训质量和活动成效的不断提档升级。师傅在烟台市"优秀团干部""最美志愿者"、全市公路系统"金牌职工""十大杰出青年""十大优秀志愿者"等荣誉称号评比中人数比例高达4%，有10名师傅考取一级建造师。

（三）单位受益

第一，"师带徒"模式的相互教学带动了培训成效的明显优化。经过随机调查和效果评估，我们发现此模式的效用具有3个特点：一个是"准"，一个是"精"，一个是"稳"。"准"的方面体现在准确，能够保证教为所用、用为所学，与常规教育培训方式相比更加"走心"、更加"解渴"、更加"接地气"。"精"的方面体现在精到，师徒之间在日常工作和教学中，便于就某一个业务问题进行精准、精细化的沟通探讨和深入交流，比常规的批量教育培训模式更具专一性和针对性，在发现问题、分析问题、解决问题的互动反馈上更具及时性、便利性和准确度。"稳"的方面体现在可持续，即可以实现教和学的长期化和常态化。第二，"师带徒"模式的相互影响带动了全系统精神面貌的持续转变。优秀的结对师徒以实际行动展现出来的干事创业劲头和良好精神面貌，极大地感染带动了其他结对师徒和干部职工，逐渐形成了尊师重教、爱岗敬业、笃行实干、团结向上的文化理念和氛围，勤奋学习、勤勉干事、团结协作、共谋发展在公路系统蔚然成风。第三，"师带徒"模式的相互砥砺带动了公路工匠精神的永续传承。"师带徒"模式的广泛运用，在公路系统营造了一种"共同学习、共同成长"的学习环境和良好氛围，师与徒之间的取长补短、磨砺技能，师徒与师徒之间的比学赶超、竞相发展，使公路劳模、公路工匠和各类业务人才的"传帮带"作用得到了充分释放，在培养和造就品德优良、作风扎实、技能娴熟、业绩突出的优秀职工队伍上发挥了积极作用。

"师承之道"活动中，师傅们传技能、帮思想、带作风，徒弟们学业务、提效能、强素质，组织者找方法、明效益、促执行，在此期间积累了很多心得体会、工作总结和思想感悟。其中包括活动期间师徒沟通、小结反馈产生的心得体会，道德讲堂交流分享的思想感悟，活动结束后考核评价的工作总结，还有参与者的同事、父母等为职工发生的变化而做出的评价。在这些感悟和总结，有很多激励人心、感人至深的师徒故事，生动地反映了"师承之道"活动中职工的精神面貌、真实的心理状态及活动后所取得的效果。

现摘录如下。

说我们是师傅，其实只不过是我们比他们的年龄大一些、经验上稍多一些。"给学生一碗水，老师就要有一桶水"。要想给徒弟讲课，必须自己先懂先会，这就促使自己去主动学习钻研更多的业务知识。我总担心自己的知识储备不足，所以在每次讲课前都要查阅有关专业书籍，拓展自己的知识范围，力争把一些生硬的专业名词、原理通过通俗易懂的语言表达出来，让徒弟们容易理解、接受。正所谓教学相长，教和学是相辅相成的，相互促进的，师徒结对更多的是一种真诚的合作，是合作之上的携手前进，真诚地祝愿我们大家在以后的相互学习中共同进步。

——烟威管理处

当徒弟每次喊我"师傅"的时候，我都会觉得自己的责任重大，第一想法就是，我要以身作则，要教会徒弟做事先做人，要想办法把自己的专业知识、所感所悟都教给徒弟。现在我已经带了4个徒弟，自己也制定了一套简单实用的"老带新"方法，主要是根据年轻人性格特点和每个徒弟各自学习经历，分别为他们制定了阶段性学习计划和目标，再详细讲解理论知识。

——莱阳公路中心工程

很荣幸能够在"师承之道"主题道德讲堂分享我的感悟，其实在20年前我刚参加工作时，也有师傅，当时我是跟着师傅学统计工作。现在，自己也当上了师傅，接过这传承公路精神的"接力棒"，才明白当师傅那不仅仅是说说而已，必须及时丰富知识层面，更新知识储备，多接收一些新思想、新观念，也要和徒弟相互学习，共同进步。我坚信自己能够跑好这一棒，也能够稳稳地将"接力棒"交到下一代公路人手上。

——莱山公路中心

如果单讲理论知识，不是很容易理解和记忆，我都是通过采取先通论再现场示范、现场实践的教学方法，感觉效果很不错。通过带着徒弟去施工现场，一起扎进那滚滚热浪勘查现场情况，然后再为他们讲解施工中具体注意事项和方法。虽然看到徒弟的脸和胳膊被太阳晒得通红，衣服也被汗水湿透，但我相信他们绝对受益匪浅。

——龙口公路中心

我们作为师傅不单单要教好业务知识，还得默默地传递一些优良传统。要让徒弟学到了许多书本上学不到的东西，发扬艰苦朴素、勤俭耐劳、乐于助人的优良传统，做到老老实实做人，勤勤恳恳做事，时刻提醒自己工作、生活中当好表率。现在，看到徒弟在工作中能够独当一面、不断进步，我感到非常欣慰，也很骄傲。更希望，徒弟能"青出于蓝而胜于蓝"，在工作岗位上开创出自己的一片天地。

——烟威管理处

从部队退伍之后，我就来到了单位的办公室，成了公路大家庭的一员。而且正好赶上了"师承之道"活动，它为我们这些公路岗位上的新兵搭建了一个学习、提高的平台。现在我已经有了两位师傅，一位教我公文写作，一位教我工程业务，通过这个活动，我看到了师傅们对岗位的坚守、对工作的专注、对业务的钻研，师傅们刻苦认真的劲头，就像一团火焰，激励着我不断挑战自己、超越自己。

——莱州公路中心

对于我这样大学刚毕业，踏上工作岗位并且没有工作和社会经验的人来说，"师承之道"活动的开展无异于"久旱逢甘霖"。从一开始对财务工作无从下手到现在的有条不紊，最应该感谢的就是我的师傅，她教会我在会计的实务操作中要会举一反三，要严谨的对待每一件事儿，还教会了我许多为人处世的道理，既是师傅，亦是好友。不管将来在哪里工作，自己都会谨记师傅的教导。

——海阳公路中心

我觉得我的师傅更像是一个长辈，不断关心着我的成长。从我踏上路政岗位的那天起，师傅就是我学习的榜样，是师傅用实际行动教我懂得了作为一名路政人员的责任和担当，他教会我应该如何廉洁自律、秉公执法，教会我懂得为人处世的道理。在今后的工作和生活中，我一定会牢记师傅的教导，严以修身、率先垂范，努力做一个德才兼备、业务精湛、勇于担当、乐于奉献的公路人。

——烟威管理处

原本对养护业务一窍不通，师傅为了尽快让我成长，真的是手把手地教，经常带着我徒步调查路况，在实践中讲解公路病害专业知识，就这样我学得特别快，现在已经能独立工作了。一日为师，终生为师。"师承之道"活动就像一条无形的纽带联结在我们师徒，增加了我们交流和学习的机会。这只是一个新的起点，在以后的工作、学习、生活中仍然会有困惑的事情发生，所以我会不断努力学习，在师傅的"传、帮、带"下尽快成长。

——长岛公路中心

虽然我不是在公路业务一线，但是能够在师傅的教导下，多掌握一项岗位技能，也是另有收获。跟着师傅，我不仅学习掌握了档案管理知识，而且学到了师傅认真负责、一丝不苟的工作态度，通过师傅的一言一行，让作为徒弟的我看到、也用心感受到什么是坚守岗位、恪守原则，什么是敬业奉献、助人为乐，什么是"修德做好人，修路出精品"，师傅不仅是技艺的传承者，更是我的人生导师。

——海阳公路中心

把"师承之道"活动开展得有声有色，富有成效，才能体现出烟台公路干部职工勤奋学习、积极工作、团结奋进的良好精神面貌。我们要用实践证明了"师带徒"这一老传统的新运用，对于加强职工人才队伍建设、提升工作水平的积极作用。下一步，要继续总结经验，巩固"师承之道"活动成果，再接再厉，推动职工培训教育再上新台阶。

——烟台市公路事业发展中心

当师傅的虚怀若谷，用心备课、授课，当徒弟的虚心好学、学以致用。从我们单位活动取得的实际效果来看，"师带徒"的培训教育方式，对于提升职工业务素质、工作能力，营造积极进取、团结协作的工作氛围有着十分积极的意义，是一种行之有效的职工培训教育方式。

——烟威管理处

实践证明，实施"师带徒"培训教育模式，以完善的机制为"师带徒"提供组织保证，对于加速单位人才培养速度、解决人力资源与公路发展形势要求不匹配的"瓶颈"问题具有积极的作用。可以说，"师带徒"不但能够促进单位优秀职工工作经验与技能技巧的快速传承，同时，还能将优秀的职业精神、文化理念和工作作风传承下去。

——栖霞公路中心

在活动开展期间可以看到，结对师徒以实际行动展现出来的干事创业劲头和良好精神面貌，极大地感染带动了其他干部职工，勤奋学习、勤勉干事、团结协作、共谋发展在全处蔚然成风，圆满完成各项工作任务。在下一步具体组织时，我们还要积极探索"师承之道"活动的长效机制，巩固提升活动成果，发挥党员先锋模范最大效应，推进基层党组织建设全面进步。

——烟威管理处

他以前不是特别注重个人形象，而且还经常抽烟，没想到能通过这一活动把烟戒了。自从告诉他满足师傅的条件后，他跟我说得最多的话就是"我是师傅，我得以身作则。"这些年很少见他读书，现在眼镜也带上了，书也读上了，说为了能更好地给他的徒弟们讲课。在家也是，在孩子面前也都更加注重自己的榜样作用了，挺感谢这次活动的，对他的提升真大。

——龙口公路中心职工家属

孩子回家后经常说起自己有两个师傅，说两个师傅在单位里业务、文学都是佼佼者，他要融会贯通，把知识、技术都学到，不能辜负师傅的厚望。来公路之后就能遇上这么好的活动，在这样的单位学习和成长，让我们做父母的感觉放心了很多，踏实了很多，对孩子也有了更多的期待。

——莱州公路中心职工家属

我对"师承之道"活动的感触颇深，我自己以前也是从徒弟这个阶段过来的，知道师傅对徒弟的影响是十分重大的。而且身边徒弟和师傅之间的氛围，也让我特别羡慕，现在看自己的水平还达不到做师傅的标准，下一步我得好好学习、补足功课，尽快考下来专业技术证书。能把自己会的东西倾囊相授，真的是一种骄傲。

——莱山公路中心

经一师，长一技，道相传，义相承。一方面，一位好师傅往往能用自己的学识、阅历、经验点燃徒弟对岗位的热爱和敬畏，在教徒弟自我认识、自我鞭策的过程，相互促进、共同提高；另一方面，"动人以言者，其感不深；动人以行者，其应必速"。在师傅身体力行地带动感染下，徒弟不但懂得了作为公路人的责任与担当，自己也在努力成长为一名知识型、技术型、复合型人才。通过"师承之道"活动，烟台公路职工在工作中学习，在学习中成长，培育出一批批具有创新、技术等核心竞争能力的"公路铁军"，进一步盘活了人力资源的"新潜能"，最终达到全面提升人力资本投资效益的目的。

附件1

《"师承之道"活动实施方案》

（一）活动的意义和目标

意义：开展"师承之道"活动，旨在通过将发挥骨干人才的先锋模范作用与师徒相授的有效培训教育方式相结合，在全单位营造骨干人才"传技能、帮思想、带作风"的浓厚氛围，一方面，激励"师傅"进一步强化责任意识，增强表率作用，发挥榜样力量，将个人在学习、工作中的所感、所悟精心传授给"徒弟"；另一方面，引导"徒弟"立足岗位、成长成才，在"师傅"的教导下，刻苦学习理论知识、钻研岗位技能、培育道德风尚，使个人修养、综合素质、业务技能得到迅速提升。通过培训教育，达到师徒相互促进、共同提高的效果。

主要目标任务是通过"师承之道"活动，使徒弟在师傅的指导帮助下至少取得以下成绩：①思想政治水平明显提升；②工作能独当一面；③掌握一种新技能；④考取一个新证书；⑤岗位职务得到晋升；⑥专业技术职务得到晋升。

（二）参与条件

1. 设定师傅选拔条件，按职业道德等级和专业技能等级建立师傅库。①加强师德修养，将党性修养和职业道德能力作为师傅参与的首要条件，师傅要理想信念坚定、党性修养高，具有良好的职业道德、较高的专业理论水平和丰富的实际操作经验，并有带好徒弟的主观愿望和指导徒弟的能力。②强化技能保障，要求师傅同时必须具备丰富的职业技能经验，是具有中级以上（含中级）专业技术职务的业务骨干、中级工以上（含中级工）的业务骨干、在本专业岗位工作5年以上的业务骨干或拥有某项专业特长或擅长某项技能的人才（如计算机、网络、档案、机械设备操作维修等）。

2. 设定徒弟参与条件，按需定制根据职工不同情况分门别类确定参与对象。①必备条件：热爱本职工作、有较强的责任感和上进心，有学习掌握某项技能的需求和意愿。②根据自愿原则，确定岗位经验不足的新入行职工和因岗位调整对新的工作技能掌握运用不熟练、技术不过硬的职工为参加对象。

第九章 人力资本投资的新探索（三）——"师承之道"盘活人力资源"新潜能"

（三）师徒结对方式

1. 结对方式"活"。采用师徒双向结对，达到互相自愿、双向选择的目的。"师承之道"采用一对一、一对多、双师制等结对方式。一般情况下采用"一对一"的结对方式，师徒双向选择自行结对后报培训教育活动领导小组批准，师资不足的科室或师傅专业技术能力强、专业相似借鉴程度高的可采取"一师带多徒"的结对方式，单位保证培训效果，采用最高带徒数额限制。双师制主要针对的是合同期内如果师傅或徒弟工作有变动，可酌情重新安排师徒结对的情况。

2. 结对管控"严"。师徒结对除采用自愿结对、双向选择的方式外，还采用科室（部门）选配的方式进行，确保参加对象的全面严格管理。科室（部门）选配要由所在科室按照岗位需求，为符合学徒条件的职工选配1名师傅。新入职工的师傅原则上由科室（部门）选配。

（四）活动开展步骤

共分以下几个阶段进行：

1. 准备动员阶段。成立领导小组和办公室，落实责任分工，保障活动的有效开展。以科室为单位，组织职工认真学习活动方案，认真学习方案的意义和精神，明确目标任务，提高学习积极性和自觉性。通过微信群、公路简报等平台，对本次培训教育活动有关内容进行集中宣传，发动干部职工积极参与到活动中来，做师傅传授知识技能，当学徒增强工作本领，营造浓厚的活动氛围。

2. 摸底排查阶段。各科室根据人员实际情况对岗位培训需求进行分析，有针对性地确定为师、学徒的人员名单，报宣教科审核，宣教科根据参与条件对师徒名单进行筛选评定，对符合条件的人员进行公示。

3. 师徒结对阶段。符合为师、学徒条件的人员通过双向选择或科室（部门）选配的形式进行结对，确定师徒结对对象，填写师徒登记表，签订责任状和协议，确立师徒关系。

4. 拜师学艺阶段。师傅每月根据单位培训计划安排和工作实际制定《培训计划书》，确定本月学习重点，有计划、有步骤地把理论知识和工作中积累的知识与技能传授给徒弟，确保培训进度和效果；徒弟要服从师傅的指导，严格按照《培训计划书》安排的内容进行学习，认真做好学习笔记，每月做一次学习小结，及时总结所学知识和技能。单位设置专门学习室，师徒除在日常工作中传教授、学习知识技能外，每周要拿出不少于半天的固定学习时间在学习室进行授课学习。每月28日前由徒弟负责将本月培训计划、培训内容、影像资料、考核情况等报政工科。

5. 期中考察测试阶段。培训中期，由师傅对徒弟进行一次期中测试，对其学习态度、理论掌握、实际运用等情况进行评价打分，并报培训教育活动小组办公室备案，作为学徒期满后是否"出徒"的评价标准之一；徒弟要提交一份半年学习总结，师傅要在总结材料上签署意见，作为出徒弟考核评价的重要依据；培训教育活动领导小组采取听取汇报、查看日常学习培训资料、测试徒弟履职能力等方式进行对每一对"师徒"进行一次考查，并形成文字考核情况报告，作为期满考核标准之一。

6. 期满考核评价阶段。培训期满后师傅要对徒弟做出总体评价，徒弟要写出自我鉴定。

培训教育活动领导小组责任状确定的目标任务对徒弟进行考核评价，完成目标任务的视为"出徒"；培训期满后师傅要写出培训工作总结，认真总结经验。培训教育活动领导小组根据徒弟出徒表现，将师傅确定为优秀或合格等级；学徒期满考核不合格的徒弟应延长培训期，延长期不超过3个月，对于延长期满考核仍不合格的，将取消师傅等级评定资格。

7. 奖励阶段。能认真履行责任状，圆满完成培训计划，且学徒期满徒弟考核合格的师傅和徒弟，具备被评选为"优秀师傅""优秀徒弟"称号的资格，并给予通报表彰和一定的奖励，同时在各类评先评优活动中予以优先推荐。

（五）活动保障

一是培训活动通过明确的责任分工、精心组织实施，领导小组办公室是教育工作的主管部门，负责活动的组织协调、考核评价、内业资料收集、宣传报道等工作，各科室为直管部门，负责配合、指导和监督本科室培训教育工作，遴选综合素质好、学有所长的业务骨干，组建一支师傅队伍，鼓励他们积极对徒弟进行传、帮、带，并随时检查师带徒学习培训的进展情况，掌握徒弟学习进度，定期对徒弟进行学习情况抽查考核，确保活动取得实效。

二是及时总结经验，做好建档工作，对于过程中好的经验做法和行之有效的学习方法，各科室总结形成书面材料，培训期间师徒也将培训中形成的培训材料和影像资料整理，并定期报送至宣教科，同时，宣教科要专门设立培训教育活动内业资料卷，确保活动开展内容、过程、成果等一目了然。

附件2

"师承之道" 主题道德讲堂流程

第一个流程自我反省。由点到面，从师徒到全体职工，在不断加强学习的同时，对照学到的东西反省自身，通过自我反省，及时改正过错，克服缺点，成就更好的自己。反省在"师承之道"活动和日常工作学习中，是否有需要改正的缺点和不足，作为一名师傅，是否做到"为师先立德，树人先正己"，处处以身作则、当好表率？是否能够将自己的专业知识、岗位技能、工作经验耐心细致、毫无保留地传授给徒弟，真心希望徒弟"青出于蓝而胜于蓝"？是否关心徒弟的个人成长，不仅悉心传授工作技能、还教会他们做人的道理？作为一名徒弟，是否做到了自谦恭敬、勤奋好学、虚心求教，努力学习师傅的专业技能和优秀品质？对于师傅教授的内容，是否做到了敏于思考、勤于实践、勇于创新？面对师傅的批评指正，又是否做到了心平气和地虚心接受、积极改正，感恩师傅的教导和培养？师徒之外的职工是否能够不拘于师徒形式，将自己的工作经验和技巧热心传授给他人，对于同事的请教是否能够真诚耐心地解答；又是否懂得"道之所存，师之所存"的道理，主动学习领导、同事或者下属的优点和长处，不断提升个人素质和岗位应对能力？

第二个流程唱一首道德歌曲。道德讲堂全体学唱道德歌曲《谢谢你》，在演唱中逐渐明白"感恩自然、感恩国家、感恩社会、感恩父母、感恩他人"，进一步懂得"珍惜荣誉、珍惜岗位、珍惜权力、珍惜友情、珍惜家庭"，对履行家庭责任、社会责任和岗位责任都有新的认识，在全单位形成全员自觉学习的浓厚氛围。

第三个流程诵经典。诵读《论语》《师说》等国学经典中关于教学和学习之道的论述。通过诵读这些大家耳熟能详的名言警句，体会蕴含着"尊师重教、乐教好学"的深刻哲理，强调"为人师者，必先正其身"等作为老师应有的道德修养及"三人必有我师""学而时习之"等关于学习的态度和方法，这些治学之道，不管是在"师承之道"活动中，还是在日常工作学习中，都值得我们借鉴和运用。

第四个流程看短片。观看PPT短片——学习日本顶级木工大师秋山利辉的授徒之道，体会秋山对于"匠人精神"——做人的阐释，师与徒之间最核心的传承，其实是精神与德行的传承，只有以德为先，施之以行，技艺传承之路才会越走宽、越走越远。观看微电影《天边》，从片中师徒二人一次外出刮路的经历，向我们展现了边防养路工人朴实、坚韧、爱岗敬业的高尚品格，同时也让我们感受到孙卫东师徒如同父子般真挚的情谊。"鹤发银丝映日月，丹心热血沃新花。"戈壁深处的这份坚守，就这样在师与徒之间传承，而这种传承，是工作制度和流程所无法承载的，它靠的是人与人之间的情感交流和行为感染。尽管，我们的工作环境要比戈壁、沙漠好太多，但在公路建养征管中也有各种艰苦和辛劳，烟台公路人同样以实际行动践行着忠于职守、拼搏进取的铮铮誓言。

第五个流程讲一个身边人的故事。通过讲述身边同事在师傅的谆谆教导下，找到了现实通往理想的桥梁，当自己也成为一名师傅的时候，又无私地把所学、所悟传授给徒弟。这种业务技能和职业精神的接力，传递的是一代又一代烟台公路人无悔的坚守。

第六个流程做一番感悟。通过四位师徒的感悟，领悟师承之道，对履行岗位职责、继承发扬公路人的优良传统形成自己内心的一份答案。

创新环节，工作人员演绎自主创作情景剧《你是我的眼》，剧中通过师傅们的一言一行，徒弟们看到、也用心感受到什么是坚守岗位、恪守原则，什么是敬业奉献、助人为乐，什么是"修德做好人，修路出精品"。师傅不仅是技艺的传承者，也常常成为徒弟人生的老师，除了要向徒弟传授岗位技能，更要传授为人之道、立身之本、处世之理。

第七个流程全体人员一起诵读《公路职工道德誓词》和《感恩词》。

公路职工道德誓词

我愿意，以恭敬之心践行社会公德，文明礼貌、助人为乐、爱护公物、保护环境，做一个有爱心、懂感恩的公路人！

我愿意，以诚敬之心践行职业道德，爱岗敬业、忠于职守、敢为人先、无私奉献，做一个干一行、爱一行的公路人！

我愿意，以关爱之心践行家庭美德，孝老爱亲、尊重家人、勤俭持家、和睦邻里，做一个有责任、有担当的公路人！

我愿意，以仁爱之心践行个人品德，爱国守法、诚信友善、克己立德、庄敬自强，做一个人格高、品行正的公路人

感恩词

感恩天地滋养万物！

感恩国家培养护佑！

感恩党的英明领导！

感恩父母养育之恩！

感恩老师辛勤教导！

感恩同仁关心帮助！

感恩农夫辛勤劳作！

感恩大众信任支持！

附件3

"师承之道"责任书

为明确师徒职责，确保活动取得实效，现签订如下《"师承之道"责任书》，师徒双方应共同遵照执行。

一、双方职责

（一）师傅职责

1. 师傅必须党员意识强、党性修养高、理想信念坚定，具有良好的职业道德，热心传授理论知识和实际操作技能，认真履行自己所承担的责任。

2. 师傅要制定培训期内带徒目标和详细的教学计划，并将计划落到实处。

3. 从思想、学习、工作、生活上关心、爱护和帮助徒弟，充分发挥党员模范带头和榜样作用。

4. 负责指导和解答理论知识、业务技术、安全生产上的问题和关键性问题，及时发现和纠正存在的各种安全隐患并对带徒期间徒弟的安全生产负责。

5. 与徒弟共同学习和运用新知识、新技术、新工艺；鼓励支持徒弟的创新意识，鼓励徒弟参加各类技能竞赛和职业技能鉴定。

6. 本着民主、平等的观念，正确对待徒弟的合理化建议。

7. 对徒弟的德、能、勤、绩应做好全面考核记录，半年时进行一次期中测试，对其学习态度、理论掌握、实际运用等情况进行评价打分，徒弟出徒时，师傅要有书面报告交培训教育活动领导小组，保证徒弟学徒期满考核合格。

（二）徒弟职责

1. 遵守管理处的各项规章制度，安心本职工作，虚心学习，吃苦耐劳，团结同志。

2. 在生活、工作中处处尊重师傅，服从师傅的安排。

3. 严格按有关技术规范和操作程序施工作业，虚心请教技术上的疑难问题，保证安全生产。

4. 认真学习新知识，刻苦钻研新技术、新工艺，利用所学知识，并加以运用。

5. 期满后，应写出书面的自我鉴定交师傅进行审核，并报培训教育活动领导小组。

6. 保证学徒期满达到培训教育的既定目标任务。

二、成果考核

学徒期间徒弟要认真做好工作日志和学习笔记，培训教育活动领导小组定期、不定期对"师徒"进行考查。

学徒期满后，培训教育活动领导小组按照《"师承之道"责任书》确定的目标任务对徒弟进行考核评价。

三、奖励措施

能认真履行《"师承之道"责任书》圆满完成培训计划的师傅和徒弟，可参加评选"优秀师傅""优秀徒弟"（分别不超过总数的30%），并给予通报表彰和一定的奖励，同时在各类评先评优活动中予以优先推荐。

四、本责任状一式三份，培训教育活动领导小组、师傅、徒弟各持一份，由培训教育活动领导小组办公室和师徒所在科室（部门）监督检查责任状的执行情况。

五、起止时间

     年 月 日至   年 月 日

师 傅：（签字）

徒 弟：（签字）

领导小组组长：（签字）

第十章　人力资本投资的新探索（四）
——公路文化养成助力收益最大化

随着经济社会的快速发展，人的因素越来越成为一个组织能否实现长期可持续发展的关键因素。制度是死的，人是活的。制度、条令所产生的约束作用，很大程度上只能建立在员工自愿接受或被动接受的基础上。人力资本投资的目标，无非是找到投资与收益的最佳平衡点来更好地吸纳人、留住人并确保用得住、用得好，最大限度保障组织的长期可持续发展。吸引人，就要使组织有知名度和影响力；留住人，就要让员工有认同感和归属感；用得住、用得好，就要通过对员工知识、技能、能力、态度、价值观和思想觉悟的积极影响来激发责任感、上进心和主动性，这就涉及人力资本投资需要考虑的另一个层面——文化建立与文化影响。换句话说，要长期保持组织的影响力、执行力与成长性，实现吸纳人、留住人、用得好的战略目标，除了资源、资金、设施、规章制度等"硬"投入外，还需要将关注点和着力点落脚在组织文化建设和员工文化养成的"软"管理上，充分发挥文化在助力人力资本投资"事半功倍""四两拨千斤"的特殊功效。

在文化建设方面，烟台公路历来具有得天独厚的优势。伴随烟台公路的建设发展进程，烟台公路人艰苦创业、团结奋进，公路整体面貌发生翻天覆地的变化，同时，具有独特地域特征与行业特性的公路文化也逐步积淀形成，并潜移默化地影响着公路职工。改革开放以后，特别是2000年以来，烟台公路以"强公路之本、塑行业之魂"为目标，紧紧围绕中心工作，深入推进公路文化建设工作，积极开展文化创新，大力实施品牌创建，坚持依托文化建设创文明、聚合力、促发展，掀起一轮又一轮干事创业热潮，有力推动了公路各项事业发展。可以说，公路文化是公路行业的精神和灵魂，是推动事业发展的不竭动力。

近年来，烟台公路一直注重挖掘、发展和利用公路文化资源优势，充分发挥文化在人力资源管理和人力资本投资中凝心凝智、降本提质等积极作用。按照人力资源管理理论，烟台公路主要围绕文化导向、规范、凝聚、激励、创新、辐射等6个方面进行探索和实践，在深化人力资本投资理念、把握人力资本投资方向、创新人力资本投资举措、确保人力资本投资效益最大化上取得了良好成效。

第一节　发挥文化在助力人力资本投资收益提升中的导向作用

基于"组织文化能够把组织成员个人的价值取向及行为取向引导到组织所确定的目标上来，使组织朝某个特定的方向发展"的理论依据，烟台公路深刻认识到文化建设的重要意义，积极探索和发挥文化在助力人力资本投资"事半功倍""四两拨千斤"的特殊作用，首先也是最关键的，就是以价值观提出、精神培育、理念强化、道德规范树立、形象塑造等

第十章 人力资本投资的新探索（四）——公路文化养成助力收益最大化

文化引导，使文化软性管理与制度刚性管理有机结合，有效将职工"要我怎样"的被动执行思想转变为"我要怎样"的主动作为意识，自觉将个人与组织发展目标形成一致。近年来，烟台公路借助文化建设的深入实施和文化创新的蓬勃开展，充分体现和发挥"人"在公路事业发展中的地位与价值，不断巩固和深化干部职工的主体作用，培育公路行业和干部职工特有精神，激发开拓进取意识和干事创业动力，使公路文化有效成为提升人力资本投资质效和推动公路事业发展进步的源泉和灵魂。

公路交通作为经济社会发展的基础性、先导性行业，具有长期持续的发展历史。伴随烟台公路建设发展进程，烟台公路人艰苦创业、团结奋进，公路整体面貌发生翻天覆地的变化，同时，具有独特地域特征与行业特性的公路文化也逐步积淀形成，并反过来潜移默化地影响着一代代烟台公路人。这对于公路人力资本投资来说，本身就具有了积淀培育、传承发扬的文化资源先天优势。精神是一种思想信仰、一种品格修养、一种道德理念、一种人生态度、一种气概情怀，同时也是一种文化传承。为具体明确地说清楚并运用好这种精神，烟台公路通过编印《烟台公路文化手册》，总结、概括和提炼烟台公路在不同时期形成的一整套价值理念和行为准则，对"服务人民、奉献社会""精诚团结、艰苦奋斗、求实创新、无私奉献""文明诚信、精益求精"等公路宗旨、公路传统、公路精神、工作理念、职工道德及发展方针进行了归纳明确，做到人手一册，方便职工记忆和践行；建立烟台公路发展历程展示厅，通过征集照片和实物、整理文字和图表、制作浮雕和视频等形式，全面记录烟台公路各个时期的真实发展历程，充分展现发展成就、文化成果和历代公路人的精神风貌；编印《跨越》画册、《烟台公路志》、《公路年鉴》等，这些做法在传承、影响和塑造公路职工的理想信念、价值准则和行为规范方面发挥了积极作用。

为了更好地发挥文化引领作用，烟台公路注重将精神、理念等文化元素进行形象化和标识化，通过文化品牌的打造进一步明确导向、凝聚共识。为实现这一目标，烟台公路广泛征求系统内职工意见建议，多次召开专家学者研讨会，并通过报纸、网络等形式在社会上公开征集烟台公路文化品牌名称，收到文化品牌方案430多条，经过反复研讨和论证，最终确定"大道为公、路畅胶东"为烟台公路文化品牌。"大道为公、路畅胶东"既隐含了"公路"两字，也表明了烟台公路遵循"大道之行、天下为公"文化传统，秉承"服务人民、奉献社会"行业宗旨，积极倡树"与道同行、以德筑路"文化理念，一心为"公"，追求人间正"道"，努力建设交通网络，助力烟台腾飞的行业价值观，具有较强的行业特点和地域特色。把服务全市经济社会发展、为人民群众创造优良的交通环境（公）作为公路建设、养护和管理的价值取向，树立全员社会责任。把优秀文化传承（道）作为员工素质的基本要求，弘扬道德风尚，塑造品格高尚的员工队伍。通过一系列制度、行为等文化建设，增强团队归属感和自豪感，形成员工认可、切实可行、凝心聚力的核心价值观。文化品牌的确立和入脑入心、广泛深入的宣贯，进一步放大了文化引领导向作用，为从思想根基上优化人力资本投资质效、持续推动公路事业健康发展明确了方向并注入了持久动力。

公路行业人力资本投资研究与实践

第二节 发挥文化在助力人力资本投资收益提升中的规范作用

基于"组织文化是用一种无形的约束力来形成一种软规范,制约员工的行为,弥补规章制度的不足或与规章制度协同作用,从而使组织上下左右达成统一与默契"的理论依据,烟台公路注重以文化来影响干部职工的自觉选择、引导干部职工的价值取向、调节干部职工的群体行为,从建章立制时的"立规矩",到日常践行中的"养习惯",再到心存敬畏、行有所止后的"有方寸",干部职工通过参与文化建设、注重文化养成、践行文化理念,明白自己该做什么和应该怎样做,强制性约束悄然变成文化自觉,人力资本投资效益也就自然得到了提升。

文化建设的主要功能是"以文化人"。文化导向是先导和前提,更重要的是要将确定下来的价值观、理念等精神层面的要求通过有效的方式进行灌输和渗透,影响和改变职工行为,使之符合组织发展的目标和要求,从而更加有效地提升人力资本投资收益。具体从文化约束的角度来看,一般要经过以下3个环节。首先,将文化理念和要求融入各项工作制度的建立,可比为"立规矩";其次,通过制度的强制执行,使职工慢慢形成固定的工作模式和行为方式,相当于"养习惯";然后,随着行为习惯的日益养成,逐步显现出共有的文化特征,表现为"有文化";最后,形成的文化惯性又进一步推动各项制度的执行和业务工作的开展,从而形成制度、行为、文化逐级促进的良性循环。

以烟台公路文档工作为例,通过建立内业资料整理制度,规定各单位、各科室按照齐全规范、科学实用等要求,将平时的各种文件资料及时留存归档,到年底时集中编写目录、统一格式封皮,最后装订成册、装盒入柜,做到"每年都整理、一年一检查",形成独具特色的"文档文化"。职工在耐心细致地整理过程中,慢慢形成了严谨、细致、规范的工作作风,从最初的被动整理逐渐养成了主动归档的习惯,新入职的职工受此影响也会很快入手工作,使文档工作的标准化和规范化得到了很好的延续。其他业务工作也都采用了这一工作思路。例如,印发《关于大力推进"十大文化"体系建设的意见》,将建设打造质量最优的精品文化、"畅安舒美"的路域文化、清新亮丽的庭院文化、齐全实用的阵地文化、积极向上的墙面文化、科学规范的文档文化、惩防并举的廉政文化、奉献社会的公益文化、丰富多彩的文体文化、群防群治的安全文化等"十大文化"进行全面总结、推广和部署,在规范职工行为、强化工作标准、提升行业形象等方面发挥了积极深远意义和作用。精品文化方面,实施所有工程招投标制、质量责任风险抵押金制、质量责任终身制和工程质量担保制,全力打造公路"精品"工程,成为公路事业的主创工程;路域文化方面,推行"快速反应、快速维修、快速通车和精细化养护"的"三快一精"养护模式,实施以通行能力、安全应急、规范管理、人本服务、创新引领、生态环保为主要内容的"六大提升工程",是公路事业的主体工程;庭院文化方面,创建省、市级花园式单位,是公路事业的外观标识工程;阵地文化方面,统一建设"四室一家"(图书阅览室、荣誉室、党团员活动室、电教室和职工之家)和"三栏一台"(文明宣传栏、政务公开栏、廉政警示栏和监督服务台),打造公路人温暖的活动家园;墙面文化方面,在走廊、楼梯、电梯等醒目位置,悬挂以公路文化、人生

第十章 人力资本投资的新探索（四）——公路文化养成助力收益最大化

哲理、经典格言为主要内容的文化刊板，是宣传教育的主阵地；文档文化方面，荣获"科技事业单位档案管理国家一级""山东省档案工作先进集体"等称号；廉政文化方面，深入开展廉政文化进机关、进基层、进工地、进站所、进家庭"五进"活动；公益文化方面，推动活动经常化、社会化；文体文化，季季有安排、月月有活动，出版"公路杯"征文集《路缘》《大路放歌》和画册《跨越》等；安全文化方面，开展"安全生产月"、安全教育和业务岗位培训等活动，实现群防群治、齐抓共管。以上措施的长期实施，使公路文化理念与干部职工行为逐步形成了契合，有效印证和发挥了文化在助力人力资本投资收益提升中长期稳定的规范作用。

第三节 发挥文化在助力人力资本投资收益提升中的凝聚作用

基于"组织文化是一种黏合剂，能够把各方面、各层次的人才团结在一起，产生一种凝聚力和向心力"的理论认识，烟台公路通过"大道为公、路畅胶东"的品牌引领和"与道同行、以德筑路"的理念渗透及"事业留人、成就留人"的文化氛围，有效焕发了干部职工的敬畏之心、感恩之心，在思想上打下了深刻的行业烙印，从而在全系统上下统一价值取向、宗旨意识和奋斗目标，凝聚团结一心、干事创业、共谋发展的"精气神"和强大合力。

随着时代发展和科技进步，公路建设由最初的人海战术演变到现代机械化施工，公路管理也由纯人工手段不断向自动化、数字化和信息化升级，劳动强度的降低、工作条件的改善、管理方式的便捷，逐渐使得老一辈公路人在长期艰苦奋斗过程中所累积形成的顽强拼搏、无私奉献等优良传统出现了承接断档，形成了传统精神的思想真空，并且受市场经济和社会大环境中不利因素的影响，职工不时会有心态失衡或情绪浮躁情况，存在一些无敬畏感、自私自利、不讲诚信、急功近利等问题。这些因素的累积和叠加，在一定程度上造成了职工理想信念、宗旨意识、拼搏和进取精神的缺失，影响了职工队伍的向心力和稳定性。通过实践验证，通过开展文化建设来凝聚人心、鼓舞士气是一个很好的途径和办法。烟台公路首先将以往好的优良传统重新重视起来，将其作为宝贵的精神财富和文化资源认真加以维护、挖掘和利用，同时在择优继承的基础上与时俱进，使优良传统的"根系"与时代精神的"土壤"有机融合，打造具有引领和凝聚作用的文化利器。例如，前文提到的对传统精神文化资源进行深入挖掘和总结提炼，编印《公路文化手册》，统一职工的行业价值观；建设"烟台公路发展历程展示厅"等文化阵地，每名干部职工特别是新入职的职工都要进行参观学习；邀请离退休老干部、老工人给在职职工讲述公路往事，通过这些形式使职工更多地了解公路发展历史，更直观地感受公路团结拼搏、无私奉献的优良传统等方式和举措，均取得了良好的教育成效和凝心聚力作用。

在开展文化教育的同时，一并做好文化实践工作。通过打造"10＋1"文化建设体系（"十大文化"和中华优秀传统文化），积极培育和践行社会主义核心价值观，广泛开展优秀传统文化学习和道德讲堂建设，深入开展"修德做好人、修路出精品"文明创建，创新开展"精神高地"学习型公路、"一路有爱"志愿服务、"迷彩行动"综合培训、"锻造过硬公路铁军"团队拓展等一系列新时代公路文化实践活动，使职工通过学习和实践不断焕发敬畏之心、感恩之心，强化"修好路、养好路、管好路"的责任意识和"服务人民、奉献社会"的宗旨意识，更加坚定公路人的价值取向、宗旨观念和责任意识，明确自身定位和奋斗目标，形成了团结一致、干事创业的发展共识，为公路事业发展汇聚了"心往一处想、劲往一处使"的强大合力。

第四节 发挥文化在助力人力资本投资收益提升中的激励作用

基于"优秀的组织文化就是要创造一种人人受到重视、受到尊重的文化氛围，以此激励员工为实现自我价值和组织发展而勇于奉献、不断进取"的理论认识，烟台公路通过先进示范、典型引路、评先树优、劳动竞赛等文化层面进行激励，建立引导职工"想干事"、培养职工"会干事"、鼓励职工"干成事"的激励循环，形成争先创优的良好风气和干事创业的浓厚氛围。

一方面，注重典型引路从外激发，通过对选树身边典型的"听其言、观其行"来激发职工进取心。近年来，烟台公路以"讲好公路故事"为主题，以"一路有你"典型选树活动为载体，以贴近公路、贴近基层、贴近职工为原则，着力选树身边典型、宣传身边典型、学做身边典型，通过"讲好公路自己的故事"进一步引导职工向榜样看齐、从身边做起，不断汇聚传承公路精神、筑梦公路发展正能量。在开展"讲好公路故事"、强化"一路有你"典型引领中，围绕提升老典型、培树新典型、打造过硬典型的思路，创新开展"金牌职工""金牌班组""十佳干事创业模范""十佳孝老爱亲榜样""十大杰出青年""十佳公路好人好事"等各类评选活动，突出先进性、真实性和代表性，深入挖掘典型事迹，精心凝练典型精神，积极开展典型宣讲学习及"党在我心中""我来烟台公路这些年"主题征文等文化活动，多层次、多角度、多渠道讲好"造血干细胞捐献者""全国无偿献血先进个人""感动中国交通年度人物""人民网十大责任公民"王传忠、全市道德模范李建锡、全市孝亲敬老好儿女宋洋、全市见义勇为先进个人徐彦兵、造血干细胞捐献者孙文杰等公路身边典型的感人故事，真正将可信可敬可学的各类典型选出来、树起来、推出去，引导广大职工学好公路传统、传好公路精神。

另一方面，注重亲身参与从内激发，通过参与评先树优和竞赛培训等活动激发职工荣誉感和上进心。从内激发的关键在于职工的亲身参与。在起初设计谋划"金牌职工""金牌班组""十佳干事创业模范""十佳孝老爱亲榜样""十大杰出青年""十佳公路好人好事"等评先树优活动时，就考虑全体职工的参与度与覆盖面问题，积极引导职工投身道德实践、争当先进表率，通过更多的美德义行和凡人善举，进一步带动干部职工讲好公路故事、践行公路文明。同时，从岗位实践、干事创业的角度入手，广泛开展"迷彩行动"综合培训、"赢在路上"劳动竞赛、"'侠'路相逢"技能竞赛等活动，在"精神高地"学习型公路建设中着力构筑"政治高地""道德高地""技能高地""法制高地""实践高地"，积极引导职工在工程建设、养护管理、文明执法、优质服务等各项业务工作中大显身手、彰显价值。总之，通过各种从内激发的方式和举措，让职工能够从个人幸福、家庭和谐、单位发展、事业

第十章 人力资本投资的新探索（四）——公路文化养成助力收益最大化

进步等多个角度抒发公路情怀、展现公路风采、传承公路精神，以接地气、入人心的视角有效激励了公路职工的精神自觉和文化自信。

第五节 发挥文化在助力人力资本投资收益提升中的创新作用

基于"建立具有鲜明特色的组织文化，是组织创新的一个重要方面"的理论依据，烟台公路在长期总结、做好传承的基础上，根据形势变化不断创新深化文化建设，逐步形成具有鲜明特色、与时俱进的公路文化，如"十大文化""构建和谐公路""'10+1'文化工程""'双修'工程"及"'6+1'道德讲堂""'精神高地'学习型公路""理论宣传'六讲'""讲好公路故事"等一系列文化工程、文化活动的创新开展，是组织创新的一个重要方面，也是激发干部职工创新精神的源泉和动力。

一个单位的文化建设往往是在顶层设计者的组织下推广实施的，但这样明显存在行业思维宽度不足、下级被动服从上级、束缚基层创新活力等问题，还容易造成执行效力的递减。在实践中，烟台公路充分认识到这一问题，及时变换思维方式和工作方法，在各项工作启动之始，就组织召开不同职级、不同岗位、不同单位、不同行业的人员广泛进行研讨。这里我们以创建烟台公路文化品牌体系为例。为使全系统都能融入公路文化及品牌建设实践，在确定"大道为公、路畅胶东"为烟台公路文化品牌伊始，烟台公路就注重引导和发挥广大公路职工的创新意识和创造力，先后从业务工作、中心属单位、基层站所等不同层面着手对"金字塔"文化体系进行构建。通过意见征求和广泛研讨，我们第一步先从"建养征管"等各项业务工作进行总结提炼，确定"一路开拓"工程建设、"一路舒美"养护管理、"一路护航"路政管理、"一路平安"安全生产、"一路畅通"通行费征收、"一路智行"数字公路、"一路人和"职工队伍、"一路有你"典型选树、"一路清风"廉政建设、"十大笑脸"优质服务等30多项业务子品牌。第二步，在中心属各单位层面深入开展文化创新活动，基层职工结合实际开展"头脑风暴"式研讨，大家广开言路、畅所欲言，形成"美丽'芝'路""仙境通衢""三和文化""梨乡正道""金光大道""长寿之道""沈海高速'好管家'""六合文化""脉动蓝黄""'园'梦威青""出彩设计""凝聚力文化"等20多个基层文化创新项目。第三步，在全系统收费站、公路站等基层站所开展"一站一品"特色文化建设活动，涌现出"过'沐'难忘""责任""东道主""水道瞿成""福汇福路""山郭青源""'辛'系公路""海岛铺路石""畅安金城站""桃源驿站""相约小站"等站所品牌30多个，进一步培植了文化创新和品牌创建的丰厚土壤，实现了公路文化建设的纵深发展、全方位覆盖。同时，各基层单位围绕文化创新和品牌创建，各自打造文化特色展室、文化活动中心、道德展堂、法德讲堂、职工书画摄影长廊、为政之道长廊、"驻足2分钟"专栏等一批特色性、标识性强的文化建设阵地，使每个单位、集体、班组和职工都更好地融入了文化创新与实践。

可以看出，广大职工在创新研讨文化体系工作中积极开动脑筋、联想创新，畅所欲言、碰撞出新，把总结提炼文化体系的过程即变成了传承优良公路传统的过程，也变成参与文化创新与实践的过程，每个人都感觉公路文化"与我有关"，公路形象"有我一份"，不仅行业归属感、自豪感和向心力不断增强，而且职工的创新意识、创造力和工作积极性也得到了充分焕发，这在激活人力资源管理活力、提升人力资本投资收益中发挥了难能可贵的积极作用。

第六节 发挥文化在助力人力资本投资收益提升中的辐射作用

基于"组织文化的建立、形象的树立，会对社会公众、对本地区乃至国内外组织产生一定的影响，构成社会文化的一部分，因此，组织文化具有巨大的辐射作用"的理论认识，烟台公路清楚地认识到，作为一个具有良好文化底蕴的组织，所反映出来的文化感觉往往带有一定的标志性和专属性，如果对这种文化元素进行提炼并加以塑造，可以形成这个组织特有的文化标识和品牌，如"大道为公、路畅胶东"的品牌引领和"与道同行、以德筑路"的理念渗透，并给人力资源管理和人力资本投资收益带来强大的正向辐射带动作用。

对打造品牌来说，对外展示形象、有影响力，对内凝聚人心、有感召力。具有良好文化底蕴的组织，所反映出来的文化感觉往往带有一定的标志性和专属性，如果对这种文化元素进行提炼并加以塑造，可以形成这个组织特有的文化标识和品牌。优秀的品牌对于一个行业或一个单位来说，是核心价值观的集中体现，是质量和信誉的可靠保证；对外可以发挥形象提升的功能，对内能够起到凝聚人心的作用，是非常宝贵的无形资产。对于公路事业长远发展来说，既要优秀的文化底蕴来承载，也要卓越的品牌目标来引领。经实践，烟台公路依托"大道为公、路畅胶东"文化品牌"金字塔"体系建设，全面总结和提炼出公路事业发展各个领域、各个层面的价值理念、行为规范和文化标识，一方面使每个单位、每个集体、每名职工能够找到文化建设的准确定位，增强了行业认同感、归属感和荣誉感；另一方面，极大增强了公路文化的传播力和影响力，每年除系统内职工、新任职人员及各类培训班学员参观外，有几十批次的行业外及省市内外的各级领导和单位前来参观指导，这在教育引导职工强化对公路行业的认同感、归属感和荣誉感，不断增强文化自觉和文化自信的同时，也极大提升了公路行业的社会影响力和美誉度，为社会各界更多的了解、关注和支持公路事业发展发挥了积极而深远的作用。

第十一章　公路人力资本投资理论研究与探索实践体会

通过研究和实践，分析回答了人力资本投资中迫切需要解决的问题，在一些关键领域进行了积极的、有益的、坚实的探索实践，在实践中又以创新的思维，不断发现问题，解决问题，推进了实践创新与理论创新。如果说，研究阶段进行了政策性和对策性研究，那么探索实践阶就是对理论进行的证实，是提炼新理念和概括规律性的实践，实现了理念创新和实践创新的良性互动。"研究增智慧，实践长才干"。虽然研究和实践都有不足和短板，但回顾过程，如何做理论与实践相结合的实用型干部？怎样才能在实践中开花、结果？作为组织者、参与者、亲历者，体会深深，感慨颇多。主要有如下4个方面的体会。

第一节　必须始终贯穿战略逻辑

伴随着我国"人才强国"战略的实施，"人才强路"成为公路事业发展的第一战略。为把握战略主动，烟台公路把深入实施"人才强路"战略作为推动"十三五""十四五"时期高质量发展的重要路径，选取人力资本投资这个战略方向，深入进行理论研究，聚力开展探索实践，将"人才强路"的战略逻辑贯穿在理论与实践结合的全过程，起到了举旗定向、谋篇布局、纲举目张的作用。这种战略逻辑关系体现在战略思考、战略分析和战略管理之中，三者有机联系在一起，由战略思考，导入观念、想法，进行有序及有层次的推论，确定价值导向、发展方向、工作方法，逐渐进入分析及管理。

（一）战略思考

烟台公路的行业使命是"服务人民、奉献社会"，"人才强路"战略因这个使命而设，因其公益性质而立，追求"大道为公、路畅胶东"的核心价值，推崇"与道同行、以德筑路"的文化理念，为此，在建立人力资本投资系统时，建立符合行业和自身实际的独特模式，并通过实施实现其价值。

（二）战略分析

对公路行业人力资本投资战略分析，是本书理论研究的过程。先是以烟台公路为样本进行调研，接着对内外部环境作评估，根据各战略内容设定方案，对其风险作分析，再选择取舍，而后实施。

(三) 战略管理

对公路行业人力资本投资进行战略管理，是将研究的结论，形成工作的指导，逐渐将理论意图扩散成集体观念，形成以战略目标为本而串联起来的任务链条，如加强职工培训、"干中学"培训、卫生保健投资等。再在行业单位内进行从领导层、中层职能层到基层执行层的多层级的分解、管理，形成一个有序的、有层次性的逻辑关系，贯穿于整个战略过程中。

在具体工作中，如何把"人才强路"战略与公路使命和工作逻辑联结推演起来？以职工培训为例，起点是公路使命。公路事业的发展需要高素质的队伍来承担"服务人民、奉献社会"的使命，这是"人才强路"的逻辑起点。为此，在以职工培训为主要内容的人力资本投资实践中，始终都在贯穿这个战略逻辑，分析实现战略的每个节点，重点是什么？例如，公路建设对当前人力的主要需求怎么确定？迫切需求是什么？职工能力优势和知识储备盲点是什么？在资源有限的情况下，培训内容该怎么确定？怎样找到一个简单易行、操作性强的方法？采用什么样的操作方法能取得好的推进和成效？这个操作方法的逻辑是什么？为此方法需要具备的核心能力状况如何？如何专注并突破？最终，推演、梳理一套机制，确定了"可行性、科学性、民主性、整体性、预测性与经济性相结合"的决策原则、"思路战略性、内容综合性、方法多样性、职工全员性、高端轮训性"的培训原则，"迷彩行动"综合培训的操作方法，"以培训为主、'干中学'为重、卫生保健为辅的投资结构等，这个机制包含整个工作过程，联结着战略所要达成的目标和战略的做法，实施这个机制，将证明这是一个有效的战略。

第二节　必须精准施策系统推进

人力资本投资工作离不开系统谋划和精准施策。烟台公路聚焦重点领域、重要工作和薄弱环节，始终坚持系统思维、科学精准施策，以务实的态度、严格的标准、全面的检验来确定工作目标、实施闭环控制、形成工作模式，扎扎实实推进人力资本投资理论与实践有机结合、互促互进、开花结果。

(一) 确定工作目标

有了目标就有了斗志和动力。为增强工作主动性，减少盲目性，烟台公路在人力资本投资每项实践工作中都明确目标，制定实现目标的程序和实施路径。这些目标成为团队齐心协力的共同依据和鞭策。在卫生保健方面，致力于加强投资，打造"健康同行"特色工作品牌，着力保障人力资本投资客体质量的基本盘。通过保健生命、强健体魄、稳健心理、康健餐饮、爽健午休、安健特岗、营建场所、搭建平台等措施，构建和谐的劳资关系，提高广大干部职工的健康素养，使他们拥有身心健康、精神愉悦、安心工作，建功立业的优质状态。在职工培训方面，致力于加强综合性培训，打造"迷彩行动"特色工作品牌，着力提升人力资本投资"质效最大化"。通过军事化管理、团队拓展训练、专业技能学习、现场教育、优秀传统文化、充分交流沟通等措施，短时间内使广大干部思想受到教育，心灵受到震撼，做到教育入脑入心，培训取得实效。在"干中学"方面，致力于从传统中找灵感，打造"师承之道"特色工作品牌，着力盘活人力资本投资新潜能。通过选拔师傅、师徒结对、劳动竞赛、载体力促、岗位成才、师徒共进等措施，产生"鲶鱼效应"，实现单位、师傅、徒弟"三受益"，展现出"比学赶帮超"的新气象，盘活了人力资本的存量，激发了广大干部职工创新创效的新潜能。在文化建设方面，致力于挖掘、发展和利用公路文化资源优势，发挥文化在人力资源管理和人力资本投资中凝心凝智、降本提质等积极作用，围绕文化导向、规范、凝聚、激励、创新、辐射等 6 个方面进行探索和实践，有效深化人力资本投资理念、把握人力资本投资方向、创新人力资本投资举措、确保人力资本投资效益最大化。

（二）实施闭环控制

在人力资本投资实践工作落实中，为解决做事有头无尾、不能善始善终、导致工作成效不高的问题，实行闭环控制，每项工作都梳理工作流程，细化实施环节，分列推进步骤，一环一环落实，一环一环推进，遇难点解决难点，逢麻烦排除麻烦，力求全程达到动态协调，在全部环节结束之时，实现终点优于起点。例如，在"迷彩行动"综合培训中实行"QC"课题小组，进行 PDCA 循环管理就是很好很典型的闭环控制的例子。这种流程化、系统性、交互式的管理方式实施全过程链条管理，层层有把关，以执行效果的可预期对冲不确定性，最大限度减少外部干扰，解决责任虚置、交叉、推诿扯皮问题，避免遇"梗阻"现象，有利于实现风险可控、责任追溯、绩效可评，保证工作不断档、责任不缺位、管理不断线、发展不停歇。

（三）形成工作模式

在人力资本投资创新实践中，工作模式的成型需要一个过程。第一，加强顶层设计，进行深入研究、充分酝酿和认真筹备，增强实践的系统性、整体性、协同性、联动性。第二，以点带面，选出试点单位，按照顶层设计制定详细的实施方案，采取相应的激励措施，激发参与者的积极性、主动性、创造性。第三，不断积累经验，形成比较成熟的、可操作性强的、可复制的工作方法和模式，并在面上推广，形成规模效应。在此模式中，能体现崭新的管理理念，能提供有效的工作方案，能反映工作方针、目标和责任，能涉及所有工作流程，能通过监察、规划、控制、保障和质量提升来实现管理过程控制，能展示促进技术升级和思想进步的创新技术和创意，能提供面对复杂性问题的处置解决方法，能体现提高质量、效率、安全的有效手段，能完成既定成果和目标。总之，就是要形成相对固定的工作模式，这种模式，是能够被复制或者作为普遍意义快速借鉴的榜样的，是能促进形成人力资本投资共识的，以此对于赋能人力资本投资，发挥非常重要的作用。

第三节 必须不懈追求创新价值

创新是发展的灵魂和动力，谋创新就是谋未来。我们的人力资本投资研究与实践涉及理论创新、实践创新、制度创新、文化创新、管理创新等诸多角度和层面。

（一）创新是全员性价值追求

从表面来看，创新活动涉及层次高，有一定的门槛。但从文化层面来看，创新本身是工作的重要组成部分，其能动性极高，应该化为每个职工的思维方式和行为习惯。为此，无论是研究还是实践，无论是研究人员还是被研究对象，无论是领导还是职工，无论是组训者还是参训者，都是创新的发动者和践行者，创新成为全体参与者的价值追求。通过一系列创新活动让创新的源泉充分涌流，从而创造出更加卓越的价值。

（二）新思路体现创新价值

社会在发展，事事都有创新空间。如果不愿意突破思维局限，只是循规蹈矩、按部就班，于已知中循环，在老路上打转，不可能有新点子、新思路。为此，我们每项工作开始都把"创新提效"提在前面，召开各种研讨会，以问题导向发出"怎样创新"的灵魂拷问，出思路、定调子、拿方案，定措施，时时有创新、事事要创新、处处谋创新。创新重在求异谋变、标新立异，却并非无源之水、无本之木。例如，创新意识从哪里寻找灵感？"新基建、新技术、新规范、新工艺、新材料、新设备、新业态"中，哪个与人力资本投资的内容、形式有关？有了创新意识，就会时刻查找、搜集、关注所做事情相关的信息，别的行业、单位怎样做的？哪些有新意？成效如何？根据本单位情况能否借鉴？怎样做到"人无我有、人有我优"？

（三）新模式体现创新价值

新思路催生出一系列的创新性活动，在活动中不断总结经验教训，反复完善提高，很多方面都取得超出预期的新成效，形成新型的成体系、可复制的工作方法、模式等。这些创新不仅仅发端于个别人的奇思妙想，而且有详细而严密的跟进措施，因而屡见成效，并最终形成尊重创新的共识，唤起每个职工的参与创新热情，实现全员智慧的大爆发。这个创新的价值，不仅在于提高了工作成效，更在于进入相关理论研究的盲区，突破了人力资本投资实践的"瓶颈"，成为增加人力资本提升公路发展实力的途径。事实证明，哪里创新激情澎湃、创新思维活跃，哪里就有工作亮点，哪里就能掌握工作或全局发展的主动权。

第四节 必须同心镌刻文化烙印

毋庸置疑，文化是软实力的观点已成为当今社会的共识。环顾周围任何组织、任何个人、任何工作成效，究其本质，都能归因在文化上。烟台公路在"大道为公、路畅胶东"品牌的框架下，通过对文化的体系化构建、层次化完善、生动化呈现，彰显其对公路建设发展大局的推动作用。人力资本投资文化正是其中浓墨重彩的一笔，其独特的生动彰显，镌刻了深深的烟台公路文化烙印。

(一)文化与创新共生

在人力资本投资文化实践中,将创新与文化当做一件事情看待,同思考同规划,逢有创新,都将文化的引领作为创新实践的前提,在工作全过程渗透基于烟台公路文化品牌前提下的价值观和方法论,使特色人力资本投资工作与其文化品牌同时布置,同时进行,互相促进,互相深化,并在组织者、管理者、参与者身上体现出来。"健康同行""迷彩行动""师承之道"等特色人力资本投资文化品牌都是走的这个路子:深植文化意识,思路在先,实践与文化理念提炼同步进行,文化品牌与创新实践相融相促,单位效益和社会效益双丰收。这些文化品牌,大都主题鲜明、立意深远、标签独特、朗朗上口、易于接受和传播,带有独特的烟台公路气质。

(二)凝聚全员智慧

文化最终是作用在"人"身上的,文化理念需要全员参与,才能成为全体职工自觉自愿的行为准则,而不是口号式的运动。我们在人力资本投资研究与实践中,将公路文化与全方位管理有效融合,从战略设计、实施路径、制度保障等多方面有序推进,不断进行文化的宣导和渗透,将积极的文化内涵融入职工人文素养的培育中,以职工综合素质的整体提升促进公路实力全面提升,为公路事业发展注入新动能。全员智慧来自于团队协作。在理论研究过程中,研究团队在尊重个人特性的前提下,协同合作,共同奉献。涉及调研内容的职工,积极配合,反映真实问题,提出宝贵建议,保证了研究工作的高效率运转。在实践过程中,组织者和参与者树立大局意识,强化服务理念,发扬协作精神,增强主人翁归属感、责任感和荣誉感,自觉以公路文化来约束行为,自愿将自己的聪明才智发挥出来,有力保证了创新实践出新出效。通过打造特色文化品牌,培育文化环境氛围,每一个人力资本投资参与者都成为自我管理者,新思想、新理念、新模式、新经验不断产生。实践证明,理论研究与探索实践要破旧立新、改革创新,离不开文化的引领;所有创新实践的成果要想立住、推广并形成长效机制,必须赋予文化的内涵,进而强化实践效能;所有创新实践必须依靠团队的力量,才能形成集体意识,形成文化感召力,进而产生向心力、凝聚力,才能形成干事创新的磅礴力量,文化的实用价值也就自然显现。

第五节 必须笃信坚守"知行合一"

中国传统文化崇尚知行合一,认为"知是行之始,行是知之成",知行合一才能行稳致远。这正说明了理论与实践的辩证关系:脱离了实践的理论空洞无用,华而不实;没有理念指导的实践,视野狭窄,行而不远。在工作与生活中,常常存在的问题是,做不到"知"和"行"有机统一,特别是"知而不行"成为司空见惯的现象。例如,"嘴上高高举起,行动轻轻放下""说起来重要、忙起来次要、做起来不要"等。仔细想来,要做成任何一件有意义的事情都非常不容易。因此,"思想上的巨人,行动上的矮子"似乎也就无可厚非了,实际上,"知行不一"危害很大。为避免这种现象,我们在人力资本投资研究与实践中,通过培育"杜绝虚假做""立即马上做""排除困难做""尽力做最好"的行为习惯,力求在理论与实践上知行合一,在战略、创新、文化与管理上知行合一,在个人修为上知行合一。

（一）杜绝虚假做

有些干部明知哪些是应该做的,是有利于国家社会大众的意义重大的工作,而不去做,甚至应付、糊弄上级检查,劳民伤财。这种浮躁、虚假的"两面人""两面派"是危害政治生态的大问题,影响极坏。我们在人力资本投资研究与实践中,保持"人才强路"的战略定力,在工作中力求真心诚意、真抓实干、真凭实据、真材实料、真人真事、真性真情,而不是"摆样子、走过场",也不是有一点小的成绩就夸大、邀功请赏,更不是"说假话、做假事、造假功"。

（二）立即马上做

立说立行的工作作风是"知行合一"的主要内容。这表面是执行力的问题,实际上与其世界观、价值观、人生观直接相联,决定着一个人的人生态度和工作态度,更决定其人生走向。为此,我们开展作风建设大讨论,要求参与研究与实践的组织者,发扬雷厉风行、立说立行的工作作风,在各自的课题和领域,立即确立思路,制定计划,分步推进工作,在工作中发现问题,在问题解决中推进工作。经过一段时间的深耕、厚植和细作,我们发现,事情越来越顺畅,搭成了"干工作的人一天比一天难,一年比一年易;混工作的人一天比一天易,一年比一年难"的共识。

（三）排除困难做

不能知行合一的另一个表现是"半途而废""雷声大、雨点小""开始激动、后来冲动、最后一动不动""关键时刻站不出来、豁不出去"。周围环境不断变化,人的想法千差万别,任何工作都不会一帆风顺,特别是创新性的工作,要打破原有的思维模式和固有的生活状态,经常会有不解、置疑、嘲笑、讽刺从四面八方涌来,经常会遇到工作中产生不和谐、不合拍、不合群的现象,经常会感到烦恼、焦虑、不安、沮丧、压力山大。怎么办?逃避?推诿?停滞?退缩?偃旗息鼓?改弦更张?我们在战略引导、日常管理过程中,倡导在充分听取意见的基础上,"多一些实干、少一些空谈,多一些深化细化、少一些空话套话,多一些激情、少一些推诿"。在解决问题时,下深水、出实招、实打实、硬碰硬,只要是有利于工作,就坚持下去,直到工作有起色、见成效,慢慢地阻力少了,助力多了,良性循环来了。

（四）尽力做最好

这是一个执行力的标准问题。"取法乎上,仅得为中。取法乎中,故为其下"。工作标准决定了工作高度。我们发现,工作中常存在应付式落实的"三件套":"把说了当成做了,把做了当成做成了,把做完了当成做好了"。如果被这"三件套"套住了,那么,工作流入形式,流入应付,流入平庸则不可避免。针对这种情况,我们着力提高职工的专业精神和专业态度,倡导以创新思维诠释执行力,要求在守正中创新,在求实中创新,在担当中创新,为执行力注入创新的精神内核,成为尽力做最好的关键。实践证明,在人力资本投资研究与实践中,在一路前行的路上,通过将文化观切入业务,价值观导入管理,人生观植入行为,就能不断推进文化与战略、业务、管理、行为的深度融合,促进知行合一;通过培育职工知行合一的意识,就能激励他们摆正进取的姿态,不犹疑,不拖拉,有行动力、有执行力,任何工作都能渐入佳境,取得实绩,直抵人生本源,实现人生价值。

人力资本投资实践必须久久为功、绵绵用力。前期的研究和实践意义深远,对我们的帮助享用一生。在接下来的人力资本投资实践中,需要人力资本投资参与各方戮力同心、奋楫笃行,继续深化资源整合,丰富创新内容,完善运营机制,激发实践活力,打造符合新时代精神的人力资本投资新模式,构建新时代中人力资本的新图景,彰显新形势下人力资本的新成果,为公路事业的新发展提供强大的智力支持和人才保障。

参考文献

[1] 梁栩棱. 人力资本理论的渊源、流派和发展 [J]. 机械工业学院党报, 2005 (2): 59.
[2] 刘炳瑛. 知识知识资本论 [M]. 北京: 中共中央党校出版社, 2001.
[3] 安妮. 布鲁金第三资源: 智力资本及其管理 [M]. 赵杰平, 译. 大连: 东北财政大学出版社, 1998.
[4] 吴季松. 知识经济 [M]. 北京: 北京科学技术出版社, 1998.
[5] 夏绘秦, 董江潮. 对人力资本理论的探析 [J]. 西北工业大学学报 (社会科学版), 2005, 25 (1): 44.
[6] 西奥多. W 舒尔茨. 论人力资本投资 [M]. 吴珠华, 译. 北京: 北京经济学院出版社, 1990.
[7] 朱巧玲. 我国企业人力资本的现状分析 [J]. 经济管理, 2009 (5): 13-25.
[8] 西奥多. W 舒尔茨. 报酬递增的源泉 [M]. 北京: 北京大学出版社, 2004.
[9] 加雷恩. 琼斯. 当代管理学 [M]. 李建伟, 等译. 北京: 人民邮电出版社, 2003.
[10] 格利茨. 金融工程学 [M]. 唐旭, 译. 北京: 经济出版社, 2003.
[11] 李京文. 技术经济管理理论与方法 [M]. 成都: 四川科技出版社, 1985.
[12] 赵曙明. 国有企业人力资本投资 [J]. 中国人力资源开发, 1998 (9): 17-23.
[13] 周其仁. 市场里的企业: 个人力资本与非人力资本的特别合约 [J]. 经济研究, 1996 (6): 70-80.
[14] 张维迎. 所有制治理结构及委托关系 [J]. 经济研究, 1996 (9): 3-16.
[15] 张维迎. 产权政府与信誉 [M]. 上海: 三联书店出版社, 2001.
[16] 杨瑞龙, 周亚安. 一个关于企业所有权安排的规范性分析框架及其理论含义 [J]. 经济研究, 1997 (1): 16-29.
[17] 方竹兰. 人力资本所有者拥有企业所有权是一个趋势 [J]. 经济研究, 1997 (6): 38-42.
[18] 陆维杰. 企业组织中的人力资本和非人力资本-也谈企业所有权的发展趋势问题 [J]. 经济研究, 1998 (6): 5-11.
[19] 陈宇. 走向世界技能强国 [M]. 北京: 海洋出版社, 2006.
[20] 武剑. 内部评级理论方法与实务—巴塞尔新资本协议核心技术 [M]. 北京: 中国金融出版社, 2005.
[21] 秦言. 知识经济时代 [M]. 天津: 天津出版社, 1998.
[22] 华信惠悦公司. 2002 亚太地区人力资本指数报告 [N]. 财经时报, 2002-11-10.
[23] 何长全. 我国企业人力资本增值管理研究 [D]. 广州: 广州工业大学, 2006.
[24] 邬滋. 人力资本投资对经济增长的绩效研究 [D]. 广州: 暨南大学, 2005.
[25] 马小卉. 企业人力资本增值研究 [D]. 武汉: 武汉大学, 2004.
[26] 侯风云. 中国人力资本投资经济增长相关性研究 [EB/OL]. (2013-08-24) [2021-11-15]. http://www.cenet.org.cn/cn/CEAC/2005in/zzjjx026.doe.
[27] 宋斌, 鲍静, 龙朝双, 等. 政府部门人力资源开发案例研究 [M]. 北京: 清华大学出版社, 2007.
[28] 烟台市公路管理局. 烟台公路史 [Z]. 2020.
[29] 半月谈编辑部. 各地干部制度改革的八大亮点 [J]. 半月谈, 2004-08-23.
[30] 国务院公报. 深化干部人事制度改革纲要 [EB/OL]. (2006-06-13) [2021-11-21]. http://

www.gov.cn/gongbao/content/2000/content_60412.html.

[31] 中国广播网. 中央干部人事制度改革颁布公开选拔规定. (2004-09-08)[2021-11-23]. http://news.sina.com.cn/c/2004-09-09/15543631381s.shtml.

[32] 宋斌,鲍静,龙朝双,等. 事业单位人事制度改革亟需提高执行力[J]. 社会科学战线,2006(3):24-39.

[33] 李小鹏. 截至2020年底我国高速公路通车里程16.10万公里稳居世界第一[R]. 北京:中国交通运输部,2021.

[34] 中国交通新闻网. 砥砺大道国运兴:新中国成立七十周年公路交通发展成就综述[EB/OL]. (2019-10-08)[2022-01-21]. https://www.sohu.com/a/346022389_100031334.

[35] 交通运输部. 关于加快发展现代交通业的若干意见[EB/OL]. (2008-01-09)[2021-12-03]. https://business.sohu.com/20080109/n254557475.shtml.

[36] 张劲泉,王文龙. 创新引领科技支撑 助推交通强国建设[J]. 中国水运,2020(2):22-23.

[37] 裴劲松. 人力资本投资方式[J]. 中国人力资源开发,2007(4):25-34.

[38] 刘渝琳. 人力资本投资的成本-收益及定价研究[D]. 重庆:重庆大学,2002.

[39] 卡肖. 人力资源成本分析[M].4版. 黄长凌,译. 北京:清华大学出版社,2007.

[40] 雷鸣,葛玉辉,刘德华. 人才资本形成中教育投资的成本收益分析[J]. 商业研究,2002(21):136-147.

[41] 宋斌,鲍静,谢沂. 政府部门人力资源开发[M]. 北京:清华大学出版社,2005.

[42] 贝克尔. 人力资本投资[M]. 北京:中信出版社,2007.

[43] 赫克曼. 中国的人力资本投资-在北大演讲实录[EB/OL]. (2004-01-25)[2020-12-24]. http://www.vcmc.net/forum/read.php?id=3125.

[44] 李小渝. 论企业人力资本投资与风险防范[D]. 成都:四川大学,2003.

[45] 王艳. 人力资本投资风险及其规避问题研究[D]. 成都:西南财政大学,2004.

[46] 威廉姆·庞德斯通. 囚徒的困境[M]. 吴鹤龄,译. 北京:北京理工大学,2005.

[47] 叶倩. 人力资源投资风险及防范[J]. 企业技术开发,2004(10):86-91.

[48] 陈梅. 人力资源价值计量研究[D]. 青岛:中国海洋大学,2004.

[49] 施锡铨. 博弈论[M]. 上海:上海财经大学出版社,2000:189-216.

[50] 荀厚平. 企业人力资本投资的博弈分析[J]. 预测,2001(3):2.

[51] 赫伯特·西蒙. 管理行为[M]. 詹正茂,译. 北京:机械工业出版社,2004.

[52] 帕累托. 普通社会学纲要[M]. 田时纲,译. 北京:东方出版社,2007.

[53] 烟台市公路局. 烟台公路志[Z].2007.

[54] 烟台市公路局. 烟台公路史[Z].1993.

[55] 烟台市公路局. 烟台公路统计年报[Z].1949—2020.

[56] 烟台市公路局. 公路工作报告[Z].1990—2020.

[57] 苏静. 浙江人力资本现状比较分析[J]. 资料通讯,2004(7):17-24.

[58] 顾琴轩,王莉红. 人力资本与社会资本对创新行为的影响——基于科研人员个体的实证研究[J]. 科学学研究,2009,27(10):1564-1569.

[59] 吴炜. 干中学:农民工人力资本获得路径及其对收入的影响[J]. 农业经济问题,2016(6):13-27.

[60] 张永成. 人力资源革命:从人力成本到人力资本[M]. 武汉:武汉大学出版社,2006:18-23.

[61] 张培刚,张建华. 发展经济学教程[M]. 北京：经济科学出版社,2001.

[62] 易迈学习网. 企业人力资本投资内部结构的优化[EB/OL].(2006-06-14)[2020-11-14]. http://www.mba163.com/glwk/rlzy/200606/44876_2.html.

[63] 俞钰凡. 企业人力资本投资及其ROT绩效评估[D]. 武汉：武汉大学,2004.

[64] 石士均. 论马歇尔的经济学体系[D]. 上海：复旦大学,2008.

[65] 杨乃定. 高新技术企业关键人物风险防范[J]. 工业工程与管理,2000(3):39-56.

[66] THOMAS J P, Waterman R H. In search of excellence[M]. New York：Harpercollins,2004.

[67] 徐龙福. 以人为本的文化内涵及现实价值[EB/OL].(2004-02-05)[2020-11-19]. http://www.lunwentianxia.com/product.free.9508671.1/.

[68] 俞林. 人力资源管理与学习型组织构建研究[EB/OL].(2007-11-21)[2019-07-19]. http://news.sina.com.cn/c/2007-10-24/205814157282.shtml.

[69] 芮明杰,樊圣君. 造山——以知识和学习为基础的企业的新逻辑[J]. 管理科学学报,2001(3):19-23.

[70] 深入实施新时代人才强国战略加快建设世界重要人才中心和创新高地[J]. 机构与行政,2021(10):4.

[71] 陈宇,田小波. 卫生保健投资市场：人力资源开发的重要领域[J]. 人口与发展,1995(4):27-31.

[72] 苗萌,吴延东,冯晓曼. 健康查体中护理健康教育的作用探讨[J]. 护理健康教育,2019(8):380-381.

[73] 郭建飞. 体育锻炼、合理饮食与健康分析[J]. 食品研究与开发,2020,41(22):34-47.

[74] 郭艳. 职业病预防机制与措施研究[J]. 大江周刊(论坛),2013(2):150.